Dr. Jens Foell

FOELLIG NERDIGES WISSEN

42 höchst zufällige und äußerst wissenswerte Tatsachen über unsere Welt, das Universum und den Nacktmull

Mit Illustrationen von Sina Loriani

DROEMER

Besuchen Sie uns im Internet:
www.droemer.de

Aus Verantwortung für die Umwelt hat sich die Verlagsgruppe Droemer Knaur zu einer nachhaltigen Buchproduktion verpflichtet. Der bewusste Umgang mit unseren Ressourcen, der Schutz unseres Klimas und der Natur gehören zu unseren obersten Unternehmenszielen. Gemeinsam mit unseren Partnern und Lieferanten setzen wir uns für eine klimaneutrale Buchproduktion ein, die den Erwerb von Klimazertifikaten zur Kompensation des CO_2-Ausstoßes einschließt. Weitere Informationen finden Sie unter: www.klimaneutralerverlag.de

FSC www.fsc.org MIX Papier | Fördert gute Waldnutzung FSC® C083411

Originalausgabe Mai 2023

Ein Imprint der Verlagsgruppe Droemer Knaur GmbH & Co. KG, München

Covergestaltung: Isabella Materne
Coverabbildung: Julian Beekmann Fotografie; Sina Loriani
Alle Illustrationen von Sina Loriani; S. 129 nach NASA, Jeff Hester and Paul Scowen (Arizona State University); S. 183 nach NASA/JPL – The Sounds of Earth Record Cover
Redaktion: Jan Strümpel
Satz: Sandra Hacke, Dachau
Druck und Bindung: CPI books GmbH, Leck
ISBN 978-3-426-27906-9

5 4 3 2 1

Für Marisa, die sich diese ganzen Dinge
bereits seit über zwanzig Jahren anhören muss.
Nichts macht mir mehr Freude, als mit dir
zusammen unsere kleinen Nerds großzuziehen.

INHALT

Serendipität, die
Substantiv, f, Se|ren|di|pi|tät, Plural: Se|ren|di|pi|tä|te
(bildungssprachlich, fachsprachlich) Kunstwo
englisch serendip
Entdeckung von etw
ällige und überras
rde. Bedeutende
dem ursprünglich nicht g
cillins oder des K
sind etwa die Entdeckun
usses.
race Walpole verwend
Jahrhundert in Anlehnu
The Three Princes of Serend
erendip (سرنديب, eine al
eutige Sri Lanka) viele unerwartet

ACHTUNG: Bitte lesen Sie dieses Vorwort NICHT, wenn Sie dieses Buch bereits gekauft haben!*

VORWORT

von Mai Thi Nguyen-Kim

Serendipity: finding something wonderful without looking for it

Es gibt im Englischen den schönen Begriff *Serendipity*. (Gut, es gibt auch den deutschen Begriff Serendipität, aber der ist halt nicht so schön.) Man spricht von *Serendipity*, wenn man etwas entdeckt, ohne danach gesucht zu haben. Oder etwas lernt, ohne dass man es ursprünglich wissen wollte. In meinen Augen ist das die beste und schönste Art, etwas zu entdecken oder etwas zu lernen, ich liebe es. Ich fühle mein Hirn regelrecht kribbeln, wenn ich in den Genuss von *Serendipity* komme. Und falls ihr euch unsicher seid, ob ihr das auch schon erlebt habt, dann solltet ihr dringend ein wenig Zeit mit Jens Foell verbringen. Jens Foell ist *Serendipity* in Person.

»Ich hätte da noch einen Gedanken – stoppt mich, wenn er zu weit vom Thema wegführt …«, sagt Jens mindestens einmal pro Redaktionssitzung, bevor er dann etwas über den Quastenflosser erzählt. Oder über die Heilige Vorhaut. Oder von seiner Zeit im Knast. (Keine Sorge, es war nur ein Forschungspraktikum.) In 90 Prozent der Fälle sind sich danach alle – inklusive Jens – einig, dass dieser Gedanke definitiv zu weit vom Thema wegführt. Doch das gesamte Team liebt seine Ausführungen einfach zu sehr, um ihn zu stoppen.

Jens ist neben Lars Dittrich einer meiner zwei festen Mitarbeiter. Ich mache nichts ohne die beiden, und jeder, der mit mir zusammenarbeitet, versteht schnell, warum. Jens hat viele Stärken, aber eine, die man von einem promovierten Neuropsychologen, der eigentlich Professor geworden wäre (welch ein Verlust für Medienwelt und Öffentlichkeit das gewesen wäre!), vielleicht nicht erwartet, ist sein Talent, Menschen zu unterhalten. Seine Nerdigkeit ist fürchterlich ansteckend, ich kenne keinen Nicht-Nerd, der nicht in kürzester Zeit Jens' Geek-Charme verfallen ist. Das *MAITHINK X*-Team war sich schnell einig, dass man den Rest der Welt am Phänomen Jens Foell teilhaben lassen muss – so entstand das Videoformat *Foellig unnützes Wissen*. »Mein Gesicht ist ja mehr für Audio gemacht«, sagte Jens. Ich sage, die Videos beweisen das Gegenteil.

Da das foellig unnütze Wissen in Jens' Kopf schier unerschöpflich ist, war ein Buch der nächste logische Schritt. Wichtig finde ich dabei die Umbenennung in »Foellig *nerdiges* Wissen«, denn »unnütz« ist das Wissen höchstens auf den ersten Blick. Gut, braucht ihr die Fakten, die ihr hier lesen werdet? Werdet ihr dieses Wissen im Alltag anwenden? Nee. Doch genau darin liegt der Witz, würde Jens sagen. Schließlich ist das meiste, das wir am Leben schön finden, das meiste, was das Leben lebenswert macht, nicht das, was wir *brauchen*. Braucht man einen Sonnenuntergang über dem Meer? Nein, aber Menschen setzen sich dafür viele Stunden in Autos oder Flugzeuge. Braucht man eine Tomatensoße aus frischen, selbst geschälten Tomaten, die man fünf Stunden lang auf niedriger Hitze einköcheln lässt? Nein, aber ich lebe für so was. Braucht man das Wissen über den Cocktailparty-Effekt (siehe Kapitel 28)? Nein, aber es erweitert unseren kognitiven Horizont, und bestimmt schüttet das Hirn vor Freude auch noch etwas Dopamin aus, weil es etwas gelernt hat, was es eigentlich gar nicht wissen wollte. So oder so ähnlich würde Jens argumentieren.

Und ich stimme ihm da leidenschaftlich zu – auch wenn ich ihm gleichzeitig an einer Stelle widersprechen möchte: Sich dieses Buch durchzulesen, nützt durchaus etwas. Viel sogar. Jens schafft es nämlich, bei aller Leichtigkeit zwei fundamentale, sehr nützliche Erkenntnisse zu vermitteln:

Erstens: Wissenschaft ist keine dogmatische Faktensammlung, sondern lebt vom kritischen Denken und von wissenschaftlichen Methoden. Das vermittelt sich zwischen allen Zeilen dieses Buches – ganz nebenbei. In Kapitel 9 geht es um Aliens und wie sie mit uns sprechen – und ganz nebenbei darum, dass Wissenschaft bedeutet, sich vorwärts zu irren. In Kapitel 14 geht es um Sex-Münzen, die *NSFW* sind – und ganz nebenbei um das Aufstellen und Testen von Hypothesen. In Kapitel 39 geht es um den statistischen Unterschied zwischen Menschen und Legosteinen – und ganz nebenbei darum, wie gefährlich es ist, in der Wissenschaft Autorität und Kompetenz zu vermischen. Hierin steckt vielleicht sogar eine Steigerung von *Serendipity:* Nicht nur lernt man Dinge, die man ursprünglich gar nicht wissen wollte, sondern man lernt wahrscheinlich sogar Grundlegendes, ohne es zu merken.

Zweitens: Wissenschaft existiert nicht im Vakuum, sondern ist immer im Kontext von Gesellschaft, Politik und Ethik zu verstehen. Dass Wissenschaft neutral sein soll, frei von jeder Ideologie, ist natürlich anzustreben. Zu glauben, dass sie tatsächlich neutral sein kann, ist allerdings naiv. Denn Wissenschaft wird von Menschen gemacht, die bekanntlich nicht neutral sind – wie man in diesem Buch auch immer wieder sehen wird. Wir nutzen außerdem Wissenschaft, um unser Leben zu verbessern oder zu erleichtern, sodass Wissenschaft zwangsläufig aus ihrer komfortablen Neutralität in die Gemengelage gesellschaftlicher und politischer Interessen gezogen wird. Inwieweit wissenschaftliche Anwendungen der Menschheit nützen oder schaden – seien es Impfstoffe, Grüne Gentechnik oder selbstfahrende Autos –, ist nie eine rein wissenschaftliche Entscheidung, sondern muss von der Gesellschaft ausgehandelt werden. Das ist nur möglich, wenn man Wissenschaft, Ethik und Politik nicht künstlich trennt, sondern die Grenzgebiete ganz besonders sorgfältig ergründet.

Jens macht das mit Leidenschaft. Damit bricht er das Nerd-Klischee des Fachidioten mit Scheuklappen, der sich nur für das eigene

Fachgebiet interessiert und nie nach links oder rechts schaut. Dass er sich selbst als Nerd bezeichnet, ist wichtig für alle, die sich – noch – nicht als Nerds sehen. Die vielleicht auch – noch – nicht verstehen, warum sich irgendjemand gerne als Nerd identifiziert, weil sie – noch – nicht verstehen, dass hinter dem *socially awkward*-Klischee eine sehr schöne Lebenseinstellung steht. Nämlich eine unstillbare Neugier, auch für alles, was auf den ersten Blick nichts nützt, von Aristoteles bis Zombiefilm. Eine Freude an komplexen Zusammenhängen statt an vereinfachten, verkürzten Antworten. Und das Glück, das man im Hirn kribbeln spürt, wenn man etwas Spannendes oder Witziges gelernt hat, das man ursprünglich gar nicht wissen wollte.

Also, liebe Nerds und alle, die es werden wollen: Viel Spaß und Hirnkribbeln mit diesem fantastischen Buch!

* See what I did there? Ein psychologischer Trick. Jens ist hoffentlich stolz auf mich. Tatsächlich richtet sich dieses Vorwort in erster Linie an alle, die sich hier gerade im Laden durchblättern oder bei einem umstrittenen Onlinekonzern, der sich auf Mamasohn reimt, auf »Blick ins Buch« geklickt haben, um zu entscheiden, ob sie dieses Buch kaufen sollen. (Die Antwort ist JA!) Aber ich will niemanden ausschließen.

INTRO

Was einen Nerd ausmacht

Was ein Nerd ist, wird seit jeher ganz unterschiedlich interpretiert. Für den Duden etwa, in den der Begriff im Jahr 2004 Eingang fand, ist das »jemand, der für ein spezielles Fachgebiet besonders großes Interesse zeigt und viel Zeit damit verbringt«. Auf Wikipedia findet man Beschreibungen von »Streber« bis »Individualist«. Und eine allgemein akzeptierte Übersetzung hat sich ebenfalls niemals wirklich herauskristallisiert. Frühe Beispiele sind »Freak« oder »Eierkopf« (wie in *Jurassic Park* oder *Die Rache der Eierköpfe*), und noch 2010 nannte Professor Farnsworth in einer *Futurama*-Folge eine Gruppe »these nerds« und im Deutschen »dieses Pack«.

Für mich verbindet sich mit dem Begriff eine ausgeprägte Leidenschaft für Dinge, die andere eher nicht so interessieren. Ein Nerd ist eine Person, die eine Sache gründlich betrachtet und mehr darin sieht als der unauffällig veranlagte Mensch neben ihm. Dieser schaut sich einen Regenbogen an und findet ihn schön; ein Physik-Nerd findet ihn schön und weiß gleichzeitig darüber Bescheid, wie ein Prisma einen Lichtstrahl in ein buntes Spektrum verwandelt. Ein Film-Nerd findet eine Szene nicht einfach nur spannend; er bemerkt auch, mit welchen Mitteln die Spannung erzeugt wird, etwa durch die Kameraführung. Der Nerd hat in seinem Bereich also etwas mehr Kenntnisse. Dieses Wissen ist nicht notwendig fürs Leben und gleichsam überschüssig: Man braucht es nicht, um die Schönheit des Regenbogens oder die Spannung des Films genießen zu können. Der Nicht-Nerd macht nichts falsch, auch wenn es immer arrogante Nerds gibt, die das denken. Nein: Das Wissen, das dem Nerd so viel Freude bereitet, ist zunächst mal bedeutungslos und zufällig.

Nun gibt es sehr viel *unnützes* Wissen. Damit es *nerdig* wird, muss es etwas darüber hinaus leisten: Es eröffnet eine neue Sicht auf die Welt. Nerdiges Wissen erweitert nicht nur meine Kenntnisse, sondern verändert auch meine Perspektive. Und es verleitet zu immer neuen Anschlussfragen. Ein Beispiel: Wenn mir jemand sagt: »Der Mond hat eine Masse von 73 Trillionen Tonnen«, dann ist das zwar wunderbar random, aber es vermittelt mir nicht wirklich eine neue Einsicht über die Welt. Denn dass der Mond verdammt schwer ist, habe ich mir schon vorher gedacht, und die genannte Zahl habe ich bis morgen wieder vergessen. Wenn mir aber jemand sagt: »Auf dem Mond liegen Golfbälle«, dann macht mich das stutzig. *Warum* liegen die auf dem Mond? Hat da etwa jemand Golf gespielt? Und wieso wurden die Bälle nicht als Andenken wieder mit auf die Erde genommen? Womit wir schon mittendrin wären im Kosmos nerdigen Wissens.

KAPITEL 1 | JETT BAGS

Warum man ein Kinderlied in ein Genom geschrieben hat

Während der Mission *Apollo 14* im Jahr 1971 nutzte Kommandant Alan Shepard die Gelegenheit, auf dem Mond ein paar Golfbälle zu versenken. Die ersten Schläge waren wohl weniger beeindruckend – kein Wunder bei dem klobigen Weltraumanzug –, aber der letzte Ball flog seinen eigenen Angaben nach fantastisch weit, auch aufgrund der viel geringeren Schwerkraft auf dem Erdtrabanten. Andere Gegenstände brachten Astronauten ausdrücklich mit zum Mond, um sie dort zu lassen, ein Foto der Familie oder einen goldenen Olivenzweig als Friedenssymbol. Bei der Rückreise musste dringend Gewicht gespart werden, deshalb wurden auch technische Geräte, Schaufeln, Rucksäcke und sogar Kameras zurückgelassen. Und eben die Golfbälle.

Es liegt also Müll auf dem Mond – wir Menschen können es einfach nicht lassen mit der Umweltverschmutzung, egal wo wir sind. Schon das allererste Foto, das auf der Mondoberfläche aufgenommen wurde, zeigt direkt neben der Landefähre einen Astronauten-Müllsack oder *jett bag* (von to jettison = etwas über Bord werfen). Unter den Dingen, deren fachgerechte Entsorgung man sich ersparte, befinden sich nicht weniger als 96 Beutel mit Kot, Urin und anderen Ausscheidungen (selbst den härtesten Astronaut:innen wird mal schlecht). Auch die liegen dort völlig ungestört, seit der letzte Mensch am 14. Dezember 1972 die Mondoberfläche verlassen hat.

An dieser Stelle gleich zu Beginn des Buchs sortiert sich die Leserschaft in Nerds und Nicht-Nerds, und ihr könnt hier direkt mit einer einzigen Frage herausfinden, zu welcher Gruppe ihr gehört. Fertig? Los:

Der ultimative Nerd-Test!

Frage: Du hast eben erfahren, dass auf dem Mond seit fünfzig Jahren Kotbeutel liegen. Was denkst du dazu?

Antwort 1: Klingt ziemlich eklig. Kein Wunder, dass niemand drüber redet.

Antwort 2: Klingt ziemlich spannend! Warum gehen wir da nicht hin und untersuchen es?

Ganz klar: Antwort 2 offenbart dich als Nerd. Willkommen im Club! Kot ist zwar ohne jeden Zweifel ekelhaft, aber genauso zweifellos birgt er ein hohes Potenzial an Erkenntnissen. In ihm befinden sich zahlreiche Bakterien, an denen sich nicht nur ablesen lässt, was jemand gegessen hat, sondern auch, wie es einem gesundheitlich geht. Und im speziellen Fall des Mondstuhls oder Lunarkots (zwei Vorschläge von mir für einen künftigen Fachterminus) fragt sich: Wie halten sich diese Bakterien über Jahrzehnte da oben? Da der Mond anders als die Erde keine Atmosphäre hat, bietet er keine Luft zum Atmen und ist massiven Temperaturunterschieden sowie höherer UV-Strahlung ausgesetzt. Können unsere kleinen Mikroben im *jett bag* als einzigem Schutz gegen die Widrigkeiten des Universums das überleben? Darüber lässt sich nur spekulieren. Aber Bakterien haben uns schon oft damit überrascht, mit welchen Bedingungen sie klarkommen. Als sich auf der Erde das früheste mikroskopisch kleine Leben regte, gab es schließlich auch noch keine Atmosphäre. Daher könnten uns extraterrestrische Stuhlproben Auskunft über unseren eigenen Ursprung geben. Wenn es nach mir ginge, sollten wir da noch mal hoch und die Kotbeutel untersuchen. Und noch extra Kot mitnehmen, um ihn dort zu lassen, für den Forscherdrang künftiger Generationen.

Es ist irgendwie typisch, dass da ganz egoistisch bislang nur menschlicher Kot abgeladen wurde. Warum nicht auch der vom Alpaka? Dem Alpaka-Kot gebührt schließlich ein Ehrenplatz in der Welt der Wissenschafts-Nerds. Das hat vor allem mit dem österreichischen Physiker Heinz Oberhummer zu tun: Bis zu seinem Tod 2015 engagierte der sich dafür, Menschen für die Wissenschaft zu begeistern. Zu diesem Zweck trug er gerne ein Glas Alpaka-Kot[1] mit sich herum, in dem ein besonderes Bakterium zu finden ist: *Deinococcus radiodurans* ist, wie im zweiten Teil des Namens anklingt, extrem beständig gegenüber radioaktiver Strahlung. Was bedeutet das konkret? Radioaktive Strahlung, genauer gesagt ionisierende Strahlung wie Gamma- oder Röntgenstrahlen, kann Fehler in der DNA verursachen. Leichtere Schäden können wir Lebewesen ausgleichen, aber tritt die Strahlung zu intensiv auf oder über einen zu langen Zeitraum, lassen sich die Schäden nicht mehr alle beheben, und das führt mitunter zum Zelltod, zu Mutationen oder Veränderungen wie Tumoren. Bei *Deinococcus radiodurans* funktionieren diese Reparaturmechanismen außergewöhnlich gut – Humangenetiker:innen auf der Suche nach neuen medizinischen Therapieansätzen horchen hier natürlich auf.

Zunächst aber gönnte sich die Forschung mit dem Bakterium einen Spaß. Zum experimentellen Nachweis seiner Resistenz schrieb ein Forschungsteam in den USA einen Liedtext in seine DNA. Nicht als lesbare Worte, sondern als Code: DNA besteht aus einer langen Kette, die eine Kombination aus nur vier verschiedenen Bausteinen ist. Diese Bausteine werden mit A, C, G und T gekennzeichnet (für Adenosin, Cytosin, Guanin und Thymin), daher kommen die Buchstabenketten, die man zum Beispiel aus Filmen kennt: CCTATGCGTATC und so weiter. Das Team dachte sich jetzt eine Tabelle aus, um Buchstaben und Zahlen in eine Kombination aus diesen vier Zeichen zu übertragen; nach ihrem System stellt die eben genannte

1 Zu seinen Ehren wird seit 2016 der Heinz Oberhummer Award für Wissenschaftskommunikation verliehen, dotiert mit mehreren Tausend Euro und, ja, einem Glas getrocknetem Alpaka-Kot. Bei der Preisträgerin des Jahres 2020 handelt es sich um meine Chefin Dr. Mai Thi Nguyen-Kim, und so wurde ich ebenfalls stolzer Besitzer eines Glases Alpaka-Kot. Es steht in diesem Moment vor mir auf dem Schreibtisch. Nein, ich habe es noch nie geöffnet, um daran zu riechen.

Sequenz aus zwölf Zeichen das Wort NERD dar. Das Ziel dieser Spielerei war es, einen Text in die DNA des Bakteriums zu schreiben, das Bakterium Bedingungen auszusetzen, bei denen man Veränderungen im DNA-Code erwarten würde, und dann zu schauen, ob man den Text hinterher noch auslesen kann. Als Text wählte man die Lyrics des allseits beliebten Disney-Songs *It's a Small World*.

Wer den Song kennt, weiß, dass das »allseits beliebt« nicht ganz ernst gemeint war: Kinder lieben ihn, aber vielen Erwachsenen bleibt er als unerwünschter Ohrwurm für alle Zeit in den tiefsten Tiefen der Gehirnmasse stecken. Geschrieben wurde er für eine Attraktion, die sich in Disney-Vergnügungsparks weltweit findet, wo es in einem kleinen Boot einmal durch die ganze Welt geht. Wahrscheinlich ist es der am häufigsten gespielte[2] Song der Menschheitsgeschichte. Während einer Tagesschicht wird er nämlich etwa 1200 Mal abgespielt, und die Attraktion ist bereits seit Jahrzehnten in mehreren Disney-Parks aktiv, die fast nie auch nur einen Tag geschlossen sind. Daher belaufen sich Schätzungen auf etwa 50 Millionen Plays. *It's a Small World* ist damit auf seine Art der erfolgreichste Song aller Zeiten.

Ob das der Grund dafür war, gerade dieses Lied in die DNA zu schreiben, lässt der Forschungsartikel aus dem Jahr 2003 unbeantwortet. Er beschreibt, wie das Team dem Bakterium etwa 100 Generationen Zeit gab, damit man schauen konnte, ob diese vielen Kopiervorgänge der DNA irgendwann zu dauerhaften Fehlern führen würden. Verstrahlt wurden sie dabei nicht noch zusätzlich, denn schon das normale Kopieren der DNA kann zu Fehlern führen. Am Ende machte man einen PCR-Test. Was das ist, war damals absolutes Nerd-Wissen, aber heute wissen wir es alle: Damit wird nach dem

2 Hierbei zählen nur öffentlich bzw. nachweislich abgespielte Songs. Es wird sich nie wissenschaftlich einschätzen lassen, wie oft in privaten Haushalten *Happy Birthday* angestimmt wurde oder wie oft ich unter der Dusche *Bad Romance* von Lady Gaga gesungen habe.

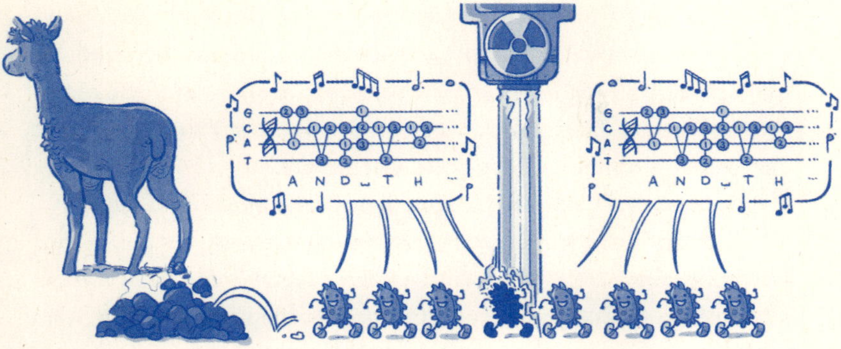

Erbgut von Viren gesucht. Nur dass hier mit demselben Verfahren ein Teil der Lyrics gesucht wurde: AND THE OCEANS ARE WIDE. Dieser Text konnte fehlerfrei ausgelesen werden, damit war die Beständigkeit der bakteriellen DNA eindrücklich belegt.

Inzwischen hat man diese Bakterien mal außen an der Internationalen Raumstation ISS angebracht, um zu schauen, ob sie das überstehen. Die nur einen Millimeter dicke Schicht Bakterien war auch nach drei Jahren noch lebendig, allen Widrigkeiten zum Trotz. Allerdings blieb sie nicht ohne Schaden, sodass sie nicht für immer auf der ISS oder, sagen wir, einem Asteroiden, durch den Weltraum schwirren könnten. Die Ergebnisse führten zu der Schätzung, dass die Einzeller im interstellaren Raum zwei bis acht Jahre überleben dürften: viel zu wenig, um ein anderes Sonnensystem zu erreichen, aber wahrscheinlich genug, um die Strecke zwischen Erde und Mars zu überleben. Daher Obacht: Sollten wir irgendwann Mikroben auf dem Mars entdecken (also welche, die wir nicht selbst dort hochgeflogen haben), wäre erst sicherzustellen, dass sie nicht eigenständig von der Erde dorthin gekommen sind. Schließlich gibt es einen regen Austausch an Material: Von den 60 000 Gesteinsbrocken auf der Erde, die aus dem Weltall stammen – besser bekannt als Meteoriten –, wurden bislang mindestens 175 als ursprünglich marsianisch identifiziert: Sie wurden irgendwann durch einen starken Einschlag von ihrem Heimatplaneten ins All geschleudert und von der Schwerkraft der Erde eingefangen. Wahrscheinlich sind es sogar noch viel mehr. Wenn wir Menschen irgendwann den Mars ernsthaft besiedeln werden, sind wir also nach den Bakterien vielleicht erst die zweite Gruppe irdischer Kolonisten.

In der Astro-Community wird immer wieder kritisch gesehen, dass überhaupt Leute in den Weltraum geschossen werden: Viele Aufgaben können von Maschinen übernommen werden, zum Beispiel vom menschenähnlich aussehenden Roboter Robonaut R2, der 2011 auf die Internationale Raumstation gebracht wurde. Menschen eignen sich einfach nicht sehr gut für den Weltraum, weil sie so überhaupt nicht genügsam sind. Wenn das Wasser für ein paar Tage ausgeht oder die Luft mal für ein paar Minuten nicht die korrekte Zusammensetzung hat oder kurz eine extreme Temperatur erreicht – zack, schon sind sie hinüber. Neben den Kotbeutel-Bakterien und anderen Einzellern gäbe es auch einige mehrzellige Lebewesen, die viel besser für die Erschließung des Alls geeignet wären als wir. Eines ist der Nacktmull.

KAPITEL 2 | SUBSTANZ P

Warum der Nacktmull keinen Schmerz spürt

Als Liebhaber:innen von Nerd-Wissen kennt ihr den Nacktmull eventuell bereits – während ich wette, dass ihr noch nie etwas von Substanz P gehört habt. Aber eins nach dem anderen.

Der Nacktmull ist mit das Skurrilste, was im Tierreich unterwegs ist. Zunächst mal sieht der Nager aus wie ein, nun ja, Penis mit Hasenzähnen. Er lebt in Höhlenkolonien in Ostafrika und fügt sich in eine soziale Staatsorganisation ein, die man von Bienen oder Termiten kennt, aber nicht von Säugetieren. Die Kolonie ist eine Monarchie, regiert von einer Nacktmull-Königin. Ihr Blut kann Sauerstoff so gut binden, dass Nacktmulle eine halbe Stunde ohne Atmen auskommen. Das hat sich vermutlich entwickelt, damit sie besser in ihren tiefen Höhlensystemen klarkommen, aber für putzige kleine Astronauten-Mulle wäre das ebenfalls ein wertvoller Vorteil. Wie auch, dass sie nicht trinken müssen – ihnen genügt die Flüssigkeit in der Festnahrung – und ihre Zellen außergewöhnlich krebsresistent sind. Denn bei langen Aufenthalten im Weltraum ist Krebsanfälligkeit aufgrund der kosmischen Strahlung immer ein großes Thema.

Bekannt ist der kleine Tausendsassa noch für etwas anderes: Er spürt keinen Schmerz. Zumindest hört man das immer wieder so. Tatsächlich ist die Sache, wie alles beim Thema Schmerz, ein klein wenig komplizierter. Ich habe jahrelang in der Schmerzforschung gearbeitet und mich viel mit der Frage beschäftigt, was Schmerz eigentlich ist und wie er im Gehirn funktioniert. Man sollte meinen, es sei alles ganz simpel: Schneide ich mir aus Versehen in den Finger, dann melden spezielle Nervenzellen den Schaden an mein Gehirn. Das jagt einen großen Schrecken durch meinen Körper, damit ich den Finger ganz schnell zurückziehe und am besten noch laut schreie, sodass Mitmenschen zu Hilfe eilen. Da das möglichst schnell gehen soll, werden die Nervensignale im Gehirn ohne Schnörkel verarbeitet, zack, zack.

Nun gibt es aber verschiedene Nervenfasern für verschiedene Arten von Schmerz. Der schnelle, spitze Schmerz sagt mir, dass ich eine Schnittwunde habe. Der langsame, dumpfe Schmerz, der hinterherkommt, gibt mir Informationen darüber, wie schlimm und tief die Verletzung ist. Beide Schmerzarten kommen auf unterschiedlichen Nervenwegen im Gehirn an. Dort werden die Signale gezielt verteilt. Ein Hirnbereich beschäftigt sich damit, wo genau auf der Körperoberfläche das Problem vorliegt, ein anderer kümmert sich um die emotionale Bewertung des Schmerzes, und so weiter.

Aufgrund dieser komplexen Verarbeitung löst die gleiche Verletzung nicht immer das gleiche Schmerzerleben aus. Soldaten, denen im Krieg ein Bein abgeschossen wird, spüren dabei oft gar keine Schmerzen, ihr Gehirn hat in dem Moment einfach Wichtigeres zu tun. Hinzu kommt das Fehlen dessen, was wir Adaptation nennen: Bei allen anderen Sinnen – ja, Schmerz ist ein waschechter Sinn wie Sehen und Hören – passen wir uns an die Umgebung an. Ein heller Raum erscheint nach einem kurzen Moment weniger hell, weil sich die Augen daran gewöhnen; das gleichmäßige Summen des Kühlschranks wird von unserem Gehör komplett ausgeblendet, weil es uns keine neue Information liefert. Aber wenn wir uns in einer Umgebung befinden, die Schmerz bereitet, und sie nicht gleich verlassen, nimmt der Schmerz zu. Denn der Schmerz will nicht, dass wir uns an irgendwas gewöhnen. Der Schmerz will, dass wir unser Verhalten ändern, und zwar schnell.

Im Grunde ist unser Schmerzsystem, so komplex und sinnvoll es angelegt ist, ein Geniestreich. Allerdings geht in ihm auch oft genug etwas schief. Ein religiöser Mensch könnte denken, dieses System ist so genial, dass es nur von einem himmlischen Schöpfer stammen kann; aber wenn dem so ist, hat die Hölle das Konzept chronischer Schmerzen dazu beigesteuert.

Ihr habt schon mal gehört, unser Gehirn sei wie ein Computer und die Nervenzellen seien wie einzelne Bits oder Bytes, die sich elektronisch miteinander unterhalten. Das Bild ist nicht ganz falsch, aber genauer betrachtet kommunizieren die Hirnzellen mithilfe von Botenstoffen, den Neurotransmittern. Es gibt ganz verschiedene, mit unterschiedlichen Funktionen. Einer ist Substanz P. Die erwähne ich, weil der Nacktmull als einziges Säugetier nicht über sie verfügt. Der Nacktmull nimmt bestimmte Schmerzreize wie Verletzungen durch Stiche, Säure oder Hitze zwar wahr, aber vermutlich nicht als schmerzhaft. Er ist nicht komplett schmerzunempfindlich, aber für manche Dinge schon.

Warum er sich so entwickelt hat, ist schwer zu sagen. Es wird vermutet, dass es mit dem vielen CO_2 in seiner Umgebung zu tun hat. Viele Spezies empfinden eine hohe Konzentration an Kohlendioxid als schmerzhaft. Möglicherweise hat die Evolution darauf reagiert, indem sie diese Art Schmerz beim Nacktmull einfach abgeschaltet hat. Aber wenn Substanz P ein Neurotransmitter ist, können wir sie dem Nacktmull nicht einfach geben, und dann spürt er den Schmerz? Kurze Antwort: ja. Wird ihm diese Substanz in die Wirbelsäule injiziert, reagiert der Nacktmull, etwa auf eine heiße Fläche unter der Pfote. Inzwischen gibt es noch weitere Ideen dazu, was an seinem Schmerzsystem so ganz anders sein könnte, Substanz P gilt nicht mehr als allein verantwortlich. Trotzdem: Der Gedanke, dass man eine Spezies den Schmerz lehren kann, indem man ihr etwas spritzt, klingt für mich schon extrem gruselig.

Ein Problem bei dieser Art Forschung ist, dass Tiere nicht sprechen können. Beim Menschen ist der verlässlichste Weg, Schmerzen zu messen – das ist jetzt kein Witz –, indem man einfach fragt: »Tut's weh?« Wir haben noch keinen technischen Weg gefunden, Schmerz besser zu messen. Das macht seine Erfassung bei Tieren unheimlich schwierig. Klar, wir können aufs Verhalten schauen, aber eine offensichtliche Schmerzreaktion wie Schreien oder Weinen ist zunächst vorrangig ein Signal an andere. Ein Tier, das nicht im Rudel lebt, zeigt vielleicht keine ausgeprägte Reaktion, eine laute Schmerzreaktion könnte im Gegenteil Raubtiere anlocken. In diesem Fall sollte man am besten nicht mal bei der Kindsgeburt einen Mucks von sich geben. Alle, die den Film *A Quiet Place* gesehen haben, wissen Bescheid. Schon Jahrzehnte vor diesem (sehr guten) Film haben sich Schmerzforscher 29 verschiedene Primatenarten in Wildnis und Gefangenschaft beim Gebären angeschaut und sie nach der Lautstärke ihrer Verhaltensreaktion eingeteilt. Einer der wenigen lautlosen »Gewinner« war der schwarz-weiße Vari, eine Lemurenart aus Madagaskar.

KAPITEL 3 | LEMURIA

Warum sich die Wissenschaft einen Kontinent ausgedacht hat

Den Zoologie-Nerds unter euch ist im letzten Satz etwas aufgefallen: »Lemurenart aus Madagaskar« ist doppelt gemoppelt, denn Lemuren kommen ausschließlich auf dieser einen Insel vor. Das war nicht immer so, sie lebten auch mal in Atlantis. Also, nicht wirklich Atlantis, aber so was Ähnliches. Nur, dass sie da nicht wirklich lebten. Na, alle Klarheit beseitigt?

Lemuren sind total putzige kleine Primaten, von denen es über hundert Arten gibt, alle ganz unterschiedlich, aber durch die Bank total putzig. Früher gab es noch mehr, das Riesenfingertier zum Beispiel, von dem man heute nur ein paar einzelne Zähne und Knochen kennt. Oder den riesigen *Archaeoindris*, groß und schwer wie ein Gorilla. An sich ist das noch nicht beeindruckend – es gibt heute viele Tierarten, die früher mal deutlich größere Artgenossen hatten. Das gigantische Krokodil *Deinosuchus* hat den einen oder anderen Dinosaurier das Fürchten gelehrt und, wie Bissspuren belegen, durchaus auch mal gefressen. Und wenn ich durch die Zeit reisen könnte, würde ich als Allererstes *Megatherium americanum* besuchen gehen, ein Faultier so groß wie ein Elefant aus der letzten Eiszeit. Stellt es euch einfach als einen zu groß geratenen Cousin von Sid aus den *Ice Age*-Filmen vor.

Aber hier ist der Clou: Die Riesenlemuren verschwanden nicht vor Millionen oder Zehntausenden Jahren, sondern ab dem Moment, als Madagaskar von Menschen besiedelt wurde – ein Prozess, der erst vor gut 2000 Jahren begann.

Mitte des 19. Jahrhunderts bemerkte die Wissenschaft, dass es Fossilien verschiedener Tiere, unter ihnen Lemurenarten, auf Madagaskar sowie in Teilen Asiens gab, aber nicht dazwischen, etwa im arabischen Raum. Ebenso stellte man fest, dass manche Einwohner Madagaskars viel mehr mit asiatischen Kulturen verband als mit afrikanischen – obwohl Afrika um ein Vielfaches näher liegt. Das zu erklären hat die Forscher damals ziemlich überfordert, denn zwei Dinge waren ihnen noch nicht bekannt: Das ist zum einen die Plat-

tentektonik, also das Verschieben der Kontinente. Vor Millionen Jahren war Madagaskar von Indien losgebrochen und hatte bei seiner Drift Richtung Afrika die Fossilien mitgebracht. Zum anderen unterschätzten die alten Forscher die nichteuropäischen Völker; sie trauten ihnen nicht zu, dass sie den Ozean überqueren konnten, um Madagaskar zu besiedeln. Damals wie heute hatte die mitteleuropäische und angelsächsische Wissenschaft einen gewissen arroganten Bias, der auch mal wilde Theorien hervorbrachte. In diesem Fall: einen versunkenen Kontinent.

Dass sich die Kontinente verschieben, darauf war noch niemand gekommen, aber dass Landgebiete aus dem Wasser aufsteigen und wieder versinken konnten, war den Leuten bereits bewusst. Daher war schnell klar: Die plausibelste Theorie für die Parallelen zwischen Madagaskar und Asien musste eine inzwischen verschwundene Landbrücke sein, über die Lemuren wie Menschen hin- und hergereist sind. Zu Ehren der possierlichen Wanderer wurde dieser hypothetische Kontinent Lemuria genannt. Diese Idee kam 1864 auf, und bereits 1870 stand sie, Zitat, »außer Zweifel«. Auch der einflussreiche Forscher Ernst Haeckel wurde ein Riesenfan dieser Theorie und nahm an, dass der sagenhafte Kontinent auch der Ursprung des Menschen sei. Auf einer Karte von 1887 hat er die Routen eingezeichnet, auf denen sich die »12 Rassen der Menschen«[3] von Lemuria aus über die ganze Welt verteilt haben sollen. Mit einem kleinen Fragezeichen versehen, verortet er auf diesem Kontinent auch das »Paradies«. Der Philosoph Friedrich Engels beschrieb

3 Bei dem Begriff zucken wir heute etwas zusammen. Und tatsächlich war Haeckel ein überzeugter Rassist. Seiner Vorstellung nach bestand die Menschheit aus unterschiedlichen Spezies, von den manche »höher« und andere »tiefer« angesiedelt waren. Dieses Gedankengut war damals nicht außergewöhnlich, aber Haeckel war dabei besonders leidenschaftlich und meinte bestimmen zu können, welche Völker besonders »affenartig« seien und welche »auf der tiefsten Stufe menschlicher Bildung« stünden. Wir kommen später noch mal auf diese Art von wissenschaftlichem Rassismus zu sprechen.

gegen Ende seines Lebens in seiner *Dialektik der Natur* den Ursprungsort des Menschen als »wahrscheinlich auf einem großen, jetzt auf den Grund des Indischen Ozeans versunkenen Festlande« – die hypothetische Heimat der madegassischen Flauschzottel war ins alltägliche Wissenschaftsverständnis übergegangen.

Heute weiß man, dass das nur eine aus der Not heraus, wenn auch nicht lautlos geborene Theorie war. In Fantasy und Science-Fiction ist die Region allerdings nach wie vor beliebt: Hardcore-Fans von Marvel-Comics oder Perry-Rhodan-Heften dürften schon beim Lesen der Kapitelüberschrift leuchtende Augen bekommen haben. Dass ein Fehler der Wissenschaft die Popkultur beeinflusst, ist schon nerdig genug. Aber es gab auch schon den umgekehrten Fall.

KAPITEL 4 | CORRUPTED BLOOD

Was die Epidemiologie von Videospielen lernen kann

Bestimmt profitiert die Forschung immer wieder von der Popkultur, nur kann man das im Einzelfall schwer dingfest machen. Hat zum Beispiel *2001: Odyssee im Weltraum* moderne Raumfahrt-Designs inspiriert, oder ist ihr der Sci-Fi-Klassiker von 1968 nur aufgrund exzellenter Recherche sehr gut zuvorgekommen? Anders gesagt: Hätte sich die Raumfahrt ohne den Film ganz genauso entwickelt? Vielleicht ja, vielleicht nein. Der immer noch fantastische Film *Jurassic Park* soll eine komplett neue Generation von Paläontolog:innen inspiriert und damit das Forschungsfeld verändert haben. Aber dieser Einfluss ist unmöglich zu quantifizieren; als Wissenschaftler wäre ich da erst zufrieden, wenn wir als Kontrollgruppe eine Version unserer Realität hätten, in der es diese Filme nie gab, um zu schauen, wie sich die Wissenschaft dort entwickelt. Aber technisch sind wir noch nicht ganz an dem Punkt, wo wir für ein Experiment ein neues Paralleluniversum erschaffen können. Und selbst wenn, wäre es ethisch nicht zu vertreten, denn eine Welt ganz ohne großartige Filme wäre aus meiner Sicht kein wirklich lebenswerter Ort.

Kurzum: Üblicherweise ist es nur sehr schwer oder gar unmöglich festzustellen, welchen Einfluss die Popkultur auf die Forschung hat. Aber es gibt Ausnahmen wie den »Corrupted Blood«-Vorfall im Spiel *World of Warcraft*. Dies ist ein sogenanntes MMORPG (»Massively multiplayer online role-playing game«), was bedeutet: Man spielt es online mit vielen anderen Menschen und kann sich einen Charakter aufbauen, der sich im Lauf des Spiels entwickelt. Und Leute, man könnte ein ganzes Buch nur über abgefahrene Vorkommnisse in MMORPGs schreiben. Falls ihr den Begriff gerade zum ersten Mal gehört habt, dann glaubt mir einfach, dass es eine große Subkultur gibt, die euch bislang entgangen ist, mit eigenen Begriffen, Geschichten und Memes.

Diese Spiele sind darauf getrimmt, dass man möglichst viel Zeit online verbringt, mit anderen zusammen Pläne schmiedet, Handel treibt und Gegenden erkundet. Das macht Spaß und eröffnet Verbindungen zu Leuten auf der ganzen Welt, die dein Interesse an virtuellen Welten teilen. Die Stärke dieser Community ist besonders deutlich zu spüren, wenn ein großer Fan in der echten Welt ums Leben kommt, was schon zu beeindruckenden emotionalen Tributen von Spieler:innen und Spieleentwickler:innen geführt hat. Daran sieht man, dass es hier nicht vorrangig um die Freude am Ballern oder Zaubern geht, sondern um die Verbindung zu anderen echten Menschen.

Die Schattenseite davon ist, vereinfacht gesagt, dass diese Interaktionen zu einer Suchtentwicklung beitragen können. So für sich genommen ist das zu vereinfacht ausgedrückt – genau genommen sehen Forscher:innen die Ursache für problematisches Online-Spielen in einer Verbindung aus Depression, sozialer Angst und Einsamkeit, was zu dem Bedürfnis führt, aus dem Alltag auszusteigen und mehr Zeit mit den Online-Bekanntschaften zu verbringen. Und *noch genauer* genommen ist sich die Psychologie noch gar nicht ganz einig darüber, ob es problematisches Online-Spielen als eigenständiges psychologisches Problem überhaupt gibt.

Wenn das unklar und schwammig klingt, liegt es daran, dass die Mühlen der psychologischen Forschung meist sehr langsam mahlen. *World of Warcraft* ist schon fast zwanzig Jahre alt, in dieser Zeit kann man durchaus zu Ergebnissen gelangen; es gibt auch schon gute Studien dazu, aber generell empfiehlt es sich in der Psychologie, lieber noch ein paar Jahre länger an einem Thema zu forschen, anstatt vorschnell auf eine Trend-Diagnose aufzuspringen. Mit Sicherheit kann man sagen, dass bei Suchtverhalten, egal ob online oder offline, mehrere Dinge zusammenkommen: Nicht alle Menschen sind gleich anfällig für eine Sucht, bei niemandem ist diese Anfälligkeit zu allen Zeiten im Leben genau gleich, und manche Dinge können eher eine Sucht auslösen als andere.

Aber nun endlich zum »Corrupted Blood«-Vorfall, nach dem dieses Kapitel benannt ist: Bei *World of Warcraft* gibt es Missionen, die in der Gruppe gelöst werden müssen, und das Team aus Programmierer:innen baut ständig neue Aufgaben und Hindernisse ein, mit denen die Spielenden klarkommen müssen. Eine dieser neuen Herausforderungen war ein Endgegner namens Hakkar der Seelenschinder[4], der 2005 ins Spiel kam. Ihn zu besiegen, war gedacht als eine ordentliche Challenge für Spieler:innen, die bereits ein recht hohes Level erreicht hatten. Zusätzlich zu seiner Kampfstärke setzte Hakkar eine Krankheit ein (im Englischen mit Namen *Corrupted Blood*), die von Spielfigur zu Spielfigur übertragen werden konnte und wichtige Lebenskraft abzog. Das sollte einen

4 Nicht zu verwechseln mit dem Dämon »Hakkar der Hundemeister« aus demselben Spiel-Universum. Fragt nicht.

Knüppel in die Strategien der Spieler:innen werfen, die nun im Kampf auf Distanz zueinander gehen und zudem wertvolle Heilzauber einsetzen mussten, um die Krankheit auszugleichen.

Dann passierte es: Manche Nutzer teleportierten sich von Hakkar weg, als es ihnen zu heikel wurde. Andere brachten ihre Haustiere in Sicherheit (ja, bei dem Spiel kann man Haustiere haben). Das Problem: Beides führte dazu, dass die Krankheit sich über das Hakkar-Kampfgebiet hinaus verbreitete – etwas, das die Entwickler:innen des Spiels nie vorhergesehen hatten. Ein Erreger, der als Gefahr für starke Charaktere gedacht war, ging plötzlich in der wehrlosen Bevölkerung um. Und es kam noch schlimmer: Im Spiel gibt es NPCs (*Non-Player Characters*), Figuren, die vom Spiel selbst gesteuert werden und nicht von Spieler:innen. Von denen kann man zum Beispiel etwas kaufen, oder sie geben Tipps.[5] Auch die konnten sich mit dem Erreger infizieren und ihn weitergeben, waren selbst aber unsterblich – also der perfekte Träger, zumindest aus Sicht der Krankheit.

Corrupted Blood war kein Zuckerschlecken. Erinnert ihr euch noch an den R_0-Wert vom Beginn der Pandemie? Er gibt an, wie viele Leute im Schnitt von einer infizierten Person angesteckt werden. Fällt er unter 1, verläuft sich die Krankheit irgendwann im Sand. Es wird geschätzt, dass dieser Wert für Corrupted Blood bei etwa 100 lag. Genügend starke Figuren konnten abwarten und wieder gesund werden oder sich und andere heilen, aber schwächere Charaktere starben innerhalb von Sekunden daran. Spieler:innen berichteten von Leichen in den Straßen, während die Betreiber des Spiels (vermutlich panisch) nach Lösungen suchten. Schließlich änderten sie das Spiel so, dass Haustiere nicht mehr infiziert werden konnten.

5 Da NPCs aussehen wie von Menschen gesteuerte Figuren, aber keinen eigenen menschlichen Verstand besitzen, hat sich »NPC« schon als Schimpfwort entwickelt für Leute, die anderen nur nachplappern.

Kurz darauf hörten sie von der amerikanischen Seuchenschutzbehörde CDC: Sie interessierte sich für die genauen Verbreitungsdaten des Erregers in der Spielewelt. Das wirklich Interessante an dem ganzen Event war nämlich das Verhalten der menschlichen Spieler:innen: Manche derer, die eine stärkere Spielfigur besaßen, versuchten andere zu heilen oder wiederauferstehen zu lassen (aber da die Wiederauferstandenen sich erneut anstecken konnten, haben sie die Epidemie unter Umständen verlängert). Einige schwächere Charaktere stellten sich als Informanten zur Verfügung, um vor gefährlichen Gebieten zu warnen. Es gab auch Katastrophen-Touristen, die sich die Vernichtung in den Städten anschauten, ohne sich selbst anstecken zu wollen. Wieder andere flohen aus der Stadt aufs Land. Manche infizierten sogar absichtlich andere. Eine freiwillige Quarantäne, ausgerufen von den Spielbetreibern, schlug fehl, da sich nicht genügend Leute daran hielten.

Kommt euch hier etwas irgendwie bekannt vor? Einige dieser Dinge konnten wir während unserer eigenen Offline-Pandemie in der echten Welt erleben. Die Videospiel-Welt bot ein interessantes (wenn auch fehlerbehaftetes) Modell dafür, was passiert, wenn wir plötzlich mit einer neuen Krankheit konfrontiert werden und vor der Frage stehen, wie wir uns und andere schützen können. Wissenschaft und Videospiele – zwei der nerdigsten Dinge überhaupt – endlich vereint!

Natürlich sind Videospiele zuallererst ein unterhaltsamer Zeitvertreib. Sie können aber auch lehrreich sein. Wenn ihr schon mal das 2004 erschienene Strategiespiel *Rome: Total War* gezockt habt, wisst ihr, dass es einmal ein Volk namens Pontier gab, das den Römern Probleme bereitete. Und bei der Rom-Erweiterung des generell extrem lehrreichen Spiels *Europa Universalis* kann man dieses Volk sogar selbst spielen und die anderen antiken Streitmächte herausfordern. So wie es das Reich Pontos in der Antike tatsächlich getan hat.

KAPITEL 5 | MITHRIDATES VI.

Wie John Wayne verstrahlt wurde

Pontos war ein Königreich am Schwarzen Meer, dessen letzter Herrscher Mithridates VI. sich gegen die Römer auflehnte. Der König war eine eindrückliche Gestalt, er führte sein Land erst zu seiner größten Ausdehnung und schließlich in den Untergang. Mithridates VI. soll allerhand beeindruckende Eigenschaften gehabt haben, und es ranken sich um ihn viele Mythen, die es teils schwer machen, Fakten und Fiktion auseinanderzuhalten. Klar ist, dass er das Römische Reich über drei Jahrzehnte hinweg herausforderte. Gleich zu Beginn dieser Mithridatischen Kriege, um 88 v. Chr., erzielte er überraschend einen militärischen Erfolg gegen das Weltreich und terrorisierte es buchstäblich: In einer selbst für die Antike besonders grausamen Aktion ließ er alle Römer in der Provinz Asia umbringen; sie ist heute als *Vesper von Ephesos* bekannt, was in meinen schwäbischen Ohren immer ein wenig nach gemütlichem Abendessen klingt. Den römischen Konsul Manius Aquillius, dessen Gier er als primären Kriegsgrund ansah, ließ Mithridates in einem öffentlichen Schauspiel exekutieren, indem er ihm geschmolzenes Gold in den Rachen schütten ließ.

Was Intrigen, Grausamkeiten und Überraschungen angeht, braucht sich diese Geschichte nicht vor dem *Herrn der Ringe* oder *Game of Thrones* zu verstecken, auch wenn sie leider ohne Drachen auskommen musste. Mithridates hatte (wohl berechtigte) Angst davor, von Feinden vergiftet zu werden, und begegnete dieser Sorge mit wissenschaftlichem Sachverstand: In allen Regionen, die er auf seinen Feldzügen kennenlernte, sammelte er lokales Wissen über Heilpflanzen und Gegengifte mit dem Ziel eines Mittels, das ihn langfristig immun gegen bestimmte Gifte machen würde. Dies war in der antiken Welt bereits als *Theriak* bekannt. Mithridates aber modifizierte und erweiterte diesen Ansatz so sehr, dass die bedeutendste Mischung, hergestellt aus 54 Zutaten, später *Mithridatikum* genannt wurde. Spannend dabei: Nicht nur Heilpflanzen wurden dabei vermischt, sondern auch kleine Mengen an giftigen Pflanzen sowie das Blut von Tieren, die als besonders resistent gegen Giftpflanzen galten. Es gab also schon vor über 2000 Jahren ein archaisches Verständnis über das Wirkprinzip von Impfungen und Antikörpern, die an andere weitergegeben werden können.

Nach dem Tod von Mithridates wurden seine Aufzeichnungen nach Rom gebracht und analysiert. Die Römer waren so beeindruckt von seinen Analysen, dass man (Jahre später) sogar Julius Cäsar mit Mithridatikum behandelte. Und dieses Wissen wirkt bis heute nach: Ich schaue mir gerade eine Website an, auf der man Theriak bestellen kann, allerdings nur aus lumpigen sieben Zutaten, das Kilo für 99 Euro (man bekommt 5 Euro Rabatt, wenn man den Newsletter abonniert).

Das Leben von Mithridates VI. war also spannender als die durchschnittliche Netflix-Serie. Aber warum hört ihr dann gerade zum ersten Mal von diesem König? Warum ist er nicht genauso ein Teil des öffentlichen Geschichtsverständnisses wie, sagen wir mal, Hannibal?

Falls dieses Buch so etwas wie eine Kernfrage hat, dann sind wir eben auf sie gestoßen: Wieso gilt die eine Tatsache als »wissenswert« und die andere nicht? Wenn uns jemand sagt, er weiß nicht, wer Hannibal sein soll oder wie viele Gebote es in der Bibel gibt oder ob die Erde hohl ist, dann denken wir, er macht wahrscheinlich Witze. Aber wenn jemand nicht weiß, dass es Mithridates gab oder wie viele Grundkräfte der Physik es gibt oder warum es im Sommer wärmer ist als im Winter[6], dann ist das vollkommen in Ordnung. Muss man nicht wissen.

Warum gehört das eine zur Allgemeinbildung und das andere nicht? »Unnütz« im engeren Sinne sind diese Fakten alle. Ich kann ein erfülltes Leben führen, reisen, arbeiten und lieben, ohne zu wissen, dass die Erde einen festen Kern besitzt oder wer den Verbrennungsmotor erfunden hat. Die allermeisten Informationen sind für unser Leben zunächst nicht von praktischer Bedeutung. Vielleicht komme ich mir toll vor, wenn ich weiß, welcher Philosoph des 17. Jahrhunderts anonym das Werk *Zwei Abhandlungen über die Regierung* veröffentlichte. Andere wissen dafür, wie der Charakter in *Lost* heißt, der nicht mehr gehen konnte, seitdem er im schönen Tallahassee aus einem Fenster geworfen wurde.[7] Das eine sorgt in

6 Es liegt nicht, wie man vielleicht denkt, daran, dass die Erde im Sommer näher an der Sonne ist als im Winter. Da ist sogar das Gegenteil der Fall (zumindest für uns auf der Nordhalbkugel): Anfang Juli ist die Erde am weitesten von der Sonne entfernt. Der Grund für den wärmeren Sommer liegt in der Neigung der Erdachse: Wir im Norden zeigen zur Jahresmitte mehr in Richtung Sonne als zum Jahreswechsel. Für die Südhalbkugel ist das entsprechend umgekehrt. Ist nicht allzu bekannt – selbst ein Großteil der Harvard-Absolventen hat damit Probleme, wie in einer Dokumentation von 1987 aufgezeigt wurde.

7 Die Antwort ist in beiden Fällen »John Locke«.

gebildeter Runde sicherlich für mehr Eindruck, aber für das echte Leben ist beides gleichermaßen verzichtbar.

Das meiste Wissen ist also unnütz, aber manches »muss man trotzdem wissen«. Wer über zu wenig Allgemeinbildung verfügt, gilt als weltfremd, faul oder dumm. Aber wenn uns bewusst wird, wie willkürlich diese Einteilung ist, dass der eine Künstler, die eine antike Zivilisation, das eine literarische Werk nicht wirklich wichtiger zu kennen ist als jemand oder etwas anderes, dann hilft uns das vielleicht, offener und toleranter zu sein. Anstatt zu denken: »Oh wow, wie kann man durchs Leben gehen, ohne zu wissen, was X ist«, denken wir doch lieber: »Oh wow, diese Person weiß nicht, was X ist – ich frage mich, was sie stattdessen gelernt hat, das mir bislang durchgegangen ist.«

Man darf dabei nicht vergessen, wie sehr der Kanon der Allgemeinbildung kulturell geprägt ist. Dort, wo Mithridates regiert hat, ist sein Name auch heute noch bekannt. Und manches Wissen gilt nur deswegen als obskur oder nerdig, weil es aus einem Teil der Welt stammt, der uns weitgehend unbekannt ist. Ignoranz und Arroganz können dabei unbewusst eine Rolle spielen. Ein Fakt wird nicht nur deswegen automatisch unnötig oder abseitig, weil er sich außerhalb meiner Alltagswelt abspielt. Vielleicht ist er für jemand anderen genau das, was »man wissen muss«.

Nehmen wir Temüdschin. Den kennt ihr ja alle. Was? Ihr kennt Temüdschin nicht? Unsinn! Über den gibt's sogar mehrere Hollywoodfilme. In einem wurde er von dem bekannten Western-Darsteller John Wayne gespielt! Und es gibt eine vierzig Meter hohe Statue von ihm! Der muss euch doch ein Begriff sein! Nein, da klingelt nichts? Keine Sorge, ihr habt ja mich:

Temüdschin wurde in ein hartes Nomadenleben hineingeboren. Seine Mutter war von seinem Vater entführt worden, der sie zu seiner Hauptfrau nahm. Nichts Ungewöhnliches: Auch Temüdschins Frau Börte – mit der er verlobt wurde, als er neun und sie zehn Jahre alt war – wurde von einem anderen Stamm entführt, und Temüdschin musste sie retten. Kurz darauf brachte sie ihren ersten Sohn zur Welt – und zwar so kurz darauf, dass nie endgültig geklärt wurde, ob Temüdschin sein Erzeuger war. Der Sohn bekam den Namen Dschötschi, »der Fremde«, Temüdschin behandelte ihn dennoch mit allem Respekt, der dem Erstgeborenen gebührte.

Aber ich greife vor. Als Temüdschin zwölf Jahre alt war, wurde sein Vater vergiftet und die Familie verstoßen. Temüdschins älterer Halbbruder wurde das neue Oberhaupt, bis er nach einem Konflikt von Temüdschin und einem anderen Bruder getötet wurde. Und ganz nebenher wurde auch Temüdschin selbst entführt und als Sklave gehalten, bis er flüchten konnte. Nach all dieser Leiderfahrung setzte er sich insbesondere für zwei Dinge ein: die örtlichen freundlichen Stämme zu vereinen und sich so hart wie möglich an den verfeindeten Stämmen zu rächen. Man kann nicht zu sehr betonen, wie gut das funktioniert hat. Der Stamm der Entführer seiner Hauptfrau sollte nicht mehr lange existieren. Temüdschin wurde zu einem großen Strategen und Feldherrn, der im Grunde die gesamte damals bekannte Welt eroberte (bis auf komplett wertlose und rückständige Regionen wie zum Beispiel Europa). Zuvor ließ er sich einen neuen Titel verleihen, der wahrscheinlich so etwas wie »Universalherrscher« bedeutet: Dschingis Khan.

So sieht's aus: Der allseits bekannte Mongolenfürst Dschingis Khan hatte ein extrem spannendes frühes Leben. Meist aber hören wir ausschließlich von seinem späteren Wirken und allerhand Grausamkeiten. Oder davon, dass wir alle irgendwie von ihm abstammen sollen. Diese Behauptung wird von einer Studie aus dem Jahr 2003 wissenschaftlich unterfüttert. Sie analysierte das Erbgut von etwas über 2000 Männern aus dem asiatischen Raum, um eine Übersicht zu den Abstammungen der heutigen Bewohner verschiedener Regionen zu bekommen. Das Schaubild dazu löste Verblüffung aus: Neben den erwarteten Zweigen fand sich ein sogenanntes Sternen-Cluster, bei dem überzufällig viele Abstammungs-

linien auf denselben Punkt zurückgingen. Ein bestimmtes Genprofil kam häufiger vor, als zu erwarten gewesen wäre, etwa 8 Prozent der untersuchten Männer trugen es in sich. Hochgerechnet auf ganz Asien, musste es in etwa 16 Millionen Männern zu finden sein.

Wo kam dieses Genprofil her? Die Verteilung der verschiedenen Abstammungslinien deutete auf die Mongolei hin, und die Zahl der Generationen, die seit der Ursprungsversion vergangen sein mussten, ließ einen Ursprung vor rund 1000 Jahren vermuten. Eine hilfreiche Landkarte in der Studie zeigt an, dass das Muster nahezu ausschließlich in Regionen zu finden ist, die zu einem Zeitpunkt Teil des Mongolischen Reiches waren. Bei solch verblüffenden Ergebnissen ist es in der Wissenschaft immer wichtig, den Zufall als Ursache auszuschließen, denn zufällige Schwankungen gibt es in jedem Datensatz. Aber diese Wahrscheinlichkeit wird im Artikel als verschwindend gering berechnet. Der Zufall kann das also unmöglich erklären, wohl aber der Umstand, dass die infrage stehende Region für lange Zeit in irgendeiner Form von nahen Verwandten des Khans regiert wurde und die mongolischen Herrscher überdurchschnittlich viele Kinder gezeugt haben.

Aber bereits zu Lebzeiten des Khans übte sein Weltreich großen Einfluss auf die damals bekannte Welt aus, etwa über die mongolischen Handelsrouten Richtung Europa und Ostasien. Ihr habt vielleicht mal gehört, dass das Schwarzpulver von einem Mönch namens Berthold Schwarz erfunden wurde, der im 14. Jahrhundert aus Versehen eine Explosion ausgelöst haben soll. Inzwischen wird vielfach bezweifelt, dass Schwarz als Person jemals gelebt hat. Realistischer erscheint, dass dieser bahnbrechende Stoff im Zuge des *Mongolensturms* nach Europa gelangt ist, eine Kriegskampagne, bei der die Mongolen bis in Gebiete des heutigen Deutschlands vorstießen.

So viel mal zu Temüdschin aka Dschingis Khan. Jetzt werdet ihr sagen: Moment, Dr. Foell, wie war das mit dem Film? Es gibt doch nicht etwa einen Film, in dem John Wayne Dschingis Khan spielt?!

Doch, den gibt es: *Der Eroberer* von 1954, produziert von Howard Hughes, den Leonardo DiCaprio 2004 in *Aviator* gespielt hat. Der Streifen ist vielleicht nicht berühmt, aber sicher berüchtigt. Er wird gern als einer der schlechtesten Filme aller Zeiten genannt und steht auch im Verdacht, einem großen Teil seiner Crew das Leben gekostet zu haben. Denn während der Dreharbeiten im US-Staat Utah fanden nebenan in Nevada mehrere Atombombentests statt[8], und auffällig viele Crewmitglieder starben in den Jahren darauf an Krebs, unter ihnen der Regisseur, die weibliche Hauptdarstellerin Susan Hayward sowie John Wayne selbst. Die gute Nachricht ist, dass die Filmemacher damals so umsichtig waren, Geigerzähler mit ans Set zu bringen. Dafür gibt es einen Fotobeweis, auf dem Wayne mit zweien seiner Söhne das Gerät begutachtet. Die schlechte Nachricht: Es wird überliefert, dass der Geigerzähler so stark ausschlug, und zwar egal wohin man ihn richtete, dass John Wayne ihn für defekt hielt. Tatsächlich bekam der Drehort direkten Wind aus der Region, in der neue und für die Zeit außergewöhnlich starke Atombomben gezündet wurden.

John Waynes Krebstod kann natürlich auch davon verursacht worden sein, dass er nach eigenen Angaben sechs Schachteln Zigaretten am Tag geraucht hat. Gesund ist das ja auch nicht.[9] Also

8 Einer dieser Tests, Codename *Grable*, betraf ein nukleares Artilleriegeschoss. Ich finde das noch gruseliger als eine »klassische« Atombombe. Ein Geschütz feuerte eine kleine Atombombe mit ähnlicher Sprengkraft wie die Hiroshima-Bombe mehr als zehn Kilometer weit. Eindrückliches Bildmaterial (Foto und Video) zeigt das Geschütz im Vordergrund, den Atompilz im Hintergrund. Falls euch dieses Motiv bekannt vorkommt: Ihr findet eine Nachbildung davon als Bild für die chinesische Nuke Cannon in dem legendären Echtzeit-Strategiespiel *Command & Conquer: Generals* aus dem Jahr 2003. Mir persönlich ist die Nuke Cannon im Spiel allerdings meistens zu langsam und klobig.

9 *Star Trek*-Nerds erinnern sich, wie es drei Ferengi (eine Alien-Spezies) in die USA der Vierzigerjahre verschlagen hat; schockiert über das Verhalten der Menschen, gaben sie den Ratschlag: Hört auf, eure Körper mit Tabak und Atombomben zu vergiften, das Zeug bringt euch früher oder später um.

woran lag's? Denken wir an die Zeit, als das Zigarettenrauchen wie die Fälle von Lungenkrebs zunahmen: Um das Jahr 1900 rauchte erst ein geringer Prozentsatz der Menschen Zigaretten, und es waren insgesamt nur etwa 140 Fälle von Lungenkrebs bekannt. Bereits 1912 sah man sich zum ersten Buch über die Krankheit veranlasst, da ihre Rate stark zugenommen hatte. In den 1920ern begann man dann ernsthaft über die Ursachen nachzudenken. Infrage kam alles, was sich in diesen Jahren stark intensiviert und einen potenziell schädlichen Einfluss auf die Lunge hatte: Rauchen, geteerte Straßen, Luftverschmutzung durch die Industrie, Giftgas aus dem Ersten Weltkrieg und, ja, auch eine Pandemie (die *Spanische Grippe*, 1918–1920). Bei so vielen gleichzeitigen Veränderungen muss sich die Wissenschaft erst einmal in Ruhe hinsetzen und Zahlen wälzen. Zum Beispiel kann man schauen, ob es einen statistischen Zusammenhang zwischen dem Auftreten von Lungenkrebs und der Zahl gerauchter Zigaretten gibt, und zwar unabhängig davon, ob jemand im Kriegseinsatz war oder sich mit der Grippe angesteckt hatte. Genau das hat sich auch gezeigt, aber es dauerte alles seine Zeit. 1954 hieß es, dass der Zusammenhang »über jeden berechtigten Zweifel hinweg« bewiesen war. Zu den Untersuchungen der Menschen kamen dann auch Tierexperimente: Man schmierte Mäusen Zigarettenteer auf den Rücken und beobachtete danach höhere Raten an Krankheiten, die man auch bei Rauchern gesehen hatte.

Mein Punkt dabei: Es kann schwieriger sein, als man denkt, einen so offensichtlichen Zusammenhang wie Rauchen und Lungenkrebs zweifelsfrei nachzuweisen. Eine Studie von 1953 zum Beispiel ergab, dass Pfeifenraucher ein höheres Hautkrebsrisiko hätten als Nichtraucher. Eigentlich war die Frage nach Hautkrebs als Kontrolle gedacht: Da diese Art von Krebs nicht mit den Atemwegen zusammenhängt, wurde nicht erwartet, dass sie mit dem Rauchen zunimmt. Wie konnte dieser Zusammenhang also zustande kommen? Ganz einfach: Wie heute auch, rauchten damals vor allem die Älteren Pfeife. Und im Alter gibt es ein höheres Risiko für

Hautkrebs, unabhängig davon, ob und was man raucht. Wird das Lebensalter statistisch berücksichtigt, zeigt sich bei den Pfeifenrauchern kein erhöhtes Hautkrebsrisiko mehr.

Jeder Weg zu sicherer wissenschaftlicher Erkenntnis ist gepflastert mit solchen zunächst rätselhaften Ergebnissen, die erst nach einer neuen Berechnung oder einer neuen Interpretation wirklich Sinn ergeben. Unter anderem deswegen braucht man dafür Zeit. Allein schon, um dieselbe Studie mehrfach durchzuführen, damit man sicher sein kann, dass das gefundene Ergebnis nicht nur von einem zufälligen Fehler kommt.

Nur, dass man manche Befunde eben nicht so einfach wiederholen kann, zum Beispiel, wenn es um einen Einzelfall geht: Hat der Filmdreh John Wayne getötet, oder waren es die Zigaretten? Das ist eine »Was wäre, wenn«-Frage, die wir nicht experimentell beantworten können. Klar ist aber, dass die Strahlung auch die Leute betroffen hat, die in der Nähe des Drehorts gewohnt haben: Sie sind als »Downwinders« bekannt, und über Wiedergutmachungsleistungen durch die US-Regierung wird auch heute noch diskutiert.

John Waynes Enkel Brendan Wayne ist übrigens ebenfalls Schauspieler, wenn auch nicht unbedingt für Western bekannt. Obwohl, zumindest hat er bei *Cowboys & Aliens* mitgespielt. Wer den Film nicht kennt: Der Name ist Programm, es geht um eine Begegnung zwischen Cowboys im wilden Westen und goldgierigen Aliens, es spielen Daniel Craig und Harrison Ford mit. Ich bin mir nicht sicher, was der Film uns sagen will, aber er ist unterhaltsam. Klar, der Titel klingt etwas albern, aber aus Forschersicht ist alles, was das plötzliche Auftauchen von Alien-Zivilisationen betrifft, tendenziell albern. Schließlich haben wir keinerlei wissenschaftlichen Hinweis darauf, dass irgendwo im All anderes intelligentes Leben existiert. Oder etwa doch?

KAPITEL 6 | BRACEWELL-SONDEN

Warum man sich am besten am Times Square trifft

Es gab Momente, in denen sich Forschende ernsthaft überlegen mussten, ob ein Signal aus dem Weltall eine Nachricht von Aliens ist oder nicht. Nehmen wir die beeindruckende Astrophysikerin Jocelyn Bell Burnell. Am 28. November 1967 wertete sie in Cambridge Radiosignale aus dem Weltall aus, wie jeden Tag musste sie dafür etwa 32 Meter Papier mit Messdaten wälzen. Dabei stieß sie auf ein Signal aus Pulsen im Abstand von 1,3 Sekunden – das war viel zu schnell, um von irgendwelchen damals bekannten Sternprozessen zu stammen. Es kam und verschwand mit der Erdrotation, unwahrscheinlich also, dass es sich um ein Fehlsignal von der Erde handelte. Andere potenzielle Quellen wie erdnahe Satelliten oder eine Reflexion durch den Mond waren ebenfalls schnell ausgeschlossen. Der Fund desselben Signals durch ein anderes Teleskop belegte, dass es kein Problem des Messinstruments war.

Auch auf die Entfernung des Signalursprungs gab es Hinweise. Nicht alle Elemente eines Radiosignals kommen gleichzeitig auf der Erde an, sondern zunächst die höheren und dann die niedrigeren Frequenzen. Dieser Unterschied, Dispersion genannt, wird umso größer, je mehr freien Elektronen das Signal auf dem Weg begegnet. Mit diesem Dispersionsmaß stellten Bell Burnell und Kollegen fest: Der Ursprung liegt weit außerhalb unseres Sonnensystems, aber noch innerhalb unserer Galaxie.

Dann hatten sie eine hervorragende Idee: Kennt ihr den Dopplereffekt? Der ist super, denn er ist ganz leicht zu verstehen und findet sich überall in der Physik. Stellt euch vor, ihr seid in einem Schwimmbad am Beckenrand. In der Mitte des Schwimmbads sitzt ein dickes Nilpferd namens Hildebrand und hopst jede Sekunde einmal hoch. (Es muss nicht Hildebrand heißen. Es muss noch nicht mal ein Nilpferd sein. Eventuell übertreibe ich es gerade ein wenig mit meiner Illustration. Bleibt einfach noch einen Moment bei mir.) Hildebrands gleichmäßiges Hüpfen verursacht ebenso gleichmäßige Wellen, die bei euch am Beckenrand ankommen, und zwar eine Welle pro Sekunde. Ihr beschließt, langsam auf Hildebrand zuzuschwimmen. Wie schnell schwappen euch dann die Wellen ins Gesicht? Na, etwas schneller als einmal pro Sekunde, denn ihr schwimmt ihnen ja entgegen. Schwimmt ihr hingegen von Hildebrand weg, treffen sie euch langsamer als einmal pro Sekunde (und natürlich auch von hinten statt von vorn). Dieser Umstand, dass euch die Wellen abhängig von der eigenen Bewegung einmal schneller und einmal langsamer treffen, nennt sich Dopplereffekt, benannt nach dem Österreicher Christian Doppler.

Jetzt mögt ihr denken: Ist das nicht trivial? Warum ist das so aufregend, dass man dem Entdecker eine österreichische Sonderbriefmarke widmet und sogar einen Mondkrater nach ihm benennt? Nun, weil der Effekt nicht nur bei Wasserwellen auftritt, sondern auch bei allen anderen. Bei Schallwellen ist er der Grund dafür, dass ein Automotor oder eine Krankenwagensirene die Frequenz ändern, wenn sie an euch vorbeifahren. Da Schallwellen viel schneller sind als die Wellen in Hildebrands Schwimmbecken, muss man sich aber schneller bewegen, um den Effekt wahrzunehmen. Wenn jemand langsam an euch vorbeigeht und dabei die ganze Zeit denselben Ton auf einer Vuvuzela spielt, dann verändert sich der Ton, den ihr hört, ebenfalls, aber nur unmerklich. Das Auto hingegen ist so schnell, dass einem der Dopplereffekt sofort auffällt. Wenn wir noch schneller werden, sehen wir den Effekt auch bei Lichtwellen. Da das Licht aber so irrsinnig schnell ist, müssen hier schon ordentliche Geschwindigkeiten her. Zum Beispiel wenn sich ganze Galaxien voneinander entfernen oder aufeinander zusteuern. Und so, wie die Frequenz von Schallwellen die Tonhöhe bestimmt, bestimmt die Frequenz von Lichtwellen die Farbe. Man hat das meist gar nicht so richtig auf dem Schirm, aber es ist wahr: Schall und Licht sind Wellen und verhalten sich physikalisch ähnlich wie die auf dem Wasser. Wenn ihr einen Regenbogen anschaut, dann betrachtet ihr Licht, das nach Frequenz aufgespalten ist und sich aus dem Grund als unterschiedliche Farben präsentiert.

Anfang des 20. Jahrhunderts wurden Teleskope so leistungsfähig, dass man diese Farbverschiebung im All messen konnte. Objekte im Weltraum, die sich auf uns zu- oder von uns wegbewegen, sollten entsprechend einen Blau- oder Rotstich besitzen.[10] Es stellte sich schnell heraus: Entfernte Galaxien haben einen Rotstich, und zwar umso stärker, je weiter sie von uns entfernt sind. Sie bewegen sich also alle von uns weg. Daraus schloss Edwin Hubble 1929, dass sich das Universum insgesamt ausdehnt – und wenn das so ist, dann liegt nahe, dass es irgendwann aus einem einzigen Punkt heraus entstanden ist und seither wächst. Seine Entdeckungen waren die Grundlage für die Idee des Big Bang.

Das ist schon alles sehr abstrakt. Stellt euch einfach mal ganz

10 Sci-Fi-Nerds fällt hier auf, dass es mehrere Franchises gibt, bei denen Portale durchs All blau und rot (oder orange) eingefärbt sind: Bei der TV-Serie *Babylon 5* hängt die Farbe davon ab, ob man kommt oder geht – das ist also klar inspiriert vom Dopplereffekt. Bei der großartigen Spielereihe *Portal* sind die titelgebenden Portale ebenfalls blau und orange, funktionieren aber generell in beide Richtungen gleich.

praktisch Folgendes vor: Wenn ihr euch mit dem Auto nur schnell genug auf eine rote Ampel zubewegt, dann wird sich das rote Licht (zumindest aus eurer Sicht) zunächst orange, dann gelb, dann grün verfärben. Ergo: Bei ausreichend hoher Geschwindigkeit sind alle Ampeln grün! Allerdings reden wir dabei von einem Tempo, bei dem euer Auto und vermutlich auch die nähere Umgebung längst pulverisiert wären.

Zurück zu Jocelyn Bell Burnell. Sie nutzte den Dopplereffekt, um herauszufinden, ob der Ursprung des rätselhaften Signals von einer Position kommt, die relativ zum Sternenhimmel stationär ist oder sich bewegt. Das war sehr smart, denn sollte das Signal von kleinen grünen Männchen kommen, dann würde seine Quelle eine Bewegung wie ein Planet (oder ein Raumschiff) aufweisen. Das tat es nicht: Das Signal kam also von einem Stern. Aber es gab damals einfach keine Erklärung dafür, wie ein solches regelmäßiges Funksignal auf natürliche Weise entstehen konnte. Bell Burnell war nie ernsthaft davon überzeugt, außerirdisches Leben entdeckt zu haben – aber sie war nahe genug an dem Gedanken dran, dass sie sich überlegte, wem sie in einem solchen Fall wohl als Erstes Bescheid geben müsste. Wen würdet ihr zuerst anrufen, wenn ihr einen wissenschaftlichen Nachweis für Aliens gefunden hättet?[11]

Die Lösung des Rätsels nahte, als weitere solcher Signale gefunden wurden, aus anderen Richtungen und mit anderen Frequen-

11 Die Situation erinnert ein wenig an den 6. Oktober 2008, als der Astronom Tim Spahr einen Asteroiden entdeckte, der in weniger als zwölf Stunden die Erde treffen würde. Er machte die Daten unmittelbar öffentlich, damit sie von verschiedenen Forschenden überprüft und analysiert werden konnten. Schnell stand fest, dass es keinen Schaden auf dem Boden geben würde, sondern eine Luftdetonation über dem nördlichen Sudan stattfinden würde. Kurz darauf erhielt die Pressesprecherin von George W. Bush im Weißen Haus eine Nachricht, die ihr als ungewöhnlichste E-Mail ihrer Amtszeit in Erinnerung blieb. Der E-Mail-Betreff war »HEADS UP« (auf Deutsch etwa »Vorwarnung«, aber mit dem zusätzlichen Wortspiel, dass man bei einem Asteroiden nach oben schauen sollte).

zen. Es war also wohl eine neue Art von Stern im Spiel. Als die Daten veröffentlicht wurden, hatte sofort jemand eine Idee dazu. Man kannte damals bereits den Ansatz, dass eine Supernova zur Entstehung eines Neutronensterns, eines unvorstellbar dicht zusammengepressten Reststerns, führen konnte. Der Astronom Fred Hoyle stellte direkt fest, dass die Radiosignale von einem rotierenden Neutronenstern stammen könnten, einem Pulsar. Er behielt recht, und die von Bell Burnell gesammelten Daten sind der erste Nachweis für die Existenz von Neutronensternen. Die heutige Bezeichnung dieses ersten Pulsars ist PSR J1921+2153, aber zunächst nannte ihn das Forscherteam LGM-1, für »Little Green Men«.

Wissenschaftsgeschichte ist auch eine Geschichte großer Ungerechtigkeiten. Die Entdeckung von Jocelyn Bell Burnell, zu diesem Zeitpunkt Doktorandin, war nobelpreiswürdig, aber nicht sie erhielt diese Auszeichnung, sondern ihr Doktorvater Antony Hewish (sowie Martin Ryle, der das Radioteleskopsystem entwickelt hatte, mit dem der Pulsar entdeckt worden war). Sehr viele Frauen in der Wissenschaft werden ähnlich frustrierende Erfahrungen gemacht haben. Fred Hoyle, der das Signal korrekt interpretiert hatte, sagte öffentlich, sie habe den Preis mehr verdient als die, die ihn bekamen. Das führte wiederum zu einer Kontroverse, als neun Jahre später jemand anderes den Nobelpreis bekam für etwas, das zusammen mit Hoyle entdeckt worden war. Auf manche wirkte das, als hätte man Hoyle jetzt für seine einstige Kritik am Preiskomitee bestraft. Dazu muss man allerdings sagen, dass das Komitee vielleicht noch andere Gründe hatte, von einer Ehrung Hoyles Abstand zu nehmen. Zum Beispiel lehnte er die Idee ab, dass das Leben auf der Erde entstanden war – er ging davon aus, dass es per Asteroid aus dem Weltraum hierhergekommen sei.[12] Ebenso lehnte er bis zu seinem Tod die Theorie

12 Dann muss er eigentlich ein Riesenfan von *Deinococcus radiodurans* aus Kapitel 1 gewesen sein. Ob er deswegen auch immer ein Glas Alpaka-Kot bei sich trug, ist leider nicht überliefert.

zum erwähnten Big Bang ab, was irgendwann nicht mehr mit der vorhandenen Datenlage zu vereinbaren war.

Aber eigentlich wollten wir ja über Aliens sprechen. Der Tag, von dem die Wissenschaft am ehesten denkt, dass ein Alien an unsere Tür geklopft hat, war der 15. August 1977. Natürlich musste es das Jahr 1977 sein, schließlich kamen da sowohl *Star Wars* wie auch *Unheimliche Begegnung der dritten Art* ins Kino. Aber um die Bedeutung dieses Tages für die Suche nach Aliens zu verstehen, müssen wir ganz kurz über Radiowellen sprechen.

Selbst wenn man keine Ahnung hat von Radiowellen, eins weiß man: Es gibt unterschiedliche Frequenzen, und wenn ich sie an meinem Radio umstelle, kommt plötzlich keine Beyoncé mehr, sondern nur noch Rauschen, und dann irgendwann Klassik mit so ganz gelangweilter Anmoderation. Bei der Suche nach Aliens ist das Problem dasselbe: Auch im All gibt es unterschiedliche Frequenzen. Aber während sich in Deutschland die meisten Radiosender zwischen 87,7 und 107,9 Megahertz bewegen, spielt sich die Radioastronomie in der riesigen Bandbreite von 3 Kilohertz bis 900 Gigahertz ab. Das kann man sich immer nur schwer vorstellen, daher rechne ich es euch mal anders vor: Sagen wir mal, die genannte Bandbreite der Radioastronomie wird durch das höchste Bauwerk Deutschlands dargestellt, nämlich den Berliner Fernsehturm mit seinen 368 Metern. Ganz unten am Boden sind wir bei 3 Kilohertz, die Spitze ganz oben steht für 900 Gigahertz. Welcher Anteil des Turms steht dann für den Bereich, in dem sich unsere Radiosender abspielen? Weniger als ein einziger Zentimeter! Geht man von da aus in der Frequenz höher den Turm entlang, dann gerät man aus dem Bereich heraus, den wir »Radiowellen« nennen – aber man befindet sich immer noch im elektromagnetischen Spektrum. Es ist ein wenig wie im Meer: Nur Wellen mittlerer Größe nennen wir »Wellen«. Zu ganz kleinen würden wir eher »Kräuseln« oder »Plätschern« sagen, ganz große nennen wir »Flutwelle« oder »Tsunami«. Genauso ist es bei elektromagnetischen Wellen, die nennen wir je nach ihrer Länge »Radio«, »Mikrowellen« oder »Gammastrahlen«. Für den Bereich zwischen 400 und 790 Terahertz haben wir einen ganz besonderen Namen: »Licht«. Da sind wir aber schon weit über den Fernsehturm hinausgeschossen: Um zum für uns sichtbaren Teil des Spektrums zu kommen, lassen wir den einen Zentimeter des Radios zurück, lassen ganz Berlin unter uns und erreichen das Areal des Weltraums, das man »niedrige Erdumlaufbahn« nennt. Und wenn ihr bis hierhin sehr genau aufgepasst habt und an den Regenbogen von vorhin zurückdenkt, könnt ihr bereits ableiten, dass die Farbe Rot am unteren Ende dieses Frequenzbereichs liegt und die Farbe Blau (bzw. Violett) am oberen. Alles direkt unter dem sichtbaren Bereich wird »infrarot« genannt und alles direkt darüber »ultraviolett«. Diese Einteilung ist natürlich etwas egozentrisch, schließlich trifft sie nur auf uns Menschen zu: Andere Bewohner unseres Planeten können Frequenzen als Farben wahrnehmen, die für uns außerhalb des sichtbaren Spektrums liegen.

Genug zu den Grundlagen, wir wollen Aliens jagen. Ich will nur sagen: Es gibt so viele Frequenzen, dass es unsinnig wäre, mit dem Drehknopf vom Radio im All herumzuhorchen, bis wir irgendwann vielleicht auf etwas stoßen. Denn wie es Billy Bob Thorntons Charakter in *Armageddon* so schön ausgedrückt hat: »Der Himmel ist scheißgroß.« Das muss gezielter gehen. Daher suchen wir Menschen am allerliebsten im Bereich um eine bestimmte Frequenz herum: 1420 Megahertz. Diese Zahl lässt das Nerd-Herz höherschlagen! Aber warum?

Zum einen sind nicht alle Frequenzen gleich gut darin, ungestört durchs All zu flitzen. Manche werden zum Beispiel von kosmischen Nebeln zurückgeworfen, genauso wie eine Hauswand bestimmte Frequenzen des elektromagnetischen Spektrums zurückwirft und andere durchlässt – aus dem Grund kann das WLAN durch, aber unser Blick, der ausschließlich auf sichtbarem Licht beruht, nicht. Und 1420 Megahertz liegt in einem Bereich, der gut geeignet ist, lange Strecken im All zurückzulegen. Der Hauptgrund für die Nerdigkeit dieser Frequenz ist jedoch, dass es sich dabei um die sogenannte HI-Linie handelt (gesprochen H-Eins-Linie). Das ist, sehr kurz ausgedrückt, die Sendefrequenz von Wasserstoffatomen. Stellt euch einfach vor, dass Wasserstoffatome auf einer Frequenz von 1420 Megahertz am Hin- und Herschwingen sind. Und Wasserstoff ist in mehrerer Hinsicht das tollste Atom[13]: Zum einen ist es das simpelste im Universum, zum anderen das häufigste. Zudem liegt die Vermutung nahe, dass auch Aliens es zum Leben brauchen, aber da sind wir uns nicht ganz so sicher wie bei den zwei anderen Dingen.

Die HI-Linie bietet sich also als natürlicher Treffpunkt an: Sie ist für alle deutlich sichtbar und sticht aus der Menge heraus. Aber noch viel wichtiger: Alle wissen, dass sie für alle anderen ebenfalls heraussticht. Sagen wir, wir wollen uns in Berlin treffen und sind leider alle getrennt voneinander irgendwo in der Stadt ohne Handy in der Tasche aufgewacht (wenn das unplausibel klingt, verbringt einfach mal einen Abend in der Druide Absinth & Cocktailbar). Wie finden wir uns? Dafür ist unerheblich, welche Stelle mir persönlich am besten gefällt – es kommt nur darauf an, von welchem Punkt ich vermute, dass er allen anderen bei derselben Frage einfallen wird. Und welcher wäre das? Überlegt euch was und schaut dann erst in die Fußnote.[14] Wenn wir denselben Punkt gewählt haben, finden wir uns. Und um wie viel Uhr treffen wir uns dort? Was denkt ihr? Ich würde sagen 12 Uhr mittags (sofern wir bis dahin nüchtern genug sind).

13 In dem legendären Comic *Watchmen* wird der Wissenschaftler und Superheld Jon Osterman gebeten, ein Symbol zu tragen: das typische Piktogramm eines Atoms aus mehreren übereinandergelegten Ellipsen. Er weigert sich und wählt stattdessen ein Symbol, das er »respektiert«: die Darstellung eines Wasserstoffatoms mit einem Elektron. Ihr findet dieses Design heute immer mal wieder als Tattoo auf der Haut mancher Nerds.

14 Ich sage, ich gehe zum Alexanderplatz und schaue mich dort zwischen Fernsehturm und Weltzeituhr nach euch um. Haben wir uns gefunden?

Solche Punkte nennt man auch Schellingpunkte, nach dem Spieltheoretiker und Nobelpreisträger Thomas Schelling. In der Praxis funktionieren sie ganz wunderbar. Ein US-Fernsehsender hat im Jahr 2006 einmal sechs Paare angesprochen und beauftragt, die jeweils anderen Paare zu finden, mit dem einzigen Hinweis, dass sie sich in Manhattan aufhalten. Trotzdem fanden sich alle innerhalb weniger Stunden: manche auf der Aussichtsplattform des Empire State Building, andere am Times Square. Als Preis bekamen sie jeweils ein T-Shirt.

Aber ist jetzt die Frequenz von 1420 Megahertz der ultimative Schellingpunkt? Sagen wir so: Es muss ja nicht der einzige sein. Dennoch kann dieser Fokus helfen, die Suche zu begrenzen. Gleichzeitig kann er natürlich auch dazu führen, dass man etwas übersieht, weil es sich nicht in diesem schmalen Spektrum abspielt, auf das man den Blick gerichtet hat. Jedenfalls hat die Idee, in der HI-Linie zu suchen, einen prominenten Befürworter: Thomas Schelling selbst! In seinem immer noch überraschend lesbaren Buch *The Strategy of Conflict* von 1960 hat er in einer Fußnote die HI-Linie als Schellingpunkt für die Suche nach Aliens genannt. (Er war allerdings nicht so arrogant, das Konzept »Schellingpunkt« zu nennen, sondern sprach von »focal point«.)

Zurück zum 15. August 1977: Zu jener Zeit suchten Forschende in Ohio aktiv nach Signalen aus dem All, die auf eine Zivilisation hindeuten könnten. Dafür hatten sie ein Teleskop mit dem Spitznamen »Big Ear« gebaut, das ein bisschen wie ein betoniertes Fußballfeld aussah (inzwischen befindet sich dort ein Golfplatz). Wie zu der Zeit üblich, wurden die empfangenen Signale auf Papier ausgedruckt und nach Auffälligkeiten durchgeschaut. Die Stärke der Signale wurde in Zahlen und Buchstaben ausgedrückt: von 1 bis 10 und, falls es noch stärker würde, von A bis Z. Der Ausdruck dieses speziellen Tages sieht zunächst genau so aus, wie bei einem zufälligen Rauschen aus dem All zu erwarten: viele Einsen, manche Zweien und Dreien, hier und da mal eine Sechs oder Sieben, die dann als interessante Ausreißer mit Stift markiert wurden. Aber dann der Knaller: die Abfolge 6EQUJ5, mitten in der HI-Linie – ein Signal, das aus dem Grundrauschen extrem deutlich heraussticht, erst stärker wird und dann wieder abflacht, und zwar innerhalb von 72 Sekunden, denn so lange war das Teleskop immer auf einen bestimmten Punkt im All gerichtet. Der Projektmitarbeiter Jerry Ehman nahm einen roten Stift, kreiste die Abfolge ein und schrieb »Wow!« daneben – damit war das sogenannte Wow!-Signal geboren, über das noch heute diskutiert wird.

Es verging ein Tag, bis man das Signal bemerkt und das Teleskop wieder auf dieselbe Stelle ausgerichtet hatte, und bis dahin war es verschwunden. Wir wissen also nur, dass es eine Dauer von irgendwas zwischen 72 Sekunden und 24 Stunden hatte. Ebenso können wir sagen, dass es aus dem Sternbild Schütze kam. Darüber hinaus wurde vor allem darüber diskutiert, was es alles *nicht* ist: Nacheinander wurden TV-Signale, Raumsonden und Asteroiden entweder ausgeschlossen oder zumindest als sehr unwahrscheinlich bestimmt. Erst vor wenigen Jahren ging durch die Presse, dass es mutmaßlich von einer Wasserstoffwolke stammte, erzeugt von damals unentdeckten Kometen. Aber der Forscher, in dessen Handschrift »Wow!« auf dem Papier steht, ist nicht überzeugt: Es gab nämlich zwei leicht versetzte Antennen, die damals den Himmel absuchten, aber nur eine hat das Signal empfangen – ein Komet hätte sich höchstwahrscheinlich auf beiden niederschlagen müssen, ein künstlich begrenztes Signal nicht unbedingt.

Stammt das Signal also doch von Aliens? Ich fürchte, die wissenschaftlich korrekte Antwort darauf ist: keine Ahnung. Vielleicht werden wir es nie erfahren. Und das wäre natürlich der frustrierendste aller Ausgänge: Stellt euch vor, wir hätten erfolgreich eine Nachricht von Aliens empfangen – und sind uns nicht sicher, ob es wirklich so ist. Aber an diesen Gedanken müssen wir uns leider gewöhnen, denn aller Wahrscheinlichkeit nach wird jedes echte Alien-Signal zunächst nicht eindeutig interpretierbar sein. Daher wäre ein natürlicher Prozess – selbst ein bis dahin unbekannter, wie bei den Pulsaren – immer die glaubwürdigere Interpretation. Es heißt, die bekanntesten Alien-Sucher:innen (die des SETI-Instituts) hätten jederzeit eine Flasche Champagner im Kühlschrank, für den großen Tag, an dem fremde Zivilisationen nachgewiesen werden können – aber dieser Tag wird wohl nie kommen, weil dieser Nachweis wahrscheinlich ein längerer Prozess sein wird.

Was wäre dann der plausibelste Weg, Aliens wahrzunehmen? Ich persönlich finde eine Überlegung besonders spannend, die Ronald Bracewell 1960 in einem hochrangig publizierten Paper vorgestellt hat: Gehen wir davon aus, dass die intelligenten Aliens, so es sie denn gibt, sehr weit von uns entfernt existieren. Selbst wenn es nur 100 Lichtjahre sind – ein Katzensprung –, bräuchten sie wahrscheinlich mindestens 100 Jahre, um zu uns zu gelangen, denn allen Einschätzungen der Physik nach sind Reisen in Überlichtgeschwindigkeit für Aliens ebenso unmöglich wie für uns, ganz gleich wie fortgeschritten sie sein mögen.

Sie sitzen also vermutlich zu weit weg, um uns besuchen zu können. Dafür konnten sie schon seit Millionen von Jahren darüber Bescheid wissen, dass es auf unserem Planeten mal intelligentes Leben geben wird. Wie das? Mit der Spektroskopie: Das Licht, das uns von einem entfernten Planeten erreicht, wird zerlegt – genauso, wie wenn ihr einen scheinbar farblosen Lichtstrahl in ein Prisma schickt und am anderen Ende ein Regenbogen herauskommt – und genau unter die Lupe genommen. Wenn Licht ein Gas durchquert, können bestimmte Anteile des Lichtstrahls davon aufgefressen werden, und das schöne Regenbogenmuster weist Lücken auf. Da verschiedene Elemente unterschiedliche Muster von Lücken erzeugen, kann man hierdurch Rückschlüsse über die Atmosphäre ziehen, durch die das Licht gewandert ist. Auf diese Weise können wir messen, wie viel Wasser und Kohlenmonoxid sich in der Atmosphäre eines Planeten befinden, der sagenhafte 340 Lichtjahre von uns entfernt ist.

Mit dieser Methode könnten die Aliens also schon seit Langem sehen, dass sich bei uns etwas tut, da die Lebewesen, die es über die Jahrmillionen auf der Erde gab, erkennbare Veränderungen der Atmosphäre herbeigeführt haben. Unser Planet ist längst ein entdeckbarer Kandidat für intelligentes Leben. Und Bracewell hielt es für das sinnvollste Vorgehen, Weltraumsonden in die Nähe anderer solcher Kandidaten zu schicken. Die Sonde könnte warten, bis sich intelligentes Leben entwickelt, und ein Signal schicken, um sich zu zeigen. Aber woher weiß sie, dass es soweit ist, und wie entscheidet sie sich für die richtige Funkfrequenz? Da können wir beide Fliegen mit derselben Klappe schlagen: Die Sonde wartet einfach auf Funksignale und schickt exakt diese Signale wieder an den Planeten zurück. Das Problem ist nur, dass sie sich dann nicht von natürlichen Prozessen unterscheiden würde: Mehrere Objekte im All könnten das Signal reflektieren wie ein Spiegel. Der einfachste Trick wäre, das Funksignal für eine Weile in der Sonde zu speichern und dann zurückzuschicken. So könnte die Menschheit eindeutig erkennen: Da sitzt jemand, der mich kontaktieren möchte.

Und jetzt kommt's: So etwas beobachten wir auch. Man nennt es *Long delayed echoes*: Wir senden etwas ins All, und manchmal, nur manchmal wird es mit einem verzögerten Echo zurückgeworfen, genauso wie man es sich bei einer Bracewell-Sonde vorstellen würde. Sind das jetzt also die Aliens?

Na ja – wie beim Wow!-Signal auch muss man sich zunächst die Interpretationen anschauen, die sich mit unserer normalen, Alienlosen Physik vereinbaren lassen. Und da gibt es mehrere Vermutungen, von weit entfernten Plasmawolken bis hin zu wirren Reisen der Signale um die Erde, nach deren Umlauf wir sie wieder empfangen. Es ist auch möglich, dass mehrere Erklärungen gleichzeitig korrekt sind und jeweils nur für bestimmte Verzögerungsdauern und/oder bestimmte Frequenzbereiche zutreffen.

Vielleicht hören wir längst von Aliens, und sie schicken uns schon die ganze Zeit Nachrichten und Sonden, aber wir sitzen einfach nur da und ghosten sie, wie die Kids heute sagen. Wer weiß, vielleicht landet die Sonde ja einfach mal und schüttelt uns die Hand (wissenschaftlich auszuschließen ist das streng genommen nicht) – aber aller Wahrscheinlichkeit nach werden wir zu unseren Lebzeiten nicht herausfinden, ob schon mal jemand versucht hat, Kontakt mit uns aufzunehmen. Damit müssen wir uns abfinden, es gibt Schlimmeres. Stellt euch vor, wir empfangen eine Tondatei aus dem All, und wenn wir sie abspielen wollen, ist nur Stille zu hören.

KAPITEL 7 | 4'33"

Was passieren kann, wenn man keine Musik spielt

Das letzte Kapitel hatte schon etwas viel Physik, oder? Reden wir zum Ausgleich kurz mal über Kunst. Anders als viele meiner akademischen Kolleg:innen hatte ich in der Schule keinen wissenschaftlichen Leistungskurs, sondern belegte Kunst. Mir persönlich hat das den Horizont erweitert. Besonders faszinierten mich Kunstwerke, die auf einfache Art etwas ganz Neues hervorbringen. Ein großartiger Ort dafür, und damals auch noch in meiner Nähe, war und ist das Zentrum für Kunst und Medien in Karlsruhe. Dort konnte ich einmal eine echofreie Kammer betreten: In ihr sind alle Oberflächen so präpariert, dass sie möglichst keinen Ton reflektieren. Was man in einem solch schalltoten Raum empfindet, ist schwer zu beschreiben. Nahezu alles um uns herum reflektiert den Schall, auch wenn wir es nicht bewusst wahrnehmen, und eine Welt ganz ohne Echo sind wir nicht gewohnt. Es stellt sich schnell ein Gefühl der Einsamkeit ein, sogar der Beunruhigung.

Eine solche Kammer gab es Anfang der 1950er-Jahre auch in

Harvard. Darin machte der Komponist John Cage eine besondere Erfahrung, von der er noch Jahrzehnte später erzählen sollte. In dieser Situation vollkommener Stille soll Cage zwei Geräusche wahrgenommen haben; eins höher, eins tiefer. Auf seine Nachfrage erfuhr er, das höhere sei die Aktivität seines Nervensystems, das tiefere das Rauschen seines Blutkreislaufs. Für jemanden aus der Forschung wirft dies vor allem physiologische Fragen auf: Was ist mit »Aktivität des Nervensystems« gemeint? Und was genau muss passieren, dass unser Gehirn diese Geräusche nicht wie üblich einfach ausblendet? Als Künstler zog John Cage eine eigene Lehre aus dieser Erfahrung: Echte Stille ist unmöglich. Selbst wenn wir alle Sinneseindrücke von außen entfernen, bleibt immer noch unser Körper mit allen Geräuschen, die er produziert.

Das inspirierte Cage zu seiner wohl bekanntesten Komposition, *4'33"* (bedeutet 4 Minuten, 33 Sekunden). Der Partitur zufolge ist sie »für jedes Instrument oder jede Kombination von Instrumenten« geeignet, was schon mal etwas seltsam ist. Und dann kommen … keine Noten, dort steht nur die Anweisung »tacet«, also Pausieren. Das Stück in drei Sätzen ist so gedacht, dass die Musiker:innen dasitzen, ohne ihr Instrument zu spielen (manche Interpreten markieren Anfang und Ende eines Satzes, indem sie etwa den Klavierdeckel öffnen und schließen). Aber entgegen der verbreiteten Annahme ist der Inhalt des Stücks nicht die Stille, sondern die Geräusche, die zu hören sind. Ein Räuspern der Pianistin oder das Scharren der Füße mancher im Publikum. Oder vielleicht sogar das Geräusch, wie jemand aufsteht und empört geht – denn das Stück hat doch den einen oder anderen Zuhörer vor den Kopf gestoßen. Und auch die Technik kann auf die Stille reagieren: Als die BBC eine Aufführung des Stücks durch ein komplettes Orchester übertragen ließ, musste vorher ein Sicherheitsmechanismus des Radiosenders BBC Radio 3 abgeschaltet werden, sonst hätte der reagiert und automatisch Musik aufgelegt, wäre zu lange nur Stille übertragen worden.

Cage stellte klar, dass das Stück nicht als Spaß gedacht war, sondern als ernsthaftes Werk. Und ernst wurde es auch, als sich jemand mal an einem Plagiat versuchte: Der britische Komponist bekam 2002 eine Klage an den Hals, als er einen Track mit einer Minute Stille veröffentlichte und Cage dabei als Co-Autor angab. Der Beklagte führte an, er habe das Stück sogar noch verbessert: Schließlich sei er in der Lage gewesen, dieselbe Message in viel kürzerer Zeit rüberzubringen. Dennoch ging das den Rechteinhabern der Komposition gegen den Strich, der Streit wurde durch eine Zahlung des Komponisten beigelegt – die Rede war von bis zu 100 000 Pfund.

Das ist so ein Fall, bei dem selbst ein gewiefter Copyright-Anwalt ins Schwitzen kommen kann: Wenn ein Radiosender ein paar Minuten Stille ausstrahlt, ist es dann ein Cage-Plagiat? Wahrscheinlich doch nur, wenn er es als Überarbeitung von *4'33"* bezeichnet und damit Urheberrecht verletzt, oder? Aber wie kann dieselbe Komposition einmal ein Plagiat sein und ein andermal nicht, je nachdem, wie man sie nennt? Zum Glück müssen wir uns in diesem Fall nicht länger den Kopf darüber zerbrechen: 2010 gab der Komponist auf Twitter zu, dass das Ganze vor allem ein Publicity-Gag gewesen sei. Bei der Zahlung soll es sich um eine Spende von 1000 Pfund gehandelt haben.

Na Gott sei Dank – sonst hätte es womöglich noch viel mehr Klagen gegeben gegen Bands, die Ähnliches tun. Denken wir an das Album *Hooray for Boobies* der Bloodhound Gang mit dem Track *The Ten Coolest Things About New Jersey*. Dabei handelt es sich um zehn Sekunden Stille. Dazu sage ich mal einfach: Es gibt schlechtere Gags auf dem Album. Und ich verstehe nicht genug von Musik, um beurteilen zu können, ob es komplette Blasphemie ist, die Bloodhound Gang und John Cage in einem Atemzug zu erwähnen. Schließlich ist der eine für Avantgarde-Kunst bekannt und die anderen eher für Songs über *Simpsons*-Figuren wie Ralph Wiggum, den Sohn des Polizeichefs von Springfield. Der kleine Junge, den Homer mal zum US-Präsidenten machen wollte.

Noch kurz als Erklärung für die unter euch, die keine *Simpsons*-Nerds sind (solche Leute soll es ja geben): Mit »Homer« meine ich hier die Figur Homer Simpson, nicht den antiken Autor, der die Odyssee und die Ilias geschrieben haben soll. Aber hey, wo gerade von ihm die Rede ist:

KAPITEL 8 | POLYPHEM

Was Asterix im Eis gefunden hat

Ich persönlich finde die Ilias ja aufregender als die Odyssee[15]: Ihre Beschreibung des Trojanischen Kriegs mit seiner ganzen Gewalt und dem vielen Leid liest sich Tausende Jahre später immer noch extrem gut, ein bisschen wie ein Mahnmal gegen das Konzept des Krieges. Aber die Odyssee macht natürlich mehr her, mit weniger Gemetzel, dafür mehr fantastischen Wesen: den Sirenen und Seeungeheuern und natürlich dem Zyklopen Polyphem. Ihr kennt die Story: Ein einäugiger Riese hält Odysseus und seine Crew in einer Höhle gefangen. Aber Odysseus überlistet ihn. Erst nennt er sich »Niemand«, damit der Riese anderen nicht ordentlich erklären kann, was los ist (»Niemand tötet mich mit List!«), dann stößt er ihm mit einem glühenden Pfahl das Auge aus und hängt sich mit seinen Männern unten an Schafe, wodurch sie entkommen. Als Polyphem das bemerkt, kann er nur noch mit Felsen nach dem Schiff des Odysseus werfen, trifft aber nicht. Der Legende nach bilden diese Felsen noch heute die sogenannten Zyklopeninseln vor der Küste Siziliens.

(Mein alter Lateinlehrer – Grüße gehen raus – hat von seinem eigenen Lehrer erzählt, der Latein- und Biologielehrer in Personalunion war. Der erklärte, wieso genau es dem Zyklopen so schwerfiel, das davonfahrende Schiff zu treffen: Als Einäugigem fehlte ihm die Tiefenwahrnehmung, über die das zweiäugige Lebewesen verfügt. Als jemand aus der Schülerschaft fragte, ob das Problem nicht viel eher gewesen sei, dass dem Riesen zu dem Zeitpunkt bereits das

15 Die Ilias hat auch den viel besseren Manowar-Song: *Achilles, Agony and Ecstasy in Eight Parts* von 1992, ein legendärer, fast halbstündiger Power-Metal-Track. Metal-Nerds wissen Bescheid.

Auge ausgestochen worden war, meinte der Lehrer: »Das kam noch erschwerend hinzu.«)

Woher stammen solche Sagen eigentlich? Wie kamen die alten Griechen auf die bizarre Idee eines einäugigen Riesen? Dafür gibt es eine spannende Hypothese. Holen wir etwas aus: Habt ihr euch schon mal gefragt, warum es Elefanten in Afrika und Asien gibt, aber nirgends dazwischen? Da ihr bereits das Lemuria-Kapitel gelesen habt, denkt ihr vielleicht, ihr wüsstet schon, was kommt: Die Tiere müssen durch irgendwelche Kontinentalverschiebungen (oder inzwischen versunkene Landteile) vom einen zum anderen Ort gekommen sein. Aber diesmal stimmt das nicht. Erinnert euch, dass bei den Lemuren vor allem die Fossilienfunde für Kopfkratzen gesorgt haben, weil es bei denen eine große Lücke zwischen Madagaskar und Asien gab. Bei den Elefanten hingegen kommt erst durch die Fossilien richtig Sinn in die Sache, denn die zeigen uns, dass es einst auch in Europa verschiedene Elefantenarten gegeben hat. Die Gebiete, in denen wir unsere geliebten Dickhäuter heute finden, sind also nur die Restflächen für eine viel größere Elefanten-Party, die in Europa leider irgendwann zu Ende ging. So wurde 2020 im niedersächsischen Schöningen das fast vollständig erhaltene Skelett eines Waldelefanten gefunden, größer als das der heutigen Artgenossen in Afrika. Drum herum wiesen Spuren darauf hin, dass sich die damaligen Frühmenschen nach dem Ableben des Tieres an der Fleischtheke bedient haben.

Ich finde es eine sehr coole Vorstellung, dass Elefanten und Menschen[16] zusammen im heutigen Deutschland gelebt haben. Wer sich das etwas plastischer vorstellen möchte, der greife zu dem Spiel

16 Zu der Zeit und in der Region wäre es allerdings *Homo heidelbergensis* gewesen und nicht *Homo sapiens*, wobei derzeit diskutiert wird, ob man die Klassifikation *H. heidelbergensis* überhaupt noch braucht oder sie nicht lieber *Homo erectus* untergeordnet werden soll. Da ich in der Nähe von Heidelberg wohne, wäre ich schon ein kleines irrationales bisschen traurig, wenn die Kategorie wegfallen würde.

Far Cry Primal von 2016, dem großartigen Spin-off einer bekannten Reihe von Ego-Shootern, in der man üblicherweise mit modernen Waffen kämpft. Dieser spezielle Teil aber spielt zehntausend Jahre vor unserer Zeitrechnung in Europa, und man verteidigt sich mit Speeren und Pfeilen gegen die Tiere der Urzeit und gegen verfeindete Stämme. Das Spiel zeichnet mit viel Sorgfalt ein authentisches Bild der Mittelsteinzeit, auch wenn dem Spielspaß zuliebe nicht alles realistisch sein kann. Zum Beispiel kann man mit und gegen Mammuts kämpfen (und sogar auf ihnen reiten!), für die es zur angegebenen Zeit in Mitteleuropa tatsächlich schon zu warm war.

Schaut man auf den Mittelmeerraum, dann haben uns manche Elefantenarten noch länger begleitet: Auf der griechischen Insel Tilos soll der letzte Zwergelefant vor etwa 3500 Jahren gestorben sein – damals haben die Menschen sich bereits mit Scheren die Haare geschnitten und zum Sport Bälle aus Gummi hergestellt. Aber gut, irgendwann um diese Zeit herum waren die sympathischen Rüsseltiere in ganz Europa ausgestorben. Was blieb, waren Knochen, und sie lagen weit näher an der Oberfläche als die Fossilien der Dinos, die bereits seit Jahrmillionen unter der Erde waren. Daher kam es immer wieder zu Zufallsfunden, zum Beispiel auf einem gepflügten Acker oder in Höhlen.[17]

Und jetzt stellt euch folgende Situation vor: Ihr seid im antiken Griechenland, erkundet eine abgelegene Höhle und findet Teile eines Skeletts. Da es vor langer Zeit von Tieren abgenagt wurde, liegen die Knochen wild in der Höhle verteilt. Aber eins erkennt ihr

17 Auch die Profis finden manche Überreste nur zufällig. Die Wissenschaftsjournalistin Riley Black geht so weit zu sagen, der effektivste Weg, neue Fossilien zu finden, seien Pinkelpausen. Das macht Sinn, schließlich sucht man sich dafür üblicherweise einen Ort, der gerade nicht von anderen abgesucht und bearbeitet wird. In einem Fall führte das zum Fund eines Skeletts, das zunächst nicht eindeutig als Allosaurus erkennbar war – also nannte man es vorläufig einfach »Urinator montanus«.

gleich: den Schädel, der größer ist, als ihr es von anderen Tieren kennt. Wer einen Elefantenschädel sieht, auch den eines Zwergelefanten, bemerkt schnell die riesige Nasenöffnung, die genauso aussieht wie beim Menschen die Augenhöhlen. Die tatsächlichen Augenhöhlen des Elefanten sind dagegen nicht klar erkennbar. Und da sich der Rüssel nicht erhält, käme man nie auf die Idee, dass es sich bei der Öffnung um das Atemloch einer riesigen, flexiblen Nase handeln könnte. Versucht man dann, die übrigen Knochen auf dem Boden zu einer Figur zu arrangieren, landet man schnell bei dem Schluss: Es muss sich um einen einäugigen Riesen gehandelt haben. Und da in der Antike nicht bekannt war, dass Tierarten aussterben können, war die einzige plausible Erklärung: In dieser Höhle lebte und starb ein Riese.

Es wird vermutet, dass die Zyklopensagen auf die Zwergelefanten im Mittelmeerraum zurückgehen. Wirklich nachweisen lässt sich das nicht, dazu müssten wir in der Zeit zurückreisen und die Leute fragen, wie sie auf ihre Mythen und Geschichten gekommen sind. Aber ich persönlich finde diese Connection extrem plausibel. Ihr nicht? Dann gehen wir zeitlich mal noch ein Stück weiter zurück und schauen uns einen Dinosaurier an, einen Vertreter der Gruppe Pachycephalosauria oder übersetzt »dickköpfige Echse«. Die Tiere sahen extrem cool aus, liefen auf zwei Beinen und hatten eine dicke Knochenplatte am Kopf. Eine kleinere Spezies dieser Gruppe, der Stygimoloch (was ich etwas frei mit »Der düstere Gott des Todesflusses« übersetzen würde), ist der heimliche Star des zweiten *Jurassic World*-Films *Das Gefallene Königreich*: ein kleiner Zornickel, der seinen Dickschädel benutzt, um Wände und Bösewichte aus dem Weg zu rammen.

Aber hier geht es um einen anderen Vertreter dieser Art: Tut mir den Gefallen und googelt »Dracorex hogwartsia«. Jep, der Name bedeutet tatsächlich »Drachenkönig von Hogwarts«. Betrachtet den Schädel: Es ist ganz eindeutig ein Drache. Man könnte ihn so, wie er ist, in einem Comic-Laden an die Wand hängen, und es käme niemandem seltsam vor. Auch hier wieder: Wir werden nie endgültig wissen, ob dieser Dino die eine Inspiration für die Drachenlegenden in Europa und Asien war. Aber man findet solche und vergleichbare andere überall in der nördlichen Hemisphäre, viele in China. Und auch in Deutschland stößt man zumindest auf ähnliche Saurier, gegen die ein legendärer Siegfried gekämpft haben könnte.

Und dann ist da mein Lieblingsdino. Wahrscheinlich habt ihr noch nie von Protoceratops gehört. Er ist nicht so flashy und aufregend wie der T. rex oder der Triceratops. Man sieht ihn noch nicht mal in einem *Jurassic*-Film in Aktion. Er ist recht klein, etwa so wie ein dickes Schaf, und er sieht etwas bizarr aus mit seinem Papageienschnabel und einer Knochenkrause am Hinterkopf. Warum er mir trotzdem so gut gefällt? Weil er – wahrscheinlich – die

Inspiration hinter der Legende vom Greif ist. Diese These hat die brillante Wissenschaftshistorikerin Adrienne Mayor[18] aufgestellt: Mit seinem Schnabel und den vier Gliedmaßen sieht der Dino ähnlich aus, wie man sich einen Greif vorstellt. Der Ursprung der Legende deckt sich gut mit dem Hauptsiedlungsgebiet des Sauriers und außerdem mit gewissen Goldablagerungen – und der Greif soll schließlich Gold bewacht haben.

Wenn euch das jetzt bekannt vorkommt, habt ihr wahrscheinlich den 2021er Asterix-Band *Asterix und der Greif* gelesen (falls nicht: spoiler alert). Da machen sich die Römer in Osteuropa auf die Suche nach dem mythologischen Wesen und finden stattdessen einen Dino im Eis. Der Comic scheint also von Mayor inspiriert worden zu sein – auch wenn das eingefrorene Tier für mich sehr nach einem Styracosaurus aussieht, nicht wie ein Protoceratops. Macht dafür aber visuell mehr her.

Manche Stimmen halten diesen ganzen Ansatz der Fabeltier-Inspiration durch Dinosaurier für zu weit hergeholt; näher liege die Annahme, sagen sie, dass die Leute damals Überreste modernerer Tiere gefunden hätten – so könnte der Greif auf ein ausgestorbenes Pferd aus der Eiszeit zurückgehen, dessen Knochen wohl häufiger gefunden wurden. Das kann natürlich sein; es ist, wie gesagt, viel Spekulation dabei. Aber ein wichtiger Punkt ist, dass der Ursprung der Sagen und Mythen wahrscheinlich nicht ganz so absurd und willkürlich war, wie wir uns das normalerweise vorstellen. Oft halten wir die Menschen von damals für weniger rational als uns Heutige. Aber ist das wirklich der Fall, oder waren sie nur weniger informiert? Letztlich haben sie die Fossilienfunde so interpretiert, wie es am besten in ihr bestehendes Weltbild passte.

18 Ich habe mich mit Adrienne darüber unterhalten, und es stellte sich heraus, dass sie auch ein großer Kunst-Nerd ist: Bevor sie als Sachbuchautorin bekannt wurde, hat sie Radierungen von Fabelwesen angefertigt – darunter auch der Greif – und in Galerien verkauft.

Und, Hand aufs Herz, genau dasselbe machen wir heute noch, sogar in der Wissenschaft. Es ist ein bisschen so wie mit Lemuria in Kapitel 3: Wenn ich kein Konzept der Kontinentalverschiebung habe oder von Völkern und Tieren, die lange Strecken auf dem Wasser zurücklegen können, dann fügt sich ein versunkener Kontinent passgenau in mein Verständnis der Welt. Und wenn ich kein Konzept von ausgestorbenen Tierarten habe, aber dennoch Knochen von unbekannten Tieren finde, dann ist die plausibelste Annahme, dass sie irgendwo leben, wo ich selbst noch nicht war. Das ist der Moment, an dem jemand das bekannte »Hic sunt dracones« an den Rand der Weltkarte schreibt: Hier wohnen Drachen – ein Ausdruck der Unwissenheit, aber sicher nicht der Doofheit, was ein wichtiger Unterschied ist.

Nehmen wir die Frage, ob die Erde rund ist oder flach. Zu sagen, sie sei flach, hat nichts mit Unwissenheit zu tun, sondern ist schlichtweg doof. Warum? Weil sich das ganz leicht selbst als Hypothese testen ließe. Heute kann man mit wenig Aufwand einen Ballon mit einer Kamera bis in die Stratosphäre schicken. Oder man kann einfach beobachten, wie ein Schiff am Horizont immer tiefer ins Meer zu sinken scheint, statt endlos immer kleiner zu werden, wie man es auf der flachen Erde erwarten würde. Und entgegen dem Mythos, die Wissenschaft hätte die Erde früher für flach gehalten, hat der Grieche Eratosthenes bereits vor über 2000 Jahren den Erdumfang ganz simpel und erstaunlich genau gemessen. Und zwar so:

Man suche sich zwei Orte aus, die möglichst weit entfernt voneinander entlang der Nord-Süd-Achse liegen. Bei Eratosthenes waren das die ägyptischen Städte Alexandria und das heutige Assuan. Dann nehme man einen langen, geraden Gegenstand, der einen möglichst schönen Schatten wirft – eine Sonnenuhr bietet sich an. Nun messe man die Distanz zwischen den beiden Orten. Gut, dass es damals den Berufsstand der Bematisten gab, professionelle Schrittzähler, die lange Strecken oft erstaunlich genau messen konnten.

Wenn man das alles hat, folgt die ebenso einfache wie geniale Berechnung: Eratosthenes sah, dass der Gegenstand im südlichen Ort um die Mittagszeit keinen Schatten warf – die Sonne stand darüber im Zenit. Der Gegenstand im nördlichen Ort warf zu der Zeit dagegen schon einen Schatten, und den schaute er sich nun genauer an. Stellt euch vor, ihr malt eine gedachte Linie von der Spitze des Gegenstands bis zur Spitze des Schattens. Dann erhaltet ihr die Form eines Dreiecks oder, anschaulicher gesagt, eines schmalen Stücks aus einer großen Pizza. Jetzt müsst ihr nur noch ausrechnen, wie groß die Pizza insgesamt wäre. Eratosthenes zufolge sollte der so gemessene Schatten etwa ein Fünfzigstel eines vollen Kreises ausmachen. Der Rand unserer gedachten Pizza wäre also fünfzig Mal länger als die gemessene Kante des Schattens; damit wäre der Umfang der Erde fünfzig Mal größer als die Strecke zwischen den zwei gewählten Städten. Das Internet sagt mir, dass die beiden Städte Luftlinie 843 Kilometer voneinander entfernt liegen. Mal fünfzig genommen, kommt man auf einen Erdumfang von 42 150 Kilometern. Das liegt nur etwa 5 Prozent über der tatsächlichen Zahl. (Die Unschärfe lag wohl zum Teil daran, dass die zwei Städte nicht ganz gerade auf der Nord-Süd-Achse liegen.) Was Eratosthenes mit den damaligen Möglichkeiten berechnen konnte, finde ich erstaunlich.[19]

Wir wissen also bereits seit Jahrtausenden bis auf wenige Prozent genau, wie groß die Erde sein muss, und damit auch, dass sie eine Kugel ist. Aber warum habt ihr dann gehört, dass Columbus um die Erde gesegelt ist, um nachzuweisen, dass es geht? Das ist ein

19 Man muss fairerweise dazusagen, dass die Arbeit von Eratosthenes kontrovers gesehen wird: Es wird argumentiert, dass er bei der Umrechnung von Fußstrecke auf Luftlinie zu stark abgerundet und sich bei der Bestimmung des Schattens um 0,2 Kreisgrade verrechnet hat. Allerdings lässt sich nicht mehr sicher nachvollziehen, welches Längenmaß er verwendet hat: Eine universelle Normierung wie heute, wo sich alle mehr oder weniger einig sind, wie lang ein Meter zu sein hat, gab es damals nicht.

schnell erklärtes Missverständnis: Ihm und seinen Zeitgenossen war bekannt, dass die Erde rund ist, es herrschte nur Uneinigkeit über ihre genaue Größe. Ironischerweise hat sich ausgerechnet Columbus bei der Berechnung des Umfangs wie bei der Größe Asiens vertan, weshalb er Indien viel schneller zu erreichen glaubte, als es tatsächlich der Fall war. Aber die Expert:innen seiner Zeit wussten es besser und gingen davon aus, dass er auf der Reise viel zu lange kein Land sehen würde. Deshalb lehnten zunächst mehrere Länder ab, sein Vorhaben zu finanzieren.

Zusammengefasst: Flat-Earther sind doof und waren es auch schon vor 2000 Jahren. Columbus war zumindest halbdoof. »Doofheit« ist hier definiert als das Beharren auf falschen Annahmen, die sich recht problemlos faktisch widerlegen lassen. »Die Wissenschaft hat mal gesagt, die Erde sei flach« ist also in dieser Form nicht korrekt. Aber es gibt einen spannenderen Parallelfall, nämlich: »Die Wissenschaft hat mal gesagt, die Erde sei der Mittelpunkt des Universums.« Da ist die Sachlage eine ganz andere.

Lange glaubte man, die Sterne seien alle genau gleich weit von uns weg – schließlich bewegen sie sich alle zusammen übers Firmament und nicht manche schneller und andere langsamer. Und die Erde bildete damit den zentralen Punkt des sichtbaren Universums. Konnte es noch eine andere plausible Erklärung geben? Ja: dass nämlich selbst der nächste Stern so wahnsinnig weit von uns entfernt ist, dass die Unterschiede in der Entfernung nicht mehr ins Gewicht fallen. Dafür müsste das Universum unvorstellbar groß sein, milliardenfach größer als der Erdumfang – was natürlich die korrekte Antwort ist. Aber in einer Zeit, bevor man mit Teleskopen feine Unterschiede in den relativen Bewegungen der Sterne eindeutig messen konnte, musste das eine Hypothese bleiben. Ganz ehrlich? Als Mensch des Mittelalters hätte ich wahrscheinlich auch für das geozentrische Weltbild votiert, also das mit der Erde im Mittelpunkt – denn das riesige Universum wäre mir wie eine verdächtig aufwendige Theorie vorgekommen für etwas, das sich auch einfacher erklären lässt.[20] Ich hätte also falschgelegen – aber nicht aus Doofheit, sondern aus einem Mangel an Information.

Ob man die Fakten noch nicht kennt (wie bei der Bewegung der Sterne) oder sie verleugnet (wie bei der flachen Erde), ist ein immens großer Unterschied. Falsche Schlüsse zu ziehen, weil man etwas nicht weiß, ist nie eine Schande. Zum Beispiel, wenn man nicht weiß, was Schlafparalyse ist, und deswegen an Dämonen glaubt.

KAPITEL 9 | SCHLAFPARALYSE

Warum manche Leute von Aliens entführt werden

Das Phänomen ist so verbreitet, dass es manche von euch kennen werden: Du wachst im eigenen Bett auf und kannst dich nicht bewegen. Du kannst nicht sprechen. Du hast einen Kloß im Hals oder das Gefühl, nicht richtig atmen zu können. Vielleicht kannst du die Augen öffnen, vielleicht nicht. Es fühlt sich nicht an wie ein Traum – du weißt, dass du wach und bei Verstand bist. Möglicherweise bemerkst du, dass sich noch jemand im Zimmer aufhält, sich dir vielleicht nähert – aber du kannst nichts tun, außer in Angst liegen zu bleiben. In manchen Fällen siehst du den Eindringling sogar oder spürst, wie du angefasst wirst. Im Einzelfall wird von sexuellen Empfindungen bis hin zum Orgasmus berichtet.

20 Das ist natürlich etwas simplifiziert dargestellt, denn es gab noch andere Gründe, das geozentrische Weltbild abzulehnen. Zum Beispiel machen die Bahnen der Planeten um uns herum sehr viel mehr Sinn, wenn sie und wir uns um die Sonne drehen.

Das ist die mögliche Symptomatik der Schlafparalyse, die manche regelmäßig erfahren, andere nur einmal oder wenige Male im Leben. Gerade beim ersten Mal kann sich das so beklemmend anfühlen wie hier beschrieben. Bei regelmäßigem Auftreten kann man sich damit arrangieren oder es von Mal zu Mal als schlimmer empfinden. Warum es dazu kommt, ist noch nicht vollständig geklärt. Auf jeden Fall haben wir heute ein Verständnis dafür, dass Einschlafen und Aufwachen komplexere Prozesse sind, als manchen bewusst ist. Bei der Schlafparalyse scheint ein Teil des Körpers bereits aufgewacht zu sein und ein anderer noch nicht. Während der REM-Phase werden viele Muskeln sozusagen abgeschaltet – Atmung und Blutkreislauf machen weiter, aber wir stehen im Normalfall nicht einfach im Schlaf auf und laufen herum. (Das Phänomen des Schlafwandelns widerspricht dem nicht: Es findet üblicherweise im Non-REM-Schlaf statt.) Bleibt die Stummschaltung aktiv, während unser Verstand bereits aufwacht, kommt es zu dem beschriebenen Erleben.

Heute können Betroffene schnell online herausfinden, dass das Phänomen bekannt ist. Aber wie war das früher, vor dem Internet oder vor psychologischen Studien zum Thema? Wie hat man sich damals das Erlebnis erklärt, dass jemand in mein Schlafzimmer eindringt, irgendwie dafür sorgt, dass ich mich nicht bewegen kann, und dann irgendwelche Machenschaften mit mir treibt?

I'm glad you asked. Denn die Vermutung ist, dass dieses Phänomen alle möglichen merkwürdigen Erlebnisse erklärt, die über die Jahrhunderte hinweg berichtet wurden: Aliens, die einem den Samen oder die Eizellen stehlen oder jemanden über dem Bett schweben lassen, Incubi und Succubi, also männliche oder weibliche Dämonen, die sich mit sexuellen Absichten auf Schlafende des jeweils anderen Geschlechts legen, und natürlich der Alb oder Nachtmahr, wovon sich die Wörter *nightmare* und *Albtraum* ableiten. Der kommt nachts vorbei und setzt sich auf die Brust, was ein Gefühl der Angst oder Atemnot auslösen kann.

Ein besonders eindrückliches Beispiel ist die Verzückung der Theresa von Ávila. Die Heilige aus dem 16. Jahrhundert ist inzwischen die Schutzpatronin der Schachspieler, von daher ist ihr ein Platz im Who's who des Nerdtums ohnehin sicher. Theresa hat eine interessante Erfahrung mit einem Engel beschrieben: Obwohl überzeugt davon, dass es Engel gibt, war sie doch überrascht, einen zu sehen. Nach ihrem Bericht durchbohrte der Engel ihr Herz mit einem Pfeil, um sie mit der Liebe Gottes zu erfüllen. Theresa beschreibt ihre Ekstase als zutiefst körperliche Erfahrung mit einer Mischung aus Freude und Schmerz. Der Barock-Bildhauer Bernini machte sich davon sein eigenes Bild und schuf eine fantastische Skulptur, die Theresa und den Engel während dieser Szene zeigt: Die Darstellung hat einen schwer zu leugnenden erotischen Touch. Falls euch das bekannt vorkommt, habt ihr wahrscheinlich den Roman *Illuminati* von Dan Brown gelesen. Wie üblich hat der Autor darin eine etwas abgefahrene Interpretation des Werks: Bernini soll die Skulptur absichtlich skandalös gefertigt haben, damit sie nicht in den Vatikan, sondern in eine kleine Kirche gesteckt wird, sodass die Richtung des Pfeils in der Hand des Engels anzeigen kann, wo in Rom sich der nächste Hinweis für den Symbol-Nerd Robert Langdon befindet. Und dann wird auf ihn geschossen und so, da passiert allerhand.

Zurück zum Thema. Wie im vorherigen Kapitel gilt auch hier: Es gibt keinen wissenschaftlich haltbaren Nachweis, dass derlei Erlebnisse mit Schlafparalyse in Zusammenhang stehen. Aber es ist plausibel, dass bei einem scheinbar unerklärlichen Ergebnis auf die Interpretation zurückgegriffen wurde, die nach dem aktuellen Weltbild am meisten Sinn machte. Und das trifft auch auf Leute zu, die sich ansonsten sehr durch Vernunft und Rationalität auszeichnen, von denen man also nicht erwarten würde, dass sie plötzlich von Aliens oder Dämonen anfangen.[21]

Zu dieser Vorstellung passen Studien, die zeigen, dass die Opfer vermeintlicher Alien-Entführungen ganz gewöhnliche Menschen waren. Sie leiden offenbar nicht häufiger an psychischen Störungen, sind nicht weniger intelligent, und die relevanten Bereiche ihres Gehirns erscheinen unauffällig. Allerdings geben sie häufiger als andere an, bereits vorher an Aliens geglaubt zu haben. Und so macht das alles einen Sinn: Manche Menschen erleben die beschriebenen Phänomene und versuchen, eine Erklärung zu finden, die zu dem passt, was sie bereits über die Welt wissen oder zu wissen glauben. Wer an Aliens glaubt, sieht Aliens. Wer bereits an Engel glaubt wie die heilige Theresa, sieht einen Engel. Nichts anderes ging auch den Griechen durch den Kopf, als sie die Elefantenknochen fanden: Wurden die Erwägungen »Habe ich den Verstand verloren?« und »Legt mich da gerade jemand rein?« als zu unplausibel verworfen, welche Erklärungen blieben dann noch? Wie schon Sherlock Holmes sagte: Wenn man das Unmögliche ausgeschlossen hat, dann muss das, was übrig ist, egal wie unwahrscheinlich es ist, die Wahrheit sein.

Wobei: Der Autor von Sherlock Holmes, ein bekennender Spiritist, hat auch an Feen geglaubt, nachdem ihm Fotos vorgelegt worden waren: Auf ihnen sind muntere geflügelte Menschlein zu

21 Gibt es *Frasier*-Nerds unter euch? In einer Folge dieser genialen Comedyserie über einen Psychiater (ein Spin-off der früheren Serie *Cheers*) spricht sich Frasier für einen Politiker aus und lernt dann im Privaten, dass der Kandidat überzeugt ist, vor Jahren für eine Alien-Konferenz entführt worden zu sein. Frasier schlussfolgert korrekt, dass das wahrscheinlich eine stressbedingte Einzelerfahrung war (aber auch, dass die Überzeugung ein politisches Problem werden könnte, außer vielleicht in Kalifornien). Auf der anderen Seite: Der legendäre Astronaut John Glenn hatte mal einen Gastauftritt in der Serie und hat ebenfalls von Aliens gesprochen, von daher existieren die vielleicht einfach im *Frasier/Cheers*-Universum.

sehen, die junge Mädchen umspielen. Die als *Cottingley Fairies* bekannt gewordenen Wesen sehen zwar für heutige Verhältnisse recht fake aus, aber ich schätze, zu Beginn des 20. Jahrhunderts kam man noch mit ganz anderen Dingen durch. In einem Text zum Thema findet Doyle, der Vorwurf eines Fakes pralle an denen ab, die die Leute hinter den Bildern kennen. Offenbar hatte er sie als so ehrlich kennengelernt, dass er einen Betrug für ausgeschlossen hielt.

Über dieselbe Schlussfolgerung stolperte später der Psychiater John Mack, der für seine Studien mit Alien-Entführungsopfern sprach. Er überzeugte sich davon, dass sie vollkommen vernünftige Menschen waren, die ehrlich und aufrichtig über ihre Entführungserlebnisse berichteten, und das ließ für ihn nur einen Schluss zu: Sie mussten die Wahrheit sagen. Mack wurde vom UFO-Skeptiker zu einem Sprachrohr derer, die glaubten, von Außerirdischen entführt worden zu sein. Damit ruinierte der zuvor respektierte Harvard-Professor seinen guten Ruf: Studierende machten sich über ihn lustig, und eine Journalistin legte ihn rein, indem sie ihm eine absurde Entführungsgeschichte über eine Alien-Konferenz mit John F. Kennedy zur Lösung der Kubakrise auftischte, die er ihr prompt abkaufte.

Als psychologisch geschulter Forscher hätte Mack wissen müssen, dass die persönliche Erfahrung nicht immer die objektive Wahrheit ist, selbst wenn jemand bei gesundem Verstand ist und keinerlei Täuschungsabsicht verfolgt. Wahrnehmungen und Erinnerungen spielen uns eigentlich die ganze Zeit Streiche; es ist ein halbes Wunder, dass wir überhaupt mal ab und zu mitbekommen, was wirklich um uns herum passiert.

Aber hey, wir alle machen Fehler. Mack war jetzt nicht unbedingt der eine Mensch in der Geschichte, der seinen Job am schlechtesten gemacht hat. Denn das war Ned Ludd.

KAPITEL 10 | LUDDITEN

Warum Maschinen zerschlagen wurden

Einer Legende zufolge hat ein Engländer namens Ned Ludd zu Beginn des 19. Jahrhunderts an einem Strumpfrahmen gearbeitet, einer mechanischen Strickmaschine. Aus Unfähigkeit oder aus Versehen soll er seine Stricknadeln mit einem Hammer zu Klump geschlagen haben (andere Quellen sagen: aus Zorn). Das passierte zu einer Zeit, als die Leute in den Werkstätten und Fabriken die Gefahr zu spüren bekamen, die die industrielle Revolution und die neuen, dampfgetriebenen Maschinen für ihre Arbeitsplätze darstellten. Daher kam es vor, dass Arbeiter ihre Maschinen heimlich sabotierten oder zerstörten. Wenn dann jemand fragte, wer das war, lautete die Antwort: Ned Ludd, wer sonst? So wie in deutschen Büros immer derjenige an allem schuld ist, der den Betrieb zuletzt verlassen hat, wurde Ned Ludd zum Generalsündenbock erhoben, der alle anderen automatisch von ihrer Schuld befreite.

Die Bewegung der Ludditen oder »Maschinenstürmer« war geboren. So lustig die Grundidee ist, irgendwann wurde es ernst: Als die Arbeiter ihre Jobs und Existenzgrundlagen verschwinden sahen, schickten sie Drohbriefe, die mit »Captain Ludd« oder »General Ludd« unterschrieben waren, und auch ihre Aktionen wurden militanter. In einem weithin bekannt gewordenen Fall aus dem Jahr 1812 wollte eine Gruppe Ludditen eines Nachts eine Textilfabrik zerstören. Die Betreiber verstanden keinen Spaß – die Ludditen galten nicht nur als Terroristen, in ihren Aktionen sah man auch eine Schwächung der Wirtschaftsleistung, die sich Großbritannien im Krieg gegen Napoleon nicht leisten konnte –, kamen der Attacke zuvor und wehrten sie mithilfe von Soldaten ab. Es gab Tote und Verletzte, einige Ludditen wurden sogar hingerichtet. Doch auch Lustiges ist von diesem Vorfall überliefert: Ein schwer verletzter Luddit wurde der Legende nach gedrängt, Namen von anderen zu verraten. Er blieb stumm, ließ aber nach dem örtlichen Geistlichen rufen. Als der gekommen war, fragte er ihn: »Können Sie ein Geheimnis bewahren?« Als der Geistliche »Ja« sagte, entgegnete der Luddit »Ich auch« und starb.

Inzwischen hat sich die Bedeutung des Begriffs vollkommen gewandelt: Ein Luddit ist heute jemand, der nicht mit moderner Technologie klarkommt und/oder sie bewusst ablehnt. Das ist zwar inzwischen kein großer gesellschaftlicher Konflikt mehr, endete aber in Einzelfällen auch in den letzten Jahrzehnten noch tödlich: So gibt es in den USA den ehemaligen Mathematikprofessor Theodore Kaczynski, der als Neo-Luddit gilt. Ende der Sechzigerjahre kam er zu der Überzeugung, die moderne Technologie sei schädlich für die Menschheit: Sie habe bereits großes Leid verursacht und werde zum Untergang führen. Zunächst zog er daraus die Konsequenz, dass er sich in eine selbst gebaute Hütte in Montana zurückzog. Aber nach einiger Zeit beschloss er, das System direkt anzugreifen, und verschickte über mehrere Jahre bis in die Neunziger hinein zahlreiche selbst konstruierte Paketbomben, die mit der Zeit immer gefährlicher wurden. Als Ziele wählte er Personen, die für ihn Vertreter der modernen Technik waren, von Uni-Professoren über Besitzer von Computergeschäften bis hin zum Präsidenten einer Airline. Drei Menschen starben, einige mehr wurden verletzt; Kaczynski ging als »Unabomber« in die Verbrechergeschichte ein. Das Bedürfnis, seine Message zu verbreiten, wurde ihm schließlich zum Verhängnis: Nachdem die *Washington Post* Kaczynskis Manifest abgedruckt hatte, wurde er von

seinem eigenen Bruder anhand seines Schreibstils erkannt. Er sitzt nun lebenslang im Gefängnis.

Der Film *Good Will Hunting*, der nur zwölf Monate nach Kaczynskis Festnahme 1996 gedreht wurde, geht in einem eindrücklichen Dialog auf den Fall ein: Ein Mathematiker und ein Psychologe sprechen über die Verantwortung, große wissenschaftliche Leistungen zu vollbringen, wenn man denn ein Talent dafür besitzt, selbst wenn man dadurch unglücklich wird. Der Psychologe beschreibt Kaczynski dabei als einen hochtalentierten Mathematiker, auf dessen Psyche früher hätte geachtet werden müssen. Von krassen Ausnahmen wie ihm abgesehen, verläuft Luddismus heute nicht mehr so tödlich wie früher. Diese Aussage trifft übrigens genauso auf Vogelkot zu: Auch für ihn muss zum Glück niemand mehr sterben.

KAPITEL 11 | GUANOKRIEG

Warum wir plötzlich viel mehr Leute ernähren können

Vor gar nicht allzu langer Zeit war Vogelkacke so wichtig für die Ernährung der Bevölkerung, dass dafür gekämpft, gestorben und kolonisiert wurde. Dass dem heute nicht mehr so ist, verdanken wir der kühnen Idee, »Brot aus Luft« herzustellen, was zwei deutsche Chemiker dann auch geschafft haben, und zwar so erfolgreich, dass ihre Erfindung derzeit etwa 1 Prozent des weltweiten Energiebedarfs verursacht. Es geht um nichts Geringeres als die komplette Neustrukturierung der Welternährung – und trotzdem wissen nur die wenigsten darüber Bescheid.

Aber der Reihe nach: 1898 hielt der hoch angesehene[22] britische Chemiker William Crookes eine alarmistische Rede: Am Beispiel der Weizenproduktion rechnete er durch, dass der Welt, und vor allem dem Westen, sehr bald die Nahrung ausgehen werde. Selbst bei der größtmöglichen Anstrengung der Nationen, den Ackerbau zu steigern, sei binnen dreißig Jahren der Scheitelpunkt erreicht, der dem Kollaps vorausgehe – einfach, weil es dann mehr neue Münder als neue Produktion gebe. Als Kernproblem sah er einen Mangel an Stickstoff zum Düngen. Ohne Dünger würden die Felder der Welt nicht genug hergeben, jedenfalls nicht genug Weizen.

Zwei Jahrzehnte zuvor war der Guanokrieg zu Ende gegangen, auch bekannt als Spanisch-Südamerikanischer Krieg. Der hatte mit der Besetzung der Chincha-Inseln vor der Küste Perus durch Spanien begonnen. Das sind drei sehr kleine Inseln, die größte etwas über einen Kilometer lang, auf denen sehr viele Vögel wohnen. Dadurch waren sie eine ideale Fundgrube für Guano: eine Paste aus Vogelkot mit einem hohen Gehalt an Stickstoff.

Stickstoff ist ein verhältnismäßig wichtiges Zeug. Es ist das N in dem schönen Akronym »CHNOPS« für die Elemente Kohlenstoff, Wasserstoff, Stickstoff, Sauerstoff, Phosphor und Schwefel, die man in den meisten Molekülen findet, aus denen Lebewesen bestehen. (Ich persönlich spreche das »Schnopps« aus, aber da könnte ich der Einzige sein.) Stickstoff ist also eines der sechs wichtigsten Elemente des Lebens. Setzt man ihn im Ackerbau als Düngemittel ein, kann er den Ertrag steigern, ohne die Qualität der Ernte zu mindern und die Fruchtbarkeit des Bodens anzugreifen. Deswegen war Guano so wichtig, und Regionen mit einfachem Zugriff darauf

22 Wobei Crookes dieses Ansehen später ein Stück weit verspielte. Zum Beispiel dachte er, man könne mit Toten sprechen und dass unbekannte physikalische Wellen Telepathie ermöglichen sollten. Dafür wurde er schon zu seiner Zeit stark kritisiert. Die Geschichte zeigt immer wieder, dass auch die erfolgreichsten Köpfe der Wissenschaft gerne anfangen, an Unsinn zu glauben.

wurden reich: In Peru kennt man die damalige Zeit des Wohlstands als Guano-Ära. Aber schon vor dem Krieg nahmen die Fördermenge und Qualität von Guano ab – die Menschen aßen schneller, als die Vögel ausscheiden konnten.

Crookes wusste, wer das Problem lösen konnte: »Es ist der Chemiker, der die bedrohten Gemeinschaften retten muss. Es ist durch das Labor, dass der Hungertod letztlich in Überfluss verwandelt werden könnte.«[23] Und genau das passierte dann.

Der Gedanke »Brot aus Luft« kam daher, dass es unvorstellbar viel Stickstoff in der Luft gibt, auf den man möglicherweise über technische Mittel zugreifen konnte. Zwei deutsche Chemiker, Fritz Haber und Carl Bosch, entwickelten ein entsprechendes Verfahren. Seit 1913 wird mit dem Haber-Bosch-Verfahren der aus der Luft gewonnene Stickstoff zu Ammoniak synthetisiert – genau das Wunder, auf das Crookes gehofft hatte. Allerdings braucht man dafür ordentlich Energie, um für ausreichend hohe Temperaturen und Druck zu sorgen.

Der politische Hintergrund könnte ein eigenes Buch füllen: Deutschland war versessen auf diese Entwicklung, da es gleich zu Beginn des Ersten Weltkriegs aufgrund der Seeblockade den Zugriff auf Stickstoffquellen wie Guano verlor. Außerdem hat es dabei nicht nur an Dünger gedacht: Aus Ammoniak kann man auch Ammoniumnitrat herstellen, und das ist ein potenter Sprengstoff – so sehr, dass es bereits 1921 zur größten zivilen Explosionskatastrophe der deutschen Geschichte mit 559 Todesopfern führte. In dem Werk im heutigen Ludwigshafen, wo damals das erste Ammoniak

23 Seine Rede ist übrigens ein schockierendes Beispiel für das rassistische Weltbild vieler Menschen der westlichen Welt: »Die Stickstofffixierung ist eine Frage der nicht weit entfernten Zukunft. Sofern sie nicht sicher kommt, wird die große weiße Rasse aufhören, Weltführer zu sein, und wird aus ihrer Existenz herausgepresst werden durch Rassen, für die Weizenbrot keine notwendige Lebensgrundlage ist.« Die Wissenschaft von heute setzt sich bei Weitem nicht genug mit den verabscheuungswürdigen Aspekten ihrer Vergangenheit auseinander.

synthetisiert wurde, ereignete sich aus nicht komplett geklärten Gründen eine Explosion, die noch in Mannheim Menschen tötete, noch in Heidelberg eine Bahn entgleisen ließ und noch in München zu hören war – eigentlich unvorstellbar.

Die Gefahr solch massiver Explosionen besteht übrigens immer noch: Eine Reihe von Explosionen im Hafen von Tianjin in Nordchina richtete 2015 riesigen Schaden an (wenn auch mit weniger

Toten als in Ludwigshafen). Dort lagerten ganze 800 Tonnen Ammoniumnitrat. Ausgelöst wurde diese Explosion vermutlich durch einen überhitzten Container mit Cellulosenitrat, einem ebenfalls gefährlichen Stoff, aus dem auch die ersten richtigen Filmrollen hergestellt wurden. Und Leute, ihr macht euch keine Vorstellung, wie leicht und heftig alte Filmrollen in Brand geraten. Wenn man die Strukturformel von Cellulosenitrat anschaut, sieht man überall Os, was bedeutet, dass die Substanz sehr viel Sauerstoff mitbringt. Das ist unter anderem deswegen problematisch, weil unsere üblichen Methoden zur Feuerlöschung vor allem durch das Unterbinden der Sauerstoffzufuhr funktionieren. Wie es meine Chefin Mai Thi Nguyen-Kim in ihrer Funktion als Chemikerin ausdrückt: Verbrennung ist chemisch gesehen nichts anderes als eine Reaktion mit Sauerstoff. Normalerweise geschieht das durch Luftzufuhr, aber in diesem Fall steckt es einfach im eigenen Gepäck. Kein Wunder, dass Cellulosenitrat auch »Schießbaumwolle« genannt wird. In einer offiziellen Anleitung der Vereinigung der Filmarchive Fédération Internationale des Archives du Film zur Lagerung und dem Transport alter Filmrollen heißt es daher: »Eine brennende Rolle Nitratfilm kann durch nichts gelöscht werden (Wasser, Schaum, Sand, etc.).« Brände im Kino waren verbreitet, und mehrere klassische Filme gingen durch sie verloren.[24]

Zurück zum Haber-Bosch-Verfahren: Allen Gefahren zum Trotz begriffen die Leute damals die elementare Bedeutung der neu entwickelten Ammoniaksynthese für die Ernährung der Weltbevölkerung (und auch für die Herstellung von Sprengstoff). Die Methode wurde über die Jahre in sehr großem Stil angewendet. Wie groß? Macht euch auf einen Mind-Blow gefasst: Etwa die Hälfte des

24 Tarantino-Nerds muss ich das natürlich nicht erzählen, die wissen das aus *Inglourious Basterds*: Dort soll Nitratfilm zur Brandstiftung eingesetzt werden, und man sieht einen Clip aus einem alten Hitchcock-Film, in dem einem Jungen verboten wird, seine Filmrollen in eine öffentliche Bahn mitzunehmen.

Stickstoffs, den ihr im Körper habt, wurde in einem Chemiewerk im Haber-Bosch-Verfahren verarbeitet. Es wird vermutet, dass wir ohne dieses Verfahren viermal mehr Ackerfläche brauchen würden, um die Menschheit zu versorgen – was bedeutet, dass fast die Hälfte der eisfreien Weltfläche dazu verwendet werden müsste. Ich denke aber nicht, dass es so weit gekommen wäre: Wahrscheinlich wäre die Menschheit einfach früher an die Grenze dessen gestoßen, was der Planet noch versorgen kann. Im Umkehrschluss lässt sich sagen, dass diese eine Erfindung der Synthetisierung von Ammoniak zu einem großen Maß dafür verantwortlich ist, wie viele Menschen es heute gibt und wie unsere Welt aussieht, im Guten wie im Schlechten. Der unmittelbar bevorstehende Hungertod konnte damals immerhin abgewendet werden.

Wenn das so eine bedeutende Erfindung ist, die unsere gesamte moderne Welt geformt hat, warum musstet ihr euch dann erst dieses Buch kaufen, um davon zu erfahren? Das könnte mit Haber und Bosch als Personen zu tun haben. Die Details würden noch mal ein eigenes Buch füllen, aber ich will gar nicht über Fritz Haber sprechen, sondern viel lieber über seine erste Frau, Clara Haber, geb. Immerwahr. Sie war ebenfalls Chemikerin und eine der ersten Frauen in Deutschland sowie die erste an ihrer Uni, die in Chemie promovierte. Ihr späterer Ehemann war ein Kommilitone ihres Mentors. Sie publizierte mehrere Paper als alleinige Autorin, war also eine kompetente Wissenschaftlerin, allen Widrigkeiten zum Trotz, denen Frauen in der damaligen Zeit ausgesetzt waren. Sie hielt öffentliche Vorträge, unter anderem zum Thema »Chemie und Physik im Haushalt«.[25] Nach ihrer Heirat forschte sie nicht weiter, und 1915 nahm sie sich mit 44 Jahren das Leben.

25 Für mich als Wissenschaftskommunikations-Nerd ist das natürlich sehr spannend: ein Vortrag, der das nichtakademische Publikum abholen soll, und das bereits 1901! Ich wünschte, man könnte den Vortrag heute hören. Es muss quasi das »Komisch, alles chemisch« seiner Zeit gewesen sein.

Aufgrund des Zeitpunkts und der Methode vermuten einige, ihr Suizid sei ein Protest gewesen: Nur wenige Tage zuvor hatte es im Weltkrieg den ersten deutschen Giftgasangriff gegeben, den ihr Mann mit seinen Forschungen möglich gemacht und organisiert hatte. Fritz Haber wurde zum »Vater des Gaskriegs«, während Clara Haber Pazifistin gewesen sein soll. Es wurden auch ganz andere Gründe vermutet: Ihre Ehe mit Haber war, soweit sich das heute beurteilen lässt, nicht glücklich. Berichten zufolge konnte sie auch eine Affäre ihres Mannes zum Selbstmord veranlasst haben. Es ist oft müßig, darüber zu spekulieren, was genau jemanden zum Suizid getrieben hat, denn Rationalität ist dabei nicht immer die treibende Kraft. In jedem Fall verlor die Forschung viel zu früh eine wichtige Chemikerin, und wir werden nie wissen, was ihr Beitrag zur Wissenschaft gewesen wäre, hätte sie durch ihre Ehe und die Gesellschaft weniger Widerstand erfahren.

Eindeutig klar ist nur, dass die Zeit des Ersten Weltkriegs eine Ära voller Ungerechtigkeiten war. Überraschenderweise ist das auch das Thema des ersten Zombiefilms der Geschichte.

KAPITEL 12 | J'ACCUSE

Warum vor 100 Jahren der erste Zombiefilm gedreht wurde

Fragt man einen Horror-Nerd nach dem ersten Zombiefilm, wird meistens George Romeros *Die Nacht der lebenden Toten* genannt (in Deutschland auch häufig unter dem Originaltitel *Night of the Living Dead*). Auf eine Art stimmt das, denn dieser Low-Budget-Schwarz-Weiß-Film von 1968 hat das moderne Bild vom Zombie maßgeblich geprägt, einschließlich dessen, dass sie im Film nicht Zombies genannt werden.[26] Wenn ihr also wissen wollt, wo das Konzept der Zombies aus *The Walking Dead* herkommt, ist das eine prima Anlaufstelle. Aber die Grundidee gab es schon vorher. Und um manche Eigenschaften der heutigen Zombies verstehen zu können, müssen wir mehr als ein Jahrhundert zurückgehen, zu einem Stummfilm aus dem Jahr 1919.

Der französische Regisseur Abel Gance musste aus gesundheitlichen Gründen im Ersten Weltkrieg zunächst nicht kämpfen, aber trotzdem Kriegsdienst leisten. Er nutzte die Gelegenheit, um direkt an den Schauplätzen Szenen für einen besonders real wirkenden Kriegsfilm zu drehen, der aber erst nach Kriegsende Premiere haben sollte. Er handelt von einer Dreiecksbeziehung und davon, wie abgetrennt das Leben der Soldaten vom Frieden in der Heimat ist. Der Poet Jean verliert durch den Krieg den Glauben an das Schöne in der Welt und letztlich den Verstand. In seiner Verzweiflung wirft er der Menschheit vom Schlachtfeld aus allerhand vor – *J'accuse* heißt der Film im Original, *Ich klage an* in Deutschland. Nach mehr als zwei Stunden realistischen Dramas passiert etwas Verblüffendes, das Jean ein Wunder nennt: Die Kriegstoten erheben sich und machen sich in einer riesigen Gruppe auf in Richtung ihres Heimatortes.

Schockiert rennt Jean zurück in den Ort, warnt seine Mitmenschen und wirft ihnen vor, sie hätten den Tod ihrer Freunde und Verwandten nicht ausreichend geehrt, hätten sich am Krieg bereichert oder die Geschäfte und Beziehungen der Soldaten nicht ordentlich verwaltet. Gleichzeitig marschiert die Armee der Toten unaufhaltsam auf sie zu. In der Version, die ich geschaut habe (wie bei vielen Filmen aus der Zeit kursieren einige Varianten), endet die

26 Erst lange danach haben Zombiefilme angefangen, sich über diese Regel lustig zu machen: Bei *Shaun of the Dead* weigert sich eine der Hauptfiguren, das »Z-Wort« zu benutzen.

Szene damit, dass die Toten mit dem Anblick ihrer Lieben zufrieden sind und sich wieder zurückziehen.

Das für die Menschheit düstere Ende vieler Zombiefilme bleibt also aus – aber die Vision einer Armee von lebenden Toten, die bedrohlich auf die Menschheit zuschlurfen, ist uns bis heute erhalten geblieben. Der Film macht auch keinen Hehl daraus, dass die Zombies eine politische Metapher sind: Ihr Aufmarsch wird einer Siegesparade in Paris gegenübergestellt. Denn noch mehr als viele andere Filmmonster sind die Zombies vor allem ein Symbol für die menschliche Gesellschaft. Das zieht sich durch das gesamte Genre, bildet dabei aber je nach Jahrzehnt verschiedene Problematiken ab. In der ersten Fortsetzung von *Night of the Living Dead*, die im Original sehr sinnvoll *Dawn of the Dead* heißt, aber im deutschen Handel verwirrenderweise nur als *Zombie* betitelt ist (was noch mal verwirrender wird dadurch, dass eine weitere Fortsetzung bei uns *Zom-*

bie 2 heißt, aber dann der dritte Teil der Reihe ist), zieht es die Zombies in ein Einkaufszentrum, in dem sie sinnlos ihre Zeit verbringen. Eine Filmfigur mutmaßt, dass es für sie im Leben ein »wichtiger Ort« gewesen sein muss – sehr viel klarer kann man Konsumkritik nicht formulieren. Und heutzutage hat man einen Film wie *The Dead Don't Die*, in dem die lebenden Toten nicht um Gehirne betteln, sondern um das, was sie auch im Leben gesucht haben – Kaffee, WLAN oder kostenloses Kabelfernsehen; die Apokalypse wurde hier außerdem nicht durch das Vergessen eines Krieges, sondern einen unverantwortlichen Umgang mit der Natur verursacht.

Falls ihr keine Horror-Nerds seid (oder zumindest Film-Nerds generell), mag euch das politische Element überraschen, das diese Filme durchzieht. Aber es macht Sinn: In Horrorfilmen wird auf jeden Fall sehr gern die soziale Ordnung auf den Kopf gestellt. In der Zombie-Apokalypse ist die Pflegerin nützlicher als der Arzt, die Soldatin wertvoller als der General und die Mechanikerin hilfreicher als der Präsident. Schon allein deswegen lässt sich eine Zombie-Geschichte kaum erzählen, ohne dabei einen sozialen Kommentar abzugeben.

Hat man dennoch das Gefühl, die Filmindustrie sei erst vor Kurzem plötzlich politisch geworden, erklärt sich das meist damit, dass man früher einfach zu unerfahren oder zu uninformiert war, um die medialen Bezüge zur Politik einordnen zu können. Solange man ein Kind beziehungsweise im Jugendalter ist, erlebt man Filme ganz anders als später. Aber irgendwann werden alle erwachsen, da führt kein Weg dran vorbei. Es sei denn …

KAPITEL 13 | NEOTENIE

Warum wir vielleicht nur unfertige Affenmonster sind

Der Axolotl aus Mexiko ist ein ganz besonderes Tier und rangiert weit oben auf der Nerd-Rangliste. Für mich ist er auf jeden Fall der putzigste aller Schwanzlurche. Kein Wunder, dass es bei *Pokémon* bereits seit der zweiten Spielgeneration das Pokémon Felino gibt, das ganz offensichtlich von dem Tier inspiriert ist (sein englischer Name Wooper kommt von dem Namen, unter dem Axolotls in Japan bekannt sind und als Haustiere verkauft werden: Wooper Looper oder Upa Rupa).

Das Tier besitzt eine Fähigkeit zur Wiederherstellung seines Körpers, die ihresgleichen sucht. Während uns Menschen nur doofe Narben bleiben, wird bei manchen Tierarten das verloren gegangene Organ nachgebildet; der eingebüßte Schwanz einer Eidechse zum Beispiel wächst wieder nach. Aber der Axolotl spielt hier in einer ganz anderen Liga: Anders als bei der Eidechse tritt keine neue, simplere Version des Schwanzes an dessen Stelle, sondern das neue Organ wächst in einem ähnlichen Prozess wie während der Embryonalentwicklung: Für sein Ersatzmodell geht der Axolotl *back to basics*. Der Unterschied ist etwa der, ob man für sein Handy einen Ersatzakku vom Billig-Markt bekommt (das wäre der Eidechsenschwanz) oder das ganze Gerät gegen ein neues umtauschen kann. Auf diese Weise kommt der Axolotl mit Verletzungen vollkommen anderer Größenordnung klar: Er kann sogar einen Großteil seines Gehirns wiederherstellen.

Da bekommt ein Neurowissenschaftler wie ich natürlich spitze Ohren. Einen Großteil des Gehirns wiederherstellen? Das haut einen um. Versteht mich nicht falsch, unser menschliches Gehirn hat auch viel mehr Potenzial, sich selbst zu verändern, als ihr denken mögt. Tatsächlich hieß es die längste Zeit, es sei relativ starr und könne im Lauf des Lebens keine neuen Zellen dazugewinnen. Der legendäre Zellforscher Santiago Ramón y Cajal, Nobelpreisträger des Jahres 1906, hielt das menschliche Gehirn für fest und unveränderlich: »Alles kann sterben, aber nichts kann regenerieren.« Das sieht man inzwischen etwas anders: Die Frage, inwieweit das ausgewachsene menschliche Gehirn neue Nervenzellen bilden kann – vor allem wo und in welchem Ausmaß –, wird derzeit noch diskutiert. Aber es muss auch nicht immer etwas ganz Neues sein: Es steht außer Frage, dass unser Gehirn ganz großartig darin ist, sich selbst zu verändern, zum Beispiel mit neuen Nervenverbindungen und flexiblen Aufgaben für die Zellen.

Trotz aller fantastischen Leistungen unseres Gehirns käme es aber nicht klar mit dem, was in Experimenten mit dem Axolotl gemacht wird: Unter anderem entfernt man ihm chirurgisch das »mittlere Drittel des Großhirns«. Um Himmels willen! Die possierlichen Lurche zeigen daraufhin wohl keine nennenswerten Verhaltensauffälligkeiten, und nach 12 bis 15 Wochen ist das Gehirn regeneriert. Ich weiß nicht, wie es euch geht, aber mir drängt sich dabei die Frage auf: Hat der Axolotl später noch dieselben Erinnerungen und dieselbe Persönlichkeit wie vorher? Das ist eine extrem schwierige Frage, und egal, welche Antwort ich hier gebe, sie wird von Neuro-Nerds und Philosophie-Nerds heftig debattiert werden.

Ich spekuliere daher mal nur so viel: Alles, was wir denken, fühlen, wünschen und träumen, spielt sich in der Substanz unseres Gehirns ab. Wird sie zerstört, sind diese Gedanken und Gefühle für immer weg. Gleichzeitig orientieren sich die Zellen auch an dem, was ihre Nachbarzellen machen. Verschwindet jetzt ein Drittel des Großhirns und wächst wieder nach, dann würden sich diese neuen Zellen anhören, was ihre erfahrenen Nachbarn zu sagen haben, und versuchen, daraus einen Sinn zu ziehen. Zudem bringen diese neuen Zellen dieselben genetischen Veranlagungen mit und bauen sich aus denselben Nährstoffen zusammen, die ihnen gegeben werden.

Eine neue Nervenzelle lebt daher nicht in einem Vakuum, sondern gehört vom Moment ihres Entstehens an unverwechselbar zu uns. Wenn wir vorher, mit dem »alten« Gehirn, kreativ oder fröhlich oder aggressiv waren (oder nerdig!), dann würde sich das mit den neu generierten Zellen wohl nicht grundlegend ändern. Was die Wiederherstellung von Erinnerungen oder Fertigkeiten angeht, vermute ich, dass sich das Bild ähnlich darstellen würde wie nach einem Schlaganfall: Da kann es zu absolut beeindruckenden Fortschritten und Verbesserungen kommen. Im Einzelfall aber lässt sich oft nur schwer vorhersagen, wie sich das Gehirn erholen wird.

Jedenfalls könnt ihr euch vorstellen, dass der Axolotl bei seiner Entdeckung durch europäische Forscher unmittelbar sehr interessant war. Die ersten waren zwei tote Exemplare, die Alexander von Humboldt aus Mexiko nach Paris schickte. Damals stritt man sich darum, ob Amphibien eine eigene Gruppe von Tieren sind oder nur eine Untergruppe der Reptilien. Georges Cuvier, der Empfänger der ersten Axolotls, wollte zur Klärung wissen, ob es Tiere gibt, die in ihrer Erwachsenenform sowohl in der Luft wie auch im Wasser atmen können – nur solche konnten für ihn echte Amphibien sein. Die zwei Axolotls, die er vor sich hatte, konnten das (also inzwischen nicht mehr, denn sie waren tot und in Alkohol eingelegt). Aber waren es erwachsene Tiere, oder steckten sie im Larvenstadium einer Tierart, die ausgewachsen mit der Lunge atmet? Schließlich hat so ein Axolotl irgendwie etwas von einer Kaulquappe.

Cuvier sah das auch so: Das knorpelige Skelett und die unterentwickelten Geschlechtsorgane ließen ihn darauf schließen, dass es sich beim Axolotl um eine Jungform handelt. Dem widersprach, dass es offenbar viele dieser Tiere in Mexiko gab und trotzdem keine Erwachsenenform von ihnen bekannt war. Als mehr und mehr Exemplare Europa erreichten, wurden die Leute skeptisch – wenn sie Kinder sind, wo bleiben die Erwachsenen? In den Augen der damaligen Forschenden machte die Idee des Axolotls als Larve trotzdem mehr Sinn. An die Jungform glaubte auch Auguste Duméril und publizierte 1865 darüber, bis er sich noch im selben Jahr plötzlich in einer 180-Grad-Wendung selbst korrigieren musste: Seine Larven hatten Babys bekommen. Bald besaß er achthundert neue putzige Axolotls, um die er sich kümmern durfte. Und da sich nach biologischem Verständnis nur Erwachsene fortpflanzen können, wurden die Tiere aus Mexiko endgültig zur Erwachsenenform erklärt. Duméril verteilte den Nachwuchs an interessierte Personen und Institutionen und legte damit vermutlich den Grundstock für eine sich selbst erhaltende europäische Axolotl-Population.

Ein halbes Jahr später berichtete er gleich den nächsten Twist, noch unerwarteter als der zuvor: Manche der Nachkommen hatten sich vollkommen verwandelt und waren jetzt Landlebewesen ohne

Kiemen. Die Theorie vom Axolotl als Larvenstadium, erst kurz zuvor mit absoluter Sicherheit ausgeschlossen, war plötzlich wieder im Spiel. Des Rätsels Lösung wird inzwischen *Neotenie* genannt: ein Phänomen, bei dem ein Tier bereits im Larvenstadium geschlechtsreif wird. Anders gesagt: Es gibt für den Axolotl eigentlich keinen Grund, erwachsen zu werden, also tut er es normalerweise auch nicht. Schnell fand man heraus, dass sich dem Axolotl die Erwachsenenform aufzwingen ließ, indem man ihm graduell das Wasser wegnahm, um ihn so quasi in die Rolle eines Landlebewesens zu pushen. Aber erst mehr als dreißig Jahre später kam man dem Mechanismus dahinter auf die Spur: Ein Schilddrüsenhormon ist für das Starten der Verwandlung verantwortlich. Werden nur 0,01 Milligramm der Substanz Thyroxin gespritzt, kann man die Veränderung damit lostreten. Einer der Forscher, der das damals untersuchte, war Julian Huxley.[27] Sein Bruder war der Schriftsteller Aldous Huxley – ihr kennt ihn vor allem von seinem Roman *Schöne neue Welt.*[28] Der war ebenfalls von der Neotenie fasziniert und verarbeitete das Konzept in einem Roman: *Nach vielen Sommern* von 1939 handelt von einer Gruppe Leute, die im Auftrag eines Millionärs nach Wegen suchen sollen, das menschliche Leben zu verlängern. Dabei finden sie das Notizbuch eines Grafen aus dem 18. Jahr-

27 Huxley war nicht der Erste, der das herausfand, sondern führte denselben Versuch durch, ohne von den Ergebnissen der anderen, früheren Forschungsgruppe zu wissen. Aber der Wissenschaft täte es gut, wenn wir nicht immer so übergroßen Wert auf diejenigen legen würden, die etwas als Erste herausgefunden haben. Zum einen, da es in vielen Fällen *noch* frühere Befunde gab, von denen man nur aus irgendwelchen Gründen nichts mitbekommen hat, und zum anderen, da man einem Forschungsergebnis häufig erst dann trauen sollte, wenn es sich noch mal (und noch mal) bestätigen lässt. Daher sind Replikationsstudien – also Studien mit denselben Methoden wie eine vorhergehende Studie, um zu testen, ob deren Ergebnis Bestand hat – viel wichtiger für die Forschung, als ihr Ruf glauben lässt.

28 Dafür, wie bekannt dieser Roman ist, gibt es erstaunlich wenige Verfilmungen davon. Außer wir zählen *Demolition Man* von 1993 mit Sylvester Stallone dazu, was wir auf alle Fälle tun sollten.

hundert, der besonders lange gelebt haben soll. Am Ende der Geschichte stoßen sie auf den Grafen selbst; der ist inzwischen 201 Jahre alt und hat sich im Lauf seines Lebens in eine Kreatur verwandelt, die mehr Affe als Mensch ist.

Huxleys Idee dahinter: Die menschliche Form, die wir alle kennen und lieben, könnte nur das Larvenstadium einer höher entwickelten Spezies sein, und wir würden es erst erfahren, wenn der erste Mensch alt genug wird. Nur dass fraglich ist, ob die Form wirklich höher entwickelt ist, denn der Graf hat seinen menschlichen Verstand eingebüßt, er verhält sich aggressiv und uriniert auf den Boden. Das könnte das Analogon dazu sein, dass der Axolotl nach seiner Verwandlung nur noch an Land atmen kann: Er ist im Grunde simpler gestrickt als vorher, mit weniger Möglichkeiten. Aber wahrscheinlich ist Huxleys Aussage eher, dass unser Verstand überbewertet ist: Eine seiner Figuren merkt an, der Graf scheine auf seine Art eine ganz gute Zeit zu haben. Es wird gemutmaßt, dass dieser Roman Orson Welles zum Schreiben von *Citizen Kane* inspiriert habe. Falls das so ist, muss ich sagen: Ich mag den Film sehr, aber er wäre tatsächlich noch mal besser, wenn sich Kane am Ende der Handlung in ein Affenmonster verwandeln würde.

Übrigens: Das mit der Entdeckung der Neotenie mittels des Axolotls wird manchmal anders erzählt. Im Internet steht eine Version, der zufolge Duméril in Paris die Kiste aus Mexiko aufmacht und plötzlich Wesen darin findet, die gar nicht verschickt wurden, weil sich die Axolotls auf der Reise unerwartet verwandelt hatten. So habe ich die Geschichte auch erst erzählt, nachdem ich sie selbst so gehört hatte – aber in Dumérils Originalberichten zeigt sie sich wie hier beschrieben. Und als Wissenschafts-Nerd bin ich ganz klar immer auf der Seite von »weniger spannend, aber dafür akkurat wiedergegeben«.

Die wahre Version ist in aller Regel sowieso schon bizarr genug. Zum Beispiel auch die von den Sex-Münzen im alten Rom.

KAPITEL 14 | SPINTRIAE

Warum die Römer Sex-Münzen hatten

Münzen spielen in der Archäologie eine wichtige Rolle, weil man häufig schon vom Anschauen zumindest grob weiß, wann und wo sie hergestellt wurden: Tragen sie zum Beispiel den Namen oder das Antlitz eines bestimmten römischen Kaisers, kann man davon ausgehen, dass sie aus der Zeit seiner Herrschaft stammen. Und das Schöne ist, dass man ständig neue findet: Europas Erdreich ist voller zurückgelassener Münzen, immer wieder stößt man auf einzelne Stücke oder ganze Sammlungen, per Zufall oder gezielt mit Metalldetektoren. In einem Archäologie-Paper aus Spanien wird sogar berichtet, dass ein Münzfund vermutlich von einem Dachs freigelegt wurde.

Aber warum haben die Leute damals so viele Münzen hinterlassen? In der Archäologie kennt man vor allem fünf Anlässe, durch die ein Geldlager unter die Erde geraten konnte: versehentlicher Verlust, eine Notreserve für schwere Zeiten, das Sparkonto »unter der Matratze«, absichtliches Zurücklassen und gelagertes Tagesgeld. Meist sollte sich schnell erkennen lassen, in welche Kategorie das gefundene Geld gehört: Das Tagesgeld ist nie sehr viel, steckt selten in Ton- oder Metallgefäßen und wird in Orten wie Pompeji in der Nähe von Personen gefunden. Wohingegen ein vergrabenes Sparkonto viel mehr Münzen umfassen kann (zum Teil über tausend), die oft aus einer größeren Zeitspanne stammen, und so weiter.

Am spannendsten sind aber die Münzen, die absichtlich zurückgelassen wurden: Sie können auf Unruhen hindeuten, die so heftig waren, dass die Leute aus ihrer Heimat geflüchtet sind, aber nicht so umwälzend, dass eine Rückkehr ausgeschlossen war. In einer solchen Situation macht es Sinn, sein Münzgeld zu Hause zu verbuddeln, anstatt das ganze Vermögen auf eine möglicherweise riskante Reise mitzunehmen. Und hat diese externe Bedrohung zum Tod oder permanenten Ortswechsel der Besitzer geführt, liegt ihr Bargeld unter ihrem Haus vergraben, bis jemand es findet. Historiker:innen schauen dann auf den letzten Kaiser, der auf den Münzen dargestellt ist, und bekommen damit einen Hinweis, dass in dessen Regierungszeit wahrscheinlich etwas Großes vorgefallen ist. Im Idealfall hat man über andere Quellen bereits eine Ahnung, was es gewesen sein muss, und kann die Münzdepots zur Bestätigung einsetzen – die Wissenschaft funktioniert grundsätzlich immer dann am besten, wenn verschiedene Beweisführungen dieselbe Schlussfolgerung zulassen.

Manchmal gibt ein Bestand auch Rätsel auf, wenn er in keinen sinnvollen Kontext zu bringen ist, und gelegentlich geben die Münzen selbst schon Rätsel auf, egal wo und wie sie gefunden werden. Damit willkommen beim Thema römische Sex-Münzen, in Fachkreisen bekannt als *Spintria* (in der Mehrzahl *Spintriae*).[29] Und Leute, die haben es in sich: Sie sind etwa zwei Zentimeter im Durchmesser, auf der einen Seite steht eine Zahl zwischen 1 und 16, auf der anderen ist ein Sexualakt abgebildet. Die Darstellungen sind so explizit, dass der Herausgeber eines Sammelbandes zur Wirtschaftsgeschichte im Vorwort schreibt, das Kapitel über Spintriae habe er ganz nach hinten gepackt in der Hoffnung, dass junge Studierende es gar nicht erst sehen. Und aus meinem alten Lateinbuch kenne ich solche Bilder auch nicht. Auf jeden Fall ist häufig unverkennbar, was sie darstellen wollen.

Aber wozu waren sie gut? Die Forschung kennt diese Interpretation: Aus einem zeitgenössischen Hinweis, dass man kein Geld mit Kaiserporträt ins Bordell bringen sollte, schlossen einige, dass es sich quasi um Sex-Gutscheine gehandelt hat, die man kaufen und

29 Darf man die Spintriae überhaupt als Münzen bezeichnen, wenn ihnen kein Geldwert zugeschrieben wurde? Darüber müssen sich die Numismatik-Nerds streiten.

vor Ort einlösen konnte. Auf der einen Seite steht der Preis, auf der anderen ein Piktogramm der Dienstleistung, die man dafür erwirbt. Klingt gut. Das Problem ist nur, dass die Höhe der Zahl auf der einen Seite offensichtlich nichts mit dem dargestellten Akt auf der anderen Seite zu tun hat – sie scheinen zufällig zusammengewürfelt zu sein. Eine plausiblere Hypothese ist daher, dass die Spintriae Spielsteine sind, so wie man auch viele andere Spielobjekte aus der

Zeit gefunden hat. Die Zahl auf der einen Seite gehört zum Spiel, die Darstellung auf der anderen ist ein Penis oder eine nackte Frau als Dekoration. Wer schon mal irgendwo auf der Welt in einem billigen Touristenladen war, kennt dieses Prinzip von Kartendecks. Wobei manche Spintriae auch Darstellungen tragen, die als Akt zwischen zwei Männern interpretiert werden.

Eine neue, einleuchtende Theorie kam auf, als man feststellte, dass manche der Darstellungen auch in den Vorstadtthermen in Pompeji zu finden sind, und zwar als Mosaike an der Wand. Der

Raum mit diesen Dekorationen wird als Umkleideraum verstanden – die Spintriae konnten damit ähnlich wie heutige Chipmarken verwendet worden sein, um nach dem Bad die eigenen Klamotten wieder abzuholen. Egal, wozu genau sie gut waren, es war kein weitverbreitetes Konzept: Alle bekannten Spintriae wurden innerhalb kurzer Zeit im selben Werk hergestellt. Vielleicht war es also auch nur ein Marketing-Gag, so wie wenn man heute zu Hause noch eins von diesen Coca-Cola-Gläsern findet, die es immer wieder bei McDonald's gibt. Nur eben mit Penissen.

Spannend sind solche Geschichten immer auch, weil man an ihnen ablesen kann, wie die Wahrheitsfindung in der Wissenschaft funktioniert: Ein Rätsel wird entdeckt (»was hat es mit den Sex-Münzen auf sich?«), daraus werden Hypothesen abgeleitet (Bordellgutscheine, Umkleidechips, Marketingidee), und diese Hypothesen treten sozusagen gegeneinander an. Sind sie klar abgegrenzt und im Zweifel widerlegbar? Das müssen sie sein, sonst sind es keine guten Hypothesen. Gibt es weitere Hinweise, die sie mehr oder weniger wahrscheinlich machen? Das wird dann in Forschungsberichten, Fachzeitschriften und auf Kongressen diskutiert. Dabei darf man keinen Tunnelblick für die eigene Lieblingshypothese entwickeln. Wir Menschen sind darauf fixiert, unsere Annahmen immer lieber bestätigt zu sehen, als zu wollen, dass jemand sie widerlegt. Aber das ist nicht der richtige Weg zu den tatsächlichen Fakten. Im Gegenteil: Dieser Tunnelblick kann tödlich enden.

KAPITEL 15 | O-RING

Warum die Gruppe manchmal weniger weiß als einzelne ihrer Mitglieder

Wenn man bedenkt, wie riskant die Raumfahrt ist, gab es in ihrer Geschichte vergleichsweise wenige Ereignisse mit tödlichem Ausgang. Schauen wir zunächst, wie viele Menschen bislang im Weltraum waren. Es kommt ein wenig darauf an, wie man zählt, denn es gibt keine objektive Grenze, wo der Weltraum beginnt. Zwar gibt es die sogenannte Kármán-Linie in 100 Kilometern Höhe über der Erde, aber die dient mehr der logistischen Einteilung, um Luftfahrt und Raumfahrt klar voneinander trennen zu können. Und egal, welche Grenze die Wissenschaft festlegt, es wird immer irgendeinen Milliardär geben, der genau bis dorthin fliegt, um offiziell als Astronaut zu gelten.

Trotzdem gibt es natürlich einen offiziellen Count, und nach dem sind wir gerade bei etwas über 600 Menschen, die ins All gereist sind. Nummer 600 war der Saarländer Matthias Maurer, der uns von der Internationalen Raumstation ISS freundlicherweise auch Videos für *MAITHINK X* geschickt hat. Höflich, wie er ist, hat er seiner Kollegin Kayla Barron, die gleichzeitig mit ihm ins All ging, die runde Zahl des 600sten Menschen angeboten, aber die Entscheidung lag nicht in seiner Hand. Jedenfalls: Je nachdem, wie man rechnet[30], gab es nur 19 Todesfälle in der Raumfahrt – »nur«

30 Die Angabe hier ist am unteren Ende; andere Berechnungen zählen 31 Todesfälle. Die Frage ist zum Beispiel, ob man Trainingseinsätze und Tests dazurechnet, die für die Raumfahrt notwendig sind. Ein Grenzfall ist *Apollo 1*, die erste Mission des Programms, das die Menschheit nur wenige Jahre später zum Mond bringen sollte (samt ihrer Fäkalien, s. Kapitel 1). Ein Feuer bei einem Testlauf tötete alle drei Crewmitglieder und führte zu weitreichenden technischen Änderungen für die Sicherheit zukünftiger Astronaut:innen.

angesichts dessen, wie riskant und experimentell viele der Einsätze waren. Trotzdem ist natürlich jeder einzelne dieser Fälle tragisch.

Ein ganz besonders erschütterndes Beispiel ist Christa McAuliffe: Die Lehrerin aus dem US-Staat New Hampshire sollte die erste Zivilistin im All werden. Was für ihre Mission geplant war, wäre buchstäblich eine Sternstunde der Wissenschaftskommunikation gewesen: Mehrere Unterrichtseinheiten aus dem All für die Schüler:innen zu Hause, eine davon mit dem wunderbaren Titel »Der ultimative Schulausflug«. Sie hätte physikalische Effekte der Mikrogravitation demonstriert und über den Alltag im Weltraum berichtet. Gleichzeitig hätte die Mission den Halley'schen Kometen näher untersucht. Aber daraus wurde nichts: Kurz nach dem Start explodierte die Raumfähre, in der McAuliffe saß, was die gesamte siebenköpfige Crew das Leben kostete. Ihr kennt diesen Vorfall als die *Challenger*-Katastrophe.

Obwohl es 1986 war und sich die beiden damaligen Großmächte USA und Sowjetunion noch im Kalten Krieg[31] der politischen Systeme befanden, benannte die Sowjetunion zwei neu entdeckte Krater auf der Venus nach den beiden im Unglück getöteten Frauen: McAuliffe und die Astronautin Judith Resnik. Das ist wohl ein sehr deutlicher Ausdruck dessen, wie tief der Schock nach dem Verlust der *Challenger*-Crew in der Raumfahrt-Community weltweit saß.

Wie konnte es zu dieser Katastrophe kommen? Auf technischer Ebene ist die Sachlage klar: Durch die ungewöhnlich kalte Außentemperatur wurden Dichtungsringe aus Gummi, die sogenannten O-Ringe, spröde. Dadurch trat Kraftstoff aus, was letztlich die Ex-

31 Kleine Filmauswahl: In den zwei Jahren vor der *Challenger*-Katastrophe gab es in den USA bekannte Filme über einen Einmarsch Russlands (*Die rote Flut*), über Chuck Norris als Retter vor einem sowjetischen Terroristen (*Invasion USA*), worum immer auch es genau bei *Spione wie wir* ging, und Sylvester Stallone kämpfte gleich zweimal gegen russische Bösewichte, in *Rambo II* und *Rocky IV – Der Kampf des Jahrhunderts*.

plosion verursachte. Zum Zeitpunkt des Starts lag die Temperatur knapp über null Grad, in der Nacht zuvor knapp darunter. Als jemand, der lange in Florida gelebt hat, kann ich euch sagen: Diese Temperaturen waren wirklich nicht zu erwarten. Obwohl ich noch mehrere Autostunden nördlich der *Challenger*-Startrampe in Cape Canaveral gewohnt habe, habe ich in acht Jahren nur einmal für ein paar Minuten Schneeflocken gesehen. Die Kälte am Morgen des Starts war also ungewöhnlich und nur schwer vorherzusehen.

Trotzdem gab es Stimmen, die das Unglück hatten kommen sehen, denn bei einer Mission im Jahr davor wurde bereits bei milderen Temperaturen ein Kälteschaden an den O-Ringen festgestellt. Mehrere Leute bei der NASA und bei einem Zulieferer wussten recht sicher, was bei einem Start bei dieser Kälte wahrscheinlich passieren würde. Aber das Wissen über die Wahrscheinlichkeit einer Katastrophe war nicht Argument genug, um die Mission auf einen anderen Tag zu verschieben. Über die ganze Kommunikation der Verantwortlichen, die trotz des bekannten Risikos zur Entscheidung für einen Start geführt hat, wurden Dokus gedreht und Bücher geschrieben. Tatsache ist: Da der Start schon mehrfach verschoben worden war, herrschte ein Druck, die Mission möglichst bald in Gang zu bringen. In dieser Atmosphäre wurden bestimmte Bedenken einfach abgetan, mit fatalen Folgen.

Die Sozialpsychologie kannte diesen Effekt da bereits, der gern auf den Begriff *Groupthink* gebracht wird. Er leitet sich vom Wort *Doublethink* aus George Orwells Roman *1984* ab und beschreibt eine Situation, in der man die eigenen Sichtweisen und Kenntnisse denen der Gruppe unterordnet. So heruntergebrochen kennt man das Konzept eigentlich als *Konformität*: Ich mache das, was alle machen, nach dem Motto: Der Nagel, der heraussteht, wird eingeschlagen. Aber bei Groupthink kommt noch etwas dazu: Viele verstehen darunter, dass die Entscheidungsfindung in einer Gruppe unter dem Druck leidet, ein schnelles Ergebnis erzielen zu müssen – also eben genau wie bei der *Challenger*-Mission.

Wer das hört, hält sich selbst gerne für schlauer und denkt: »Andere lassen sich vielleicht vom Gruppendruck beeinflussen, aber ich würde meinen Mann stehen, spätestens wenn es um Menschenleben geht.« Wenn es mal so einfach wäre. Tatsächlich hat die Gruppe unmittelbaren Einfluss auf unsere Interpretation der Sachlage. Nehmen wir das Konformitätsexperiment von Solomon Asch. Stellt euch vor, ihr nehmt an einem Versuch teil, bei dem es nur darum geht einzuschätzen, ob eine Linie länger ist als eine andere. Ein simples Wahrnehmungsexperiment, leichteste Übung! Der perfide Trick dabei: Es befinden sich noch weitere Leute im Raum, die dieselbe Aufgabe durchführen – und ab und zu geben alle anderen einstimmig eine falsche Antwort. Ihr schaut noch mal genau hin, ob ihr euch nicht vielleicht getäuscht habt, aber nein: Offensichtlich haben alle außer euch die sehr einfache Aufgabe verkackt. Wie verhaltet ihr euch?

In der ersten Version dieses Experiments antwortete ein Drittel der Teilnehmenden in den meisten Fällen so wie die Mehrheit, nur ein Viertel blieb immer bei ihrer eigenen (korrekten) Meinung. Der Rest entschied mal so, mal so. Obwohl wir hoffen, zu dem Viertel zu gehören, wenn wir recht haben, begreift man leicht, warum jemand die falsche Gruppenmeinung wählt. Man denkt: Vielleicht habe ich ja einen Knick in der Optik. Oder wir wissen genau, dass wir recht haben – aber wollen wir uns wirklich den Ärger mit der Gruppe einfangen? Wenn ich ihr bei etwas so Offensichtlichem widerspreche, kann ich sie gleich alle als Trottel bezeichnen. Auf die eine oder andere Art formt der Gruppenkonsens unsere eigene Realität – entweder zweifeln wir an uns selbst oder wir passen zumindest unser äußeres Verhalten an.

Ganz egal, welcher Mechanismus greift: Manchmal trifft eine Gruppe zusammen eine schlechtere Entscheidung, als die einzelnen Mitglieder getroffen hätten. Das Ganze weiß weniger als die Summe seiner Teile – selbst wenn es um Leben und Tod geht.

Aber sind wir dem hoffnungslos ausgeliefert? Zum Glück nicht!

Es gibt mehrere Strategien, mit Groupthink umzugehen, zwei könnt ihr sogar ganz leicht in eurer eigenen Entscheidungsfindung anwenden: Zum einen hat sich in Versuchen wieder und wieder gezeigt, dass es einen großen Unterschied macht, ob eine Information allen am Tisch bekannt ist oder nur einer/m Einzelnen. Stellt euch vor, fünf Leute wollen entscheiden, ob eine bestimmte Person mit ins Team geholt werden soll oder nicht. Jeder der fünf hat eine Liste mit vier Eigenschaften dieser Person vor sich – drei positiven, einer negativen. Das Problem: Die drei positiven Eigenschaften sind immer dieselben, es wissen also alle darüber Bescheid. Aber die eine negative Eigenschaft ist jeweils eine andere – es gibt also insgesamt fünf negative Eigenschaften und nur drei positive. Solange alle Eigenschaften gleich gewichtet werden, sollte die Person nicht ins Team geholt werden. Aber nun hat sich gezeigt, dass die geteilten Informationen, also die drei positiven Dinge, viel häufiger und länger diskutiert werden als die nicht geteilten. Zum einen, weil die Wahrscheinlichkeit höher ist, dass jemand auf sie zu sprechen kommt (schließlich machen sie drei Viertel dessen aus, was jeder Einzelne weiß), und zum anderen, weil sie dann nach ihrer Erwähnung eher besprochen werden, da die anderen das Gefühl haben, sie hätten etwas dazu zu sagen.

Wenn das der Fall ist, wenn also eine schiefe Verteilung von Information die Entscheidung der Gruppe fehlleiten lassen kann, hilft eine strukturierte Gesprächsrunde, in der alle Teilnehmenden zuerst alle Informationen auf den Tisch legen, die sie haben. Eine einfache Regel könnte sein: Bevor jemand den persönlichen Eindruck über das potenzielle neue Teammitglied äußern darf, müssen erst alle verfügbaren Informationen mitgeteilt werden. So wird sichergestellt, dass alle auf demselben Stand sind. Wenn ich persönlich im echten Leben eine wichtige Gruppenentscheidung vorzunehmen habe – zum Beispiel das Verleihen eines Preises –, dann mache ich das tatsächlich so, wobei es wirklich schwerfallen kann, die eigene Meinung bis zum Ende zurückzuhalten.

Die andere Strategie ist noch viel älter und hat momentan leider einen schlechten Ruf, weil sie von Trollen in sozialen Medien ausgenutzt wird. Ich spreche vom *Advocatus Diaboli*[32], dem Fürsprecher des Teufels. Diese Funktion setzt die Kirche bei der Entscheidung einer Selig- oder Heiligsprechung ein: Seine Aufgabe ist es, eine Gegenposition zu den vorgebrachten Argumenten einzunehmen, unabhängig davon, ob es seiner eigenen Meinung entspricht. Es soll also keine Debatte geführt werden, sondern es geht darum, einfach Löcher in das Gesagte zu schlagen. Leute, die ihre Doktorarbeit verteidigt haben, wissen Bescheid: Bei der Verteidigung geht es traditionell darum, die eigene Arbeit den Gegenargumenten auszusetzen, die die Expert:innen vorbringen. In dem Fall ist das Ziel, dass man als Doktorand:in schon vorher jedes mögliche Gegenargument findet und bedenkt, um die eigene Forschungsarbeit mög-

32 Man kennt die lateinische Form auch hierzulande besser als den englischen Begriff *The Devil's Advocate*, was auch der Originaltitel von *Im Auftrag des Teufels* ist, einem sehr abgefahrenen und gut gemachten Thriller von 1997 mit Keanu Reeves, Al Pacino und Charlize Theron. Durch die Übersetzung geht dem deutschen Publikum leider ein wunderbares Wortspiel verloren, denn Keanu spielt ganz buchstäblich den Anwalt des Teufels. Als Teenager war der Film für mich damals Grund genug, *Paradise Lost* zu lesen, nach dessen Autor John Milton Pacinos Figur benannt ist.

lichst wasserdicht zu gestalten – ein Konzept, das man heute auch Pre-Debunking nennt.

Einen Advocatus Diaboli sollte es bei jeder wichtigen Entscheidungsfindung geben. Der große Vorteil: Allen am Tisch ist klar, dass man es dem Fürsprecher des Teufels nicht krummnehmen darf, wenn er sich über Fehler in einer Argumentation oder mangelndes Wissen beklagt – schließlich tut er nur seinen Job. Eben das war bei der NASA damals anders: Wie bei den meisten Geschäftstreffen ging es den Einzelnen nicht ausschließlich darum, die beste Gruppenentscheidung zu fällen, sondern auch darum, nicht den eigenen Ruf zu beschädigen. »Lass mal lieber jemand anderen was dagegen sagen – und wenn es niemand tut, war es vielleicht sowieso kein gutes Argument.«

Der einzige Nachteil dieser Strategie ist auch der Grund, warum ihr vielleicht bislang einen durchweg schlechten Eindruck von ihr hattet: Man kann sie ausnutzen. Wenn ich jemandem eine fiese Beleidigung vor den Latz knalle und dafür kritisiert werde, kann ich die Hände in die Luft werfen und sagen: »Ich bin nur der Advocatus Diaboli, das ist doch eine wichtige Rolle. Kann ich doch nichts dafür, wenn außer mir niemand zugeben will, dass die Frisur scheiße aussieht.« Es ist also nicht weit weg vom guten alten »Das wird man wohl noch sagen dürfen«.

Lasst uns alle zusammen daran arbeiten, die wichtige Rolle des Advocatus Diaboli wiederaufleben zu lassen, und zwar mit einer einfachen Regel: Bevor er eine Meinung anbringt, muss er seine Rolle von der Gruppe zugeteilt oder bestätigt bekommen. In großer Runde, etwa bei einem Meeting, wird zu Beginn angekündigt, wer diese Funktion übernimmt. Und auch bei einem lockeren Treffen zwischen Freunden kann man sich ganz leicht den Consent abholen: »Darf ich ganz kurz den Advocatus Diaboli spielen?« Dann wissen die anderen: Was jetzt kommt, ist nicht unbedingt eine persönliche Meinung, sondern ein Gegenargument, das dazu dient, die eigene Entscheidung oder Ansicht zu festigen oder zu hinterfragen. Wer sich stattdessen erst nach Äußerung der Kritik auf die Rolle beruft, ist nicht der Fürsprecher des Teufels, sondern vielleicht einfach nur ein Troll oder jemand, der sich aus seiner Verantwortung stehlen will.

Natürlich ist nicht jede Entscheidung wichtig genug für den Aufwand, einen Advocatus Diaboli einzusetzen, und nicht jeder potenzielle Fehler ist sofort katastrophal. Dabei frage ich mich, was wohl der größtmögliche Fehler ist, den jemand machen kann. Es ist ja nicht so, dass man aus Versehen mit einem Knopfdruck das ganze Universum zerstören könnte. Also, außer dieses eine Mal im Jahr 2009, wo man etwas Angst davor haben musste.

KAPITEL 16 | QUANTENSELBSTMORD

Warum man eine Karte ziehen sollte, bevor man Teilchen beschleunigt

Es gibt und gab sehr kluge Menschen mit überraschend großen Sorgen vor einer Übernahme der Welt durch künstliche Intelligenz. Also überraschend zumindest für mich, der sich darüber wundert, dass Siri immer noch keinen schwäbischen Dialekt versteht. Einer der großen Namen im Bereich der Futurologie, also dem Nachdenken über die zukünftige Welt, mit Bedenken gegenüber KI ist der Roboterforscher Hans Moravec. 1988 veröffentlichte der Kanadier mit österreichischer Abkunft das spannende Buch *Mind Children* mit vielen Vorhersagen, von denen sich einige genau so bewahrheitet haben. Gut, wie viele andere Futurolog:innen auch war er etwas voreilig – das »einem Menschen gleichgestellte« Computerhirn hätte ihm zufolge bereits vor 2010 entwickelt worden sein sollen. Aber in einem Punkt sind wir beide Gewinner einer wahr gewordenen Zukunftstechnologie: Wie ich hat auch Moravec einen miesen Orientierungssinn und verläuft sich oft, und im Buch wünscht er sich ein Gerät, das ihm über Satellit mitteilen kann, wo er ist und wie er da hinkommt, wo er hinmöchte. Ich gehe schwer davon aus, dass Moravec heute seine GPS-App genauso häufig verwendet wie ich, und zwar eigentlich immer.

Lasst uns zu dem Punkt seines Buchs kommen, der heute am meisten diskutiert wird: Moravec beschreibt den Plot einer Science-Fiction-Geschichte, in der ein neuer, teurer Teilchenbeschleuniger in Betrieb genommen werden soll. Allerdings geht immer irgendetwas schief – mal fällt der Strom aus, mal stolpert jemand über ein Kabel. Alle diese Vorkommnisse ereignen sich zufällig und ohne Zusammenhang, führen aber dazu, dass das Gerät nicht in Betrieb genommen wird. Dann findet plötzlich jemand heraus: Der Beschleuniger würde beim Einschalten zu einem Vakuumzerfall führen und damit zur Zerstörung des Universums.

Der Vakuumzerfall ist eine Gruselgeschichte aus der Physik. Unser derzeitiges Verständnis von den Spielregeln im Universum sieht die theoretische Möglichkeit vor, dass jederzeit an irgendeinem Punkt eine Blase der Zerstörung entsteht, die sich mit Lichtgeschwindigkeit in alle Richtungen ausbreitet und alles unwiederbringlich zerstört. Wir würden nichts davon mitbekommen, bis es uns trifft, und wir könnten nichts dagegen tun. Prost Mahlzeit.

Das Spannende an Moravecs Geschichte: Die Forscher vermuten, dass es wegen des Vakuumzerfalls sowieso unmöglich gewesen wäre, das Gerät jemals in Betrieb zu nehmen. Sie glauben nämlich an ein Multiversum, also daran, dass unser Universum nur eines von vielen ist (mehr dazu später). Unter dieser Annahme gäbe es manche Universen, in denen die Maschine in Betrieb genommen wird, und manche, in denen das nicht passiert. Allerdings werden die mit der erfolgreichen Inbetriebnahme sofort zerstört. Übrig bleiben nur die Universen, in denen die Maschine nicht funktioniert, egal aus welchem Grund. Anders gesagt: Wir alle können uns sicher sein, in einem Universum zu leben, in dem die Maschine nie erfunden (oder nie in Betrieb genommen) wurde, denn nur in dem Fall können wir uns überhaupt darüber unterhalten.

Daraus entwickelt sich eine Idee, wie die Welt auf eigenwillige Art vor ihrer Zerstörung zu retten wäre: Stellt euch vor, man würde den Teilchenbeschleuniger an einen Sensor anschließen, der die Detonation einer feindlichen Atombombe erfasst. Dann wüsste der Gegner: Wenn ich eine Bombe auf das Land werfe, wird das ganze Universum zerstört, also lasse ich es besser bleiben.[33] Aber es würde nicht nur der Abschreckung dienen: Wir könnten sicher sein, auf alle Zeit in Frieden zu leben, denn sollte die Katastrophe ausgelöst werden, würden wir ja nichts davon mitbekommen. Das bedeutet, wir leben zwangsläufig in einer Welt, in der sie nie stattgefunden hat. Letztlich könnte man jedes negative Ereignis für immer ausschließen, indem man dafür sorgt, dass es die Maschine auslöst. Die Universen, in denen es doch stattfindet, würden vernichtet, ohne es überhaupt mitzubekommen, sodass es für uns in der gelebten Realität, in der wir existieren, nie stattgefunden haben kann.

Ich gebe euch einen kurzen Moment, denn dabei schwirrt einem schnell der Kopf. Das generelle Konzept eines Multiversums, also einer unendlichen oder nahezu unendlichen Anzahl verschiedener, oft nahezu identischer Universen, ist euch ja erst mal schon bekannt. Seit es Literatur gibt, beschreibt sie Fantasiewelten, die sich von unserer Welt zum Teil in nur wenigen Dingen unterscheiden.

33 Dabei klingelt es bei allen, die Stanley Kubricks *Dr. Seltsam, oder: Wie ich lernte, die Bombe zu lieben* gesehen haben – und den kann man auch sechzig Jahre nach seinem Entstehen noch ganz wunderbar anschauen. Im Film baut die Sowjetunion eine Bombe, die bei einem atomaren Angriff automatisch die ganze Welt zerstört, ohne dass irgendjemand etwas dagegen tun kann, nicht einmal die Russen selbst – also die ultimative Abschreckung. Das Problem ist nur, dass sie das Gerät aktivieren, bevor sie der Welt Bescheid geben; da hat der wild gewordene US-General Jack D. Ripper bereits im Alleingang einen Angriff gestartet.

Gerade für Science-Fiction ist dies vielleicht die wichtigste Grundlage. Auch bei Videospielen bietet sich das Konzept der Parallelwelt an: Schließlich geht es hier üblicherweise darum, dieselbe Geschichte mehrmals durchspielen oder ausprobieren zu können. Und aus TV und Filmen ist die Idee des Multiversums nicht mehr wegzudenken: In der Serie *Rick & Morty* gehört es ganz grundsätzlich zum Konzept[34], und bei Marvel – ein Name, der zunächst einen Comic-Verlag bezeichnete und inzwischen für den größten Film-Franchise der Geschichte steht – wurde es kürzlich in ganz großem Stil in den Mittelpunkt der Story gestellt. Spannend ist aber, dass das Konzept durchaus eine Grundlage in der Physik hat – wenn auch nur als spekulativer Gedanke, nicht unbedingt, weil es das Multiversum physikalisch wirklich gibt.

Die Idee eines »echten« Multiversums kam auf, als man verschiedene rätselhafte Effekte der Quantenmechanik zu erklären versuchte. Und Leute, kein wissenschaftliches Thema wird so schnell so abstrakt und verwirrend wie Quantenmechanik. Allein die Wikipedia-Seite zu »Interpretationen der Quantenmechanik« listet am Ende etwa 100 Bücher und Artikel als Quellen auf. Aber für jetzt ist mal nur Folgendes wichtig: Auf der Quantenebene, also wenn wir über ganz, ganz kleine Dinge sprechen, gelten manche unserer normalen physikalischen Gesetze offenbar nicht mehr. Zum Beispiel scheint dasselbe Objekt mehrere gegensätzliche Eigenschaften gleichzeitig haben zu können. Ist Licht ein Teilchen oder eine Welle? Da kom-

34 Ich bin keiner der ganz großen Fans dieser Serie, aber man muss manche ihrer besseren Ideen anerkennen, und eine ihrer besten war vermutlich diese in der sechsten Folge: Rick & Morty zerstören aus Versehen die Welt und verschwinden einfach in ein Paralleluniversum, bei dem sie die Welt gerettet haben, aber dann gestorben sind. Rick & Morty verbuddeln ihre Parallel-Ichs im Garten und leben ihr Leben ganz normal weiter. Mortys Psyche bleibt davon aber belastet: In einer späteren Folge kommt er auf das Ereignis zurück und schließt daraus, dass nichts im Multiversum wirklich jemals eine längerfristige Bedeutung haben kann – und dass man deswegen am besten einfach zusammen fernsehen sollte.

men unterschiedliche Experimente auf unterschiedliche Antworten, was uns, die wir nicht in der Quantenwelt leben, sehr verwirrend erscheint.

Daher gibt es mehrere Interpretationen, die einen Sinn in dem Ganzen finden sollen. Eine kam in den 1950er-Jahren auf: Unser ganzes Universum an sich habe unterschiedliche Zustände, die alle gleichzeitig stattfinden. Es sei damit ein Multiversum, in dem sich die verschiedenen Universen zumindest auf Quantenebene gegenseitig beeinflussen können. Für manche Physiker:innen sind die gefundenen Effekte damit zufriedenstellend erklärt – aber ich muss sagen, dass es noch andere, weniger comictaugliche Interpretationen gibt, die von vielen im Feld bevorzugt werden. Diese sogenannte Viele-Welten-Interpretation impliziert, dass wir uns automatisch immer in dem Universum aufhalten, in dem wir existieren (anders geht's ja nicht), und dass deswegen der weltenzerstörende Teilchenbeschleuniger, wie in Moravecs Buch beschrieben, immer irgendeine Fehlfunktion haben würde.

Und jetzt kommt's: Das ist dann auch passiert, über zwanzig Jahre später. Da sollte der Large Hadron Collider (LHC) angeworfen werden, ein riesiger faszinierender Teilchenbeschleuniger unter der Schweiz und Frankreich. Aber schon bevor die Konstruktion fertig war, meldeten sich zwei Physiker und spekulierten, das Gerät werde niemals funktionstauglich sein, weil seine Kernfunktion, das Higgs-Boson zu finden, durch das Universum selbst gestoppt würde. Sie schlugen sogar ein Experiment vor, um das zu testen: Vor dem Start des Geräts sollten die Forscher:innen am CERN, dem Kernforschungszentrum, das den LHC betreibt, einen Zufallszahlengenerator laufen lassen. Dieser zieht zufällig eine Karte aus einem sehr ungewöhnlichen Kartendeck mit 100 Millionen Herzen und nur einem Pik. Wird das Pik gezogen, werden die Experimente eingestellt, und der LHC wird nie angeworfen. Sollte das Experiment durchgeführt werden und tatsächlich das Pik gezogen werden, wäre das ein Hinweis darauf, dass das Gerät niemals betrieben werden kann.

Die beiden Forscher sehen ein, wie extrem weird es wäre, ein Gerät für Milliarden Euro zu bauen und dann unbenutzt einzumotten, nur weil eine bestimmte Karte gezogen wurde. Aber sie haben auch ein gutes Gegenargument: Erstens wäre die gezogene Karte selbst ein absolut grandioser Befund für die Physik! Und zweitens würde das Kartenexperiment wahrscheinlich Schlimmeres verhindern: Denn wenn das Multiversum nicht will, dass der LHC funktioniert, dann würde es vielleicht Naturkatastrophen oder politische Zerwürfnisse herbeirufen, die Menschen das Leben kosten könnten. Dann doch lieber eine Karte ziehen und gegebenenfalls einfach die Koffer packen.

Dieses Paper wurde Ende März 2008 geschrieben. Für September desselben Jahres war die erste Hochenergie-Kollision angesetzt – aber sie fand nicht statt, da es wenige Tage zuvor einen Defekt gab: Tonnenweise flüssiges Helium trat aus und beschädigte Dutzende der notwendigen Magnete. Für die Reparaturen wurde der Start um mehr als ein Jahr verschoben. Ende 2009 gab es dann wieder ein Problem: Ein des Weges fliegender Vogel ließ ein Stück Baguette in eine elektrische Schaltanlage fallen und brachte das Gerät damit zum Erliegen. So ging es zumindest durch die Presse. Das CERN gab eine Pressemitteilung heraus, dass nichts dergleichen stattgefunden hätte. Zwar seien bei einem unerklärten Problem tatsächlich Brotkrumen und Federn gefunden worden, aber das habe zu keinerlei Verzögerung geführt.

Trotzdem: Konnte das alles Zufall sein? Jahre zuvor war ein ähnliches Beschleuniger-Projekt in den USA nach Jahren Arbeit unerwartet eingestellt worden. War das auch eine Funktion des Universums, oder sollten die Ereignisse wirklich alle nur Zufall sein? Schließlich wären die Konsequenzen dieses Befundes immens – zum Beispiel würde jeder von uns automatisch so lange leben, wie es nur geht.

Moment, das war jetzt wieder etwas verwirrend. Lasst es mich so sagen: Wenn es diese verschiedenen Universen wirklich gibt und wir immer nur das wahrnehmen können, in dem wir am Leben sind, was passiert dann, wenn ich heute von einem fallenden Amboss erschlagen werde? Ganz einfach: Dann bestehe ich in den Universen weiter, in denen das nicht passiert ist, und nur die nehme ich wahr. Es ist also im Grunde unmöglich, dass ich jemals von einem Amboss erwischt werde. Wenn ich russisches Roulette spiele, würde ich immer gewinnen. Wäre die Waffe dabei komplett geladen, hätte sie immer eine Fehlfunktion, wenn ich sie gegen mich selbst benutzen wollte.[35] Warum? Weil ich nur die Universen wahrnehmen kann, in denen ich die Aktion überlebe. Das ist das Konzept des Quantenselbstmords. Klar: Für alle anderen wäre ich trotzdem tot. Diese spezielle Form des Effekts funktioniert immer nur für einen selbst.

Von daher: Glückwunsch, ihr werdet so lange leben, wie es nur geht. Wenn diese Theorie stimmt. An dieser Stelle muss ich aber leider mit einem großen Spoiler um die Ecke kommen: Der LHC ging zwar erst später als geplant ans Netz, funktionierte letztlich aber doch. 2012 fand er wie erhofft das Higgs-Boson und brachte die Physik ein großes Stück weiter. Um zu verdeutlichen, wie monumental dieses Ergebnis für die Wissenschaft war: Schon früh wurde entschieden, dass alle über die Jahre beteiligten Forscher:innen als Autor:innen auf dem Forschungsbericht über die Entdeckung des Higgs stehen sollten. Weltrekord – der Artikel hat sage und schreibe 5154 Autor:innen. Und anders als sonst bei Papern mit langen Autorenlisten wurden die Namen auch in der Printausgabe komplett angegeben, um allen den gebührenden Respekt zu erweisen. Das ist auch gut so, denn ihre Leistung war immens –

35 Schaut euch Bart Curlish aus der Serie *Dirk Gently's holistische Detektei* an, eine fiktive Figur, die diese Eigenschaft darstellt. Bart ist davon überzeugt, dass sie nicht sterben kann, solange sie ihre Mission erfüllt (was diese Mission ist, weiß Bart selbst nicht so genau), und demonstriert das eindrücklich, indem sie eine Pistole abwechselnd gegen sich und in die Luft richtet.

selbst wenn sie im Ergebnis besagt, dass wir leider nicht unsterblich sind.

Unsterblichkeit hat ohnehin auch Nachteile. Im Grunde ist Wetteransager Phil aus *Und täglich grüßt das Murmeltier* unsterblich: Er ist dazu verdammt, immer wieder denselben Tag zu erleben, scheinbar ohne Ausweg. Und wirklich Spaß macht das ja auch nicht. Aber gibt es das wirklich, dass man immer wieder denselben Tag erlebt?

KAPITEL 17 | ANTEROGRADE AMNESIE

Wie man gut in Tetris wird, ohne zu wissen, dass es das Spiel gibt

Der Radiowecker klickt auf 6:00 Uhr, *I Got You Babe* von Sonny and Cher, und schon wieder ist für Phil Connors Murmeltiertag, unentrinnbar. Kann euch so was auch passieren? Irgendwie schon, auf eine Art, die mit dem Gedächtnis zusammenhängt. Wobei: Wenn ich »das Gedächtnis« sage, ist das eigentlich falsch. Es müsste »die Gedächtnisse« heißen, denn wir haben mehrere, und die befinden sich zum Teil an verschiedenen Orten im Gehirn. So kann es passieren, dass wir nach einem Unfall oder Schlaganfall vergessen, wer wir sind oder wie unsere Familie aussieht, wir uns aber noch erinnern, wer Bundeskanzler ist oder wie man Gitarre spielt. Und ebenso gibt es unterschiedliche Gehirnareale für Kurzzeit- und Langzeitgedächtnis und auch Regionen, die für den Übertrag von Kurzzeit- zu Langzeitgedächtnis zuständig sind.

Sollte speziell den jeweils zuletzt Genannten etwas zustoßen, kann es zu einer anterograden Amnesie kommen. Im Gegensatz zur bekannteren retrograden Amnesie, bei der wir vergessen, was in der Vergangenheit passiert ist, führt sie dazu, dass keine neuen Inhalte mehr ins Langzeitgedächtnis geschrieben werden können. Das bedeutet: Wir erinnern uns normal an alles bis zum Zeitpunkt der Verletzung, aber ab dann leben wir sozusagen für immer im Jetzt. Nichts von dem, was wir erleben, wird in unserem Gedächtnis Bestand haben. Jeden Morgen wachen wir auf und denken, es sei der Tag, an dem die Verletzung stattgefunden und die anterograde Amnesie begonnen hat. Und nicht nur morgens, sondern auch über den Tag verteilt fällt unser Bewusstsein sozusagen auf den letzten automatischen Speicherpunkt zurück.

Für eine Darstellung dieses Zustands schaut euch aber eher *Memento* an. Der Hauptcharakter Leonard leidet an dieser Art der Amnesie und versucht, einen Mord aufzuklären. Die Story wird in kurzen Episoden erklärt, die Leonards Wahrnehmung und Erleben folgen. Genialerweise wird dabei die Reihenfolge dieser Episoden umgekehrt, sodass wir als Publikum genauso verwirrt über die Vorkommnisse sind wie Leonard selbst. Ein weniger ernstes Beispiel ist die Romantikkomödie *50 erste Dates*: Da vergisst eine von Drew Barrymore gespielte Figur jeden Tag alles neu Gelernte, und Adam Sandler muss sie jeden Tag neu erobern. Aber *Memento* ist definitiv empfehlenswerter.

Glücklicherweise sitzen die Regionen, die so etwas auslösen, allen voran der Hippocampus, so tief im Gehirn, dass sie selten einen Schaden abbekommen. Es gibt nur wenige Unfälle oder Infektionen, die eine anterograde Amnesie hervorrufen können. Der mit Abstand bekannteste Fall dieser Art wurde durch eine experimentelle Operation verursacht: Henry Molaison – in der Forschungswelt vor allem unter seinen Initialen H. M. bekannt – hatte bereits in jungen Jahren schwerste epileptische Anfälle. In einem drastischen Versuch, sein Leben zu schützen, wurden ihm 1953 die Teile des Gehirns entfernt, die für die Epilepsie verantwortlich waren, darunter beide Hippocampi (wir haben jeweils einen links und einen rechts im Gehirn). Die Operation war streng genommen erfolgreich: Seine Anfälle wurden dauerhaft auf etwa zwei pro Jahr reduziert. Aber gleichzeitig büßte er die Fähigkeit ein, sich an Neues zu erinnern.

Unzählige Artikel und Berichte erschienen über H. M. Nach seinem Tod 2008 erfuhr man seinen Namen, und ein detaillierter Scan seines Gehirns wurde der Öffentlichkeit zur Verfügung gestellt. Die Forschung hat einen tiefen Einblick in die Grenzen des menschlichen Gedächtnisses gegeben, aber auch in die Grenzen von Molaisons Amnesie: Sie war nicht so komplett, wie man denken würde, an manche »großen Dinge« konnte er sich durchaus erinnern. Auf die Frage, wer Kennedy sei, sagte er, er meine, das sei jemand, der umgebracht wurde.

Genau wie im Kapitel zur Quantenmechanik kommt man bei der Beschäftigung mit anterograder Amnesie ganz schnell von der Naturwissenschaft in die Philosophie, wenn man nicht gut aufpasst. Im Fall von H.M. hat man über sein persönliches Ich und sein Selbstbild nachgedacht. Zum Beispiel hat er sich einmal auf einem Foto nicht erkannt, weil er auf dem Bild so viel älter aussah, als er sich selbst empfand. Bin ich noch »ich«, wenn ich mich an nichts Neues erinnern kann?

Eine Art des Gedächtnisses aber blieb bei H. M. unbeeinträchtigt, wie sich rasch zeigte: das Erlernen neuer Fertigkeiten. Als Erstes sollte er eine Sternform mit einem Stift nachzeichnen, durfte das Papier aber nur durch einen Spiegel sehen. Er musste also damit klarkommen, dass alle seine Bewegungen gespiegelt waren, und sollte sich dennoch so gut wie möglich an die vorgegebenen Linien halten. Macht das mal – da werdet ihr zwei Dinge feststellen: Es ist unheimlich schwierig, und es wird von Mal zu Mal leichter. Für Aufgaben, bei denen man durch Übung besser wird, zeigte sich auch bei H. M. ein Lerneffekt.

Ein sehr ähnlicher Punkt wird in *Memento* aufgegriffen: Vor seinem Unfall war Leonard als Ermittler gegen Versicherungsbetrug angestellt. Einer seiner Fälle war ironischerweise[36] jemand mit genau dem Problem, das Leonard später selbst haben sollte: anterograde Amnesie. Aber Leonard hat den Verdacht, dass der Patient namens Sammy die Amnesie nur vortäuscht, denn er scheint Leonard immer wieder kurz zu erkennen. Also bittet er ihn um eine einfache Aufgabe, bei der Objekte auf einem Tisch angefasst werden sollen. Eins davon steht unerwartet unter Strom: Fasst Sammy es an, erhält er einen leichten Schlag. Es ist zwar immer dasselbe Objekt, aber Sammy erinnert sich ja nicht daran und fasst es daher immer und immer wieder an (und zeigt dem Versuchsleiter jedes Mal den Stinkefinger). Leonard weiß aber, dass diese Art des Lernens, die Konditionierung, auch bei einer schweren anterograden Amnesie immer noch intakt sein sollte. Früher oder später müsste Sammy Hemmungen haben, das Objekt anzufassen, oder sich sogar weigern, auch wenn er vielleicht nicht sagen könnte, warum (der Teil gehört nämlich zum sogenannten deklarativen Gedächtnis, das von der Amnesie beeinträchtigt wird). Da sich Sammy nicht konditionieren lässt, schließt Leonard, dass die Amnesie psychosomatisch sein muss und nicht auf eine körperliche Ursache zurückgeht. Da das seine Versicherung nicht einschließt, bleibt Sammy auf den Kosten seiner Behandlung sitzen.

Eine gute Aufgabe, um Trainingseffekte bei anterograder Amnesie zu testen, ganz ähnlich wie das gespiegelte Zeichnen eines Sterns, ist Tetris, denn dabei wird man im Lauf der Übungszeit sehr schnell viel besser, und es lässt sich ein klarer Score ablesen, anders als zum Beispiel beim Klavierspielen. Daher hat man Patient:innen mit anterograder Amnesie im Labor immer wieder Tetris spielen lassen und die Übungseffekte mit denen bei Leuten ohne Amnesie ver-

36 Möglich, dass das kein ironischer Zufall ist, sondern dass es diesen Versicherungsfall nie gegeben hat und sich Leonard dabei nur an seine eigene Geschichte erinnert. Einmal sehen wir für einen ganz kurzen Moment Leonard an der Stelle, an der sich die andere Figur befinden sollte.

glichen. Ein Grund, warum das interessant ist, ist der sogenannte Tetris-Effekt. Wenn ihr schon mal wirklich viel gezockt habt, ist er euch bekannt: Nach ausgiebigem Tetris-Spielen über den Tag träumt man nachts von Tetris. (Natürlich gibt es den Effekt nicht nur bei diesem Spiel.)

Das wirft eine Frage auf: Wenn Menschen mit anterograder Amnesie den ganzen Tag Tetris spielen, träumen sie dann nachts davon? Schließlich können sie sich bis dahin nicht mehr explizit daran erinnern, am Tag gespielt zu haben. Und sogar noch krasser: Wenn die Amnesie etwa vor dem Jahr 1990 aufgetreten ist, dann wissen sie bis nachts nicht einmal mehr, was Tetris überhaupt ist! Man hat das genauso untersucht. Menschen mit anterograder Amnesie wurden nach ausgiebigen Tetris-Sessions am nächsten Morgen gefragt, wovon sie geträumt haben. Tatsächlich hatten sie von Tetris geträumt – aber nicht davon, es zu spielen. Stattdessen berichteten sie von fallen-

den Blöcken, die sie sortieren mussten. »Ich habe versucht, aus diesen Formen schlau zu werden und sie aneinanderzureihen«, sagte einer. »Ich weiß nicht, wo sie herkommen, ich wünschte, ich könnte mich erinnern, aber es waren irgendwie Blöcke«, sagte eine andere. Niemand hatte eine Erklärung für das Geträumte. Für ihr Gehirn musste es eine merkwürdige Situation gewesen sein: Ein Teil vermeldet die ganzen Eindrücke des Spiels, ein anderer kann nichts damit anfangen. Es musste ihnen so vorgekommen sein, als wollte ihr Gehirn, dass sie ganz dringend Kisten stapeln oder Regale einräumen, ohne eine bewusste Erklärung dafür zu haben.

Da fragt man sich, wie häufig so etwas wohl in den eigenen Träumen vorkommt. Wir haben zwar keine anterograde Amnesie, aber auch wir vergessen den Großteil dessen, was wir den Tag über so aufnehmen. Wenn etwas ausreichend Eindruck hinterlässt, um in Träumen verarbeitet zu werden, dann muss unser Gehirn damit irgendwie klarkommen. Und wenn es etwas ist, das im deklarativen Gedächtnis nicht mehr verbucht ist, lässt der Traum uns vielleicht einfach verwirrt zurück.

Trotzdem fällt es schwer, sich in die Erfahrungen von jemandem mit dieser Art von Amnesie hineinzuversetzen. Stellt euch vor, euer »Rücksetzpunkt«, also der Beginn der Amnesie, läge vor dem Aufkommen von Smartphones und ihr müsstet jeden Tag aufs Neue lernen, wie man damit umgeht. Obwohl, vielleicht wäre das gar nicht so schwierig, wie man denkt. Schließlich bleiben manche Dinge im Lauf der technischen Entwicklung eigentlich unverändert.

KAPITEL 18 | SKEUOMORPH

Warum DVD-Hüllen größer sind als die von CDs

Ist euch schon mal aufgefallen, wie seltsam es ist, dass eure Handykamera ein Geräusch macht, das so klingt wie der Verschluss einer mechanischen Kamera von früher? Überhaupt ist das Smartphone voller Designelemente, die auf viel, viel ältere Geräte zurückgehen. Das Anruf-Symbol sieht aus wie ein Telefonhörer, den ich das letzte Mal bei meiner Oma gesehen habe, die E-Mail-App zeigt einen Briefumschlag aus Papier, die Notizen-App sieht aus wie ein Notizblock mit Ringbindung, und so weiter. In vielen Programmen sieht das Speichern-Symbol immer noch aus wie eine 3,5-Zoll-Diskette, obwohl schon vor einem Vierteljahrhundert massentaugliche Computer kein Laufwerk mehr dafür hatten.[37]

Der Begriff für dieses Phänomen ist *Skeuomorphismus*, und jetzt, wo ihr das Konzept bewusst kennt, wird es euch überall begegnen. Im Produktdesign ist ein Element skeuomorph, wenn es keine technische Funktion mehr erfüllt. Es kommt zur Verwendung, um die Nutzer:innen bei ihren lieben Gewohnheiten abzuholen – schließlich müssen sie mit dem Gerät auch klarkommen, möglichst intuitiv. Die allerersten Automobile sahen im Grunde aus wie Pferdekarren ohne Pferd und die ersten Motorräder wie Pferde ohne Kopf – so steckte man eine völlig neue technische Entwicklung in ein vertrautes Gewand.

Ein weiterer Grund für Skeuomorphismus kann sein, dass die Innovation immer noch in der alten Welt stattfindet und sich auf sie einrichten muss. Ein Beispiel dafür sind DVD-Hüllen: DVDs

37 Dabei denke ich speziell an den iMac, der 1998 auf den Markt kam und bereits kein Diskettenlaufwerk mehr hatte. Die Idee war, bei Bedarf ein USB-Laufwerk anzuschließen.

haben dieselbe Größe wie CDs, kommen aber in einer viel größeren Hülle. Und das macht Sinn, denn sie hatten bei ihrer Einführung das Ziel, die VHS-Kassette zu ersetzen. Daher kamen sie im gleichen Format in den Handel, und man konnte VHS und DVD im Regal schön nebeneinanderstellen. Zudem passte das Cover vorne drauf zum Format der Filmplakate, die auch die VHS-Hüllen zierten. Bei CDs ist das anders, da sind die Hüllen quadratisch, sodass die Cover der Schallplatten übernommen werden konnten. Es ist ein Sonderfall der sogenannten Pfadabhängigkeit, bei der die Vergangenheit bestimmt, welche Möglichkeiten ich in der Gegenwart habe. Wenn ich morgen eine Tastatur auf den Markt bringe, bei der die Buchstaben vollkommen anders angeordnet sind, hätte ich damit wahrscheinlich keinen Erfolg, da meine Kundschaft seit ihrer Kindheit das Tastatur-Layout gewohnt ist, das vor 150 Jahren für Schreibmaschinen entwickelt wurde.

Außer Gewohnheit und Pfadabhängigkeit gibt es noch einen dritten Grund für das Einbauen von Skeuomorphen: Manchmal will es der Gesetzgeber so. Zum Beispiel teilt das Auslösergeräusch der Handykamera den Leuten um euch herum mit, dass ihr gerade fotografiert. Daher weist zum Beispiel Apple darauf hin, dass diese veraltete Eigenschaft je nach Region nicht abgeschaltet werden kann, um heimliches Fotografieren zu erschweren. Ein eigentlich unerwünschter Nebeneffekt kann also eine ganz neue Funktion erfüllen.

Das Geräusch von Elektroautos ist ein weiteres Beispiel. Anders als Autos mit Verbrennungsmotor könnte ein E-Auto nahezu lautlos fahren. Aber in einer Welt, in der man Autos schon von Weitem zu hören gewohnt ist, birgt das eine Gefahr. Daher gibt es die EU-Verordnung 540/2014, die vorschreibt, dass ein Elektro- oder Hybridmotor ein Geräusch machen muss, das »mit dem Geräusch eines mit Verbrennungsmotor ausgestatteten Fahrzeugs der gleichen Klasse vergleichbar« ist. Es muss sich zudem mit der Geschwindigkeit verändern, wie wir es gewohnt sind. Aber vielleicht

ist dieser Skeuomorphismus auch etwas voreilig erlassen worden: Sollten Studien zeigen, dass andere Geräusche für den vorgeschriebenen Zweck besser funktionieren, wäre die Vorgabe der Ähnlichkeit zum Verbrennungsmotor ein falscher Schritt. Aber gut, für den Übergang ist es auf jeden Fall sinnvoll. Wenn erst mal alle Fahrzeuge E-Autos sind, können wir uns immer noch überlegen, ob alle ihre Features wirklich sinnvoll sind. Bis dahin können die Fahrzeuge ihr Erbe nicht verleugnen: Sie klingen wie Verbrenner und sehen auch entfernt immer noch so aus wie Kutschen ohne Pferde.

Die neue Technik erlaubt noch andere, ganz neue Möglichkeiten. Dabei spreche ich nicht vom autonomen Fahren generell – der Autopilot soll im Grunde nur das nachstellen, was ein menschlicher Fahrer tun würde, das ist ja nichts komplett Neues. Nein, ich denke an die Möglichkeit, dass sich die selbstfahrenden Autos von sich aus untereinander vernetzen, um so zum Beispiel Staus zu vermeiden. Das Stichwort heißt Platooning – eine Gruppe einzelner Fahrzeuge wird quasi zu einem Trupp zusammengestellt, der sich gleichförmig bewegt und somit für einen besseren Verkehrsfluss sorgt. Dazu brauchen wir Computer, denn in der reibungslosen gemeinschaftlichen Koordination von Individuen sind wir Menschen einfach nicht so super, außer in Sonderfällen wie beim Tanzen oder Synchronschwimmen, und auch da nur mit viel Übung. Andere Wesen können das viel besser, zum Beispiel die Schleimpilze.

KAPITEL 19 | SCHLEIMPILZE

Wie man ganz ohne Gehirn ein Bahnnetz planen kann

Bei kaum einem Thema trennt sich die Welt so schnell in Nerds und Nicht-Nerds wie bei Schleimpilzen. Zum einen klingen sie schon eklig und sehen erst recht eklig aus. Die Tatsache, dass eine Variante »Hundekotze-Schleimpilz« genannt wird, macht dabei nichts besser. Zum anderen aber gehören sie mit zum Faszinierendsten, was unser Universum hervorgebracht hat. Nein, ich scherze nicht.

Um zu verstehen, warum, müssen wir uns noch einmal bewusst machen, wie krass der Unterschied zwischen mehrzelligen und einzelligen Lebewesen ist. Mehrzellige Lebewesen kennt ihr alle: Pflanzen, Tiere, ihr selbst. Seien wir immerhin fair: Jeder von uns war einmal eine einzelne Zelle. Aber dann haben wir uns geteilt und wieder geteilt und wieder geteilt, bis wir zu einem Organismus aus etwa 30 Millionen Millionen Zellen wurden. Eine einzelne Zelle ist für uns gar nichts – jeden Tag verlieren wir Hautzellen, und über die Hirnzellen hatten wir auch schon gesprochen. Schönen Dank auch, werden jetzt die Einzeller sagen, ich bin also gar nichts? Klar, Bakterien und Algen sind schon auch toll auf ihre Art. Aber können sie einen Witz erzählen oder eine Mondrakete bauen? Nein. Dafür braucht's schon Mehrzeller, mit einem Gehirn und so Dingen.

Und dann sind da die Schleimpilze. Zunächst muss ich klarstellen, dass es sich nicht um Pilze handelt. Überhaupt ist das eigentlich nur ein Sammelbegriff für Hunderte verschiedene Arten. Gemeinsam haben sie, dass sich einzelne Zellen auf faszinierende Art mit anderen zusammentun können: Treffen sich zwei Schleimpilze (das klang jetzt wie der Anfang von einem Witz), können sie miteinander verschmelzen. Das Endprodukt sieht aus wie eine größere Zelle, die mehrere Zellkerne in sich trägt, aber ohne die Zellwände dazwischen, die sie sonst voneinander trennen. Dieses Gemenge aus ursprünglich separaten Zellen heißt Plasmodium[38], und es gibt keine Mitgliederbegrenzung für diesen Club: Immer mehr Zellen können an der Verschmelzung teilnehmen, bis sich eine meterdicke Schleimdecke gebildet hat. Das ist dann kein Einzeller mehr, aber auch nicht wirklich ein Mehrzeller.

Und das Plasmodium hat Eigenschaften, die euch umhauen werden: In Forschungslabors wird es schon mal in ein Labyrinth gesetzt, an dessen Eingang und Ausgang Nahrungsmittel liegen. Dann streckt sich das Plasmodium auf eine Art aus, dass es tentakelartig das Labyrinth erkunden kann, ohne die Nahrungsquelle am Eingang verlassen zu müssen: Auswüchse bewegen sich die Gänge entlang; Zweige, die in eine Sackgasse geraten, schrumpfen wieder zurück. Das ganze Labyrinth wird mit Plasmodium gefüllt, am Ende hat es sich aus allen toten Enden wieder zurückgezogen. Übrig bleibt die Lösung des Labyrinths: die kürzeste Strecke vom Start bis ans Ziel. Am Ende bildet das Plasmodium zwei flache Schleimfilme (nämlich über den Nahrungsquellen), die über eine Röhrenform miteinander verbunden sind.

38 Achtung: Plasmodium ist auch der Name des einzelligen Parasiten, der Malaria verursacht. Das finde ich unnötig verwirrend. Das ist wie, dass der fünfte Teil der *Scream*-Reihe nur *Scream* heißt, so wie der erste. Oder dass das 2013er *Tomb Raider*-Spiel auch nur *Tomb Raider* heißt. Da hat doch niemand was von, das ist nur irgendein Marketingkniff, gegen den sich sowohl Schleimpilze wie auch Malaria verwahren sollten.

Schleimpilze können also ein Problem lösen – in diesem Fall: die kürzeste Strecke durch ein Labyrinth finden. Und das ohne Gehirn! Es gelingt ihnen sogar, sich Strecken zu merken: Wenn es sich aus der Sackgasse zurückzieht, hinterlässt das Plasmodium Schleim, den es später vermeidet. Auf diese Art markiert es: Geh da nicht mehr hin, da waren wir schon. So betreibt diese Schleimdecke, dieses nicht denkende Konglomerat aus hirnlosen Einzellern eine ähnliche Problemlösung, wie es zum Beispiel ein computergesteuerter Roboter in derselben Situation tun würde.

Dann kam die legendärste Schleimpilz-Studie ever: Ein Forschungsteam in Japan hat auf einer Fläche 36 Nahrungsquellen verteilt, und zwar genau so, wie um Tokio herum die Städte verteilt sind. Da, wo sich im echten Leben um Tokio Wasser befindet (Seen und die Pazifikküste), hat man starkes Licht gestrahlt – das mögen Schleimpilze überhaupt nicht. Die Frage bei der Studie war, ob sich die Schleimpilze ein Netzwerk aufbauen, das dem Streckennetz der Bahn im Großraum Tokio entspricht. Und natürlich hat sich das genau so gezeigt: Die hirnlosen vereinigten Einzeller entschieden sich für ein ganz ähnliches Netz wie das, an dem Ingenieursteams und Verwaltungsleute ohne Zweifel zahllose Stunden der Planung verbracht haben.

Für diese Studie gab es vollkommen verdient einen Ig-Nobelpreis. Nein, nicht den Nobelpreis, den Ig-Nobelpreis. Der leitet sich von dem Wort *ignoble* ab, das »unedel« oder auch »schändlich« heißt, und wird für ernsthafte Forschung verliehen, die aber was Schräges an sich hat.[39] Zum Beispiel wurde er auch schon für den

39 Ich weiß, was ihr jetzt denkt: Wenn der Preis an ernst zu nehmende Forscher:innen geht, wird es wohl jemals jemanden geben, der oder die erst einen Ig-Nobelpreis und dann einen Nobelpreis gewinnt? Das ist bereits passiert: Andre Geim gewann 2000 einen Ig-Nobel dafür, dass er mittels Magnetismus einen Frosch zum Schweben brachte, und zehn Jahre später den Nobelpreis für Physik für seine Arbeit mit dem faszinierenden Material Graphen. In einem Interview meinte er, er schätze beide Auszeichnungen gleichermaßen.

Befund verliehen, dass Orgasmen die Nase frei machen können, und zwar in einem ähnlichen Ausmaß wie Nasensprays.

Aber die Studie mit dem Ig-Nobel ist aus meiner Sicht noch nicht mal die abgefahrenste Schleimpilz-Studie. Jetzt wird's komplett durchgedreht: Wissenschaftler:innen bauen einen Roboter mit sechs Beinen. Obendrauf ist eine Platte mit einem Plasmodium, das sternförmig sechs Auswüchse hat, jeweils zu den Beinen. Die Bewegung der Auswüchse wird über einen Computer in Bewegung der Beine übertragen. Fällt Licht in den Bereich eines der Beine – ihr erinnert euch, Licht mögen die kleinen Kerlchen nicht –, ziehen sich die Schleimpilze zurück, und der Roboter bewegt sich von der Lichtquelle weg.

Schleimpilze. Ohne Gehirn. Die einen Roboter steuern. Ich dreh durch.

Es gibt andere Studien zu Schleimpilzen, die einen noch mehr hinterfragen lassen, was Leben (bzw. mehrzelliges Leben) überhaupt bedeutet. Ich habe nämlich noch gar nicht erwähnt, dass sich die ursprünglichen Einzeller im Plasmodium auch wieder davon abtrennen können. Es ist also nur dann ein mehrzelliges Wesen,

wenn es ihm etwas bringt. Und: Sie können in ihrer Zeit als Mitglied des Plasmodiums etwas von den anderen Mitgliedern lernen und nehmen das Gelernte mit, wenn sie den Club wieder verlassen.

Das wurde getestet, indem man einzelne Schleimpilze konditioniert hat: Für eine Weile gelangten sie einzig über eine Brücke mit Salz an Nahrung. Salz mögen sie auch nicht, daher gingen sie nur zögerlich über die Brücke. Wird ihnen nach ein paar Tagen eine Brücke ohne Salz vorgesetzt, sind sie wieder zögerlich: Sie vermuten, dass da auch wieder Salz sein wird, während sich ein ahnungsloser Schleimpilz in normaler Geschwindigkeit drüber hinwegbewegt. Nimmt man jetzt ein Plasmodium, das von dem Salz nichts weiß, und fügt eine kritische Masse an salzerfahrenen Schleimpilzen dazu, wird sich das ganze Plasmodium so verhalten wie die trainierten Einzeller: Sie haben ihr Wissen also an die Gruppe weitergegeben. Verlässt ein zuvor ungelernter Einzeller das Plasmodium wieder, kann er das Wissen mitnehmen. Diese Studien sind erst wenige Jahre alt – wer weiß, was wir bald noch alles über Schleimpilze lernen werden.

Schleimpilze sind eklig, heißen eklig und sind im Alltag zu nichts gut. Und doch werfen sie unvorstellbar grundlegende Fragen über die Welt und das Leben auf. Ist ein Plasmodium so was wie ein Gehirn? Helfen uns die Schleimpilze zu verstehen, warum sich auf unserem Planeten erst nach Milliarden von Jahren der Einzeller das mehrzellige Leben entwickelt hat? Genau deswegen sind sie mit das Nerdigste, was man sich vorstellen kann. Gleichzeitig sind sie eine Herausforderung für die Wissenschaftskommunikation: Oder wie groß wäre bei euch die Bereitschaft, eine Doku zum Thema »Schleimpilz« einzuschalten? Andere Disziplinen der Wissenschaft haben es da viel leichter. Zum Beispiel, wenn man wunderschöne Bilder von Nebeln im Weltall produziert.

KAPITEL 20 | SÄULEN DER SCHÖPFUNG

Warum niemand die Gegenwart sehen oder hören kann

Das Hubble-Weltraumteleskop, benannt nach Edwin Hubble aus Kapitel 6, ist schon der Knaller. Ein Weltraumteleskop hat generell den Vorteil, dass es nicht erst an Wolken und Flugzeugen vorbei durch unsere Atmosphäre schauen muss, bevor es in den Weltraum blicken darf. Aber natürlich hat es auch Nachteile, ein Teleskop ins All zu stecken: Wenn es nicht ordentlich funktioniert, muss man für die Reparatur den ganzen Weg hinfliegen, was beim Hubble auch mehrfach passiert ist. Aber die Bilder, die es liefert, sind dafür der Hammer.

So auch eines der bekanntesten Bilder des Hubble, genannt »Säulen der Schöpfung«. Es zeigt eine Nebelformation, die mehrere Säulen bildet. Mit etwas Fantasie könnte es eine stilisierte, nach oben greifende Hand sein. Diese Formation ist rund 7000 Lichtjahre von uns entfernt – viel zu weit, um sie jemals zu erreichen. Sie ist nur ein kleiner Teil des Adlernebels, der bereits vor fast 300 Jahren entdeckt wurde. Trotzdem ist sie unglaublich groß: Sie erstreckt sich über vier bis fünf Lichtjahre. Zum Vergleich: Das am weitesten von uns entfernte menschengemachte Objekt ist die Raumsonde *Voyager 1*, die sich seit Jahrzehnten mit Tausenden Stundenkilometern von uns wegbewegt und vor einiger Zeit das Sonnensystem verlassen hat.[40] Trotz dieser riesigen Entfernung braucht das Licht

40 Wie so oft im Weltraum hängt diese Aussage von der Definition ab. Üblicherweise verstehen wir den Rand des Sonnensystems als den Bereich, in dem der sogenannte Sonnenwind aufhört, das ist ein Strom geladener Teilchen, den die Sonne konstant aussendet. Die Messung dieser Teilchen durch *Voyager 1* fiel im August 2012 schlagartig ab – seither befindet sich die Sonde im interstellaren Raum. Nimmt man eine andere Definition des Sonnensystems, nämlich alle Objekte, die irgendwie um

von uns bis zur Sonde weniger als 22 Stunden, sie ist also nicht mal einen Lichttag von uns entfernt – die Säulen der Schöpfung erstrecken sich also mehrere Hundert Mal so weit wie unser Sonnensystem.

Die »Säulen der Schöpfung« heißen so, weil in solchen Nebeln neue Sterne entstehen. Ein Stern ist zunächst mal nichts anderes als ein riesiger Haufen Gas, der durch die eigene Anziehungskraft zusammengedrückt wird. Bei den Gasen handelt es sich meist um Wasserstoff und Helium.[41] Wenn wir solche Gaswolken beobachten, werfen wir daher einen Blick in den interstellaren Kreißsaal, aus dem später neue Sterne hervorgehen werden. Dort findet wirklich eine Schöpfung statt. Gut, ein bisschen religiös angehaucht ist der Name natürlich trotzdem und soll wahrscheinlich auch Ehrfurcht beim Publikum erzeugen.

Dann kam jemand um die Ecke und meinte: Diese riesigen, wunderschönen Säulen, die so wirken wie für die Ewigkeit gemacht, sind im Begriff, zerstört zu werden. Beziehungsweise wurden bereits zerstört. Beziehungsweise werden zerstört worden sein. Ihr haltet das für erklärungsbedürftig? Okay. Jahre, nachdem Hubble die ursprüngliche Aufnahme gemacht hatte, wurde ein weiteres Teleskop ins All geschickt, das Spitzer-Weltraumteleskop. Es schaute sich auch diese Region mal näher an, nur mit anderer Technik. Dabei fiel auf, dass es in ihrer relativen Nähe eine Supernova gegeben haben musste, dass also ein Stern am Ende seiner Lebenszeit explodiert war. Einerseits nicht überraschend: Es gibt dort mehrere ältere

unseren Stern herumschwirren, dann wird die Sonde erst noch mehrere Tausend Jahre durch die sogenannte Oort´sche Wolke fliegen, eine vermutete Ansammlung aus Planetenbruchstücken und anderen astronomischen Objekten.

41 Dafür, wie viel Helium es im Universum gibt, wurde es recht spät entdeckt: Vor etwa 150 Jahren untersuchte jemand das Licht der Sonne etwas genauer und konnte darin ablesen, welche Elemente auf der Sonne vorhanden sein mussten. Ein bislang unbekanntes Element wurde nach *helios* benannt, dem griechischen Wort für Sonne.

Sterne, die reif für eine Explosion waren. Aber diese eine Explosion sah so aus, als bewegte sie sich langsam, aber sicher in Richtung der Säulen. Ein Treffer würde das Gas und den Staub – also das, was so schön aussieht – wegwehen und einen freien Blick auf die neugeborenen Sterne bieten. Die Säulen wären nicht mehr.

Dass sich die Explosion nur langsam auf die Säulen zubewegt, liegt an den riesigen Weiten und Strecken, über die wir hier sprechen: Auch die Druckwelle einer Supernova kann sich niemals schneller bewegen als das Licht. Und so weit, wie sie noch weg ist, würde sie die Säulen erst in etwa 1000 Jahren erreichen. Dazu kommt noch ein Twist: Wenn wir so tief in den Weltraum blicken, schauen wir auch in die Vergangenheit. Streng genommen schauen wir immer in die Vergangenheit, auch wenn wir uns gegenüberstehen und gegenseitig ins Gesicht sehen. Genauso hören wir nichts »live«, sondern immer erst, wenn die Schallwellen unser Ohr erreicht haben, was auch immer einen Moment dauert, egal wie nahe die Quelle an uns dran ist.[42] Aber ich sage mal, im Alltag ist diese Verzögerung komplett zu vernachlässigen.

42 Riechen, Schmecken und Fühlen dagegen finden tatsächlich unverzögert statt, zumindest wenn man ignoriert, dass die Nervensignale einen ganz kurzen Moment brauchen, um im Gehirn anzukommen und verarbeitet zu werden.

Bei der Zerstörung der Säulen ist das anders. Ihr erinnert euch, dass sie etwa 7000 Lichtjahre entfernt sind – entsprechend schauen wir 7000 Jahre in die Vergangenheit. Das bedeutet: Die Zerstörung, die wir in 1000 Jahren sehen werden, hat bereits vor 6000 Jahren stattgefunden. Die Säulen sind längst nicht mehr da, selbst wenn wir sie jeden Tag aufs Neue sehen. Es wird vermutet, dass das Licht der Supernova selbst vor etwa 1000 bis 2000 Jahren bei uns ankam – vielleicht haben manche Menschen damals einen ungewöhnlich hellen Stern am Himmel beobachtet.

Mich bringt das auf zwei Gedanken. Zum einen ist das, was man mit eigenen Augen sieht, nicht immer das, was wirklich existiert – zumindest, wenn man weit weg schaut, sei es in die Zukunft oder die Vergangenheit. Zum anderen fällt mir der wichtige Satz eines großen Philosophen ein: »Etwas wird nicht dadurch schön, dass es überdauert.«

Also, das war jetzt nicht wirklich ein großer Philosoph, sondern ein Roboter namens Vision aus der Comic-Verfilmung *Avengers: Age of Ultron*. Aber ihr wisst, was ich meine. Man muss außerdem dazu sagen, dass die Theorie von der Zerstörung der Säulen durch eine Supernova auch angezweifelt wird: Wenn das wirklich so eine große Explosion gewesen wäre, heißt es, dann wäre das schon vorher auf anderen Bildern aufgefallen. Und neuere Bilder seither scheinen zu bestätigen, dass es keine Supernova gab, sondern dass die vermeintliche Druckwelle ein anderes kosmisches Phänomen ist. Dennoch werden die Säulen der Schöpfung nicht ewig weiter bestehen: Noch heute könnte eine Supernova ohne Ankündigung stattfinden (oder, ähm, vor 7000 Jahren stattgefunden haben), und selbst ohne eine Explosion werden sie langsam erodieren, bis wir irgendwann, vielleicht in 100 000 Jahren, nur noch um sie trauern können. Aber, wie derselbe große Roboter-Philosoph in einem anderen Marvel-Projekt gesagt hat: »Was ist Trauer, wenn nicht das Fortbestehen der Liebe?«

Gut, so tiefgehende und menschliche Dinge sagen Roboter nur in Film und Fernsehen. Und selbst um im Marvel-Universum zu so einer schlauen Maschine zu kommen, musste ein geniales Computerprogramm noch mal on top mit kosmischer Magie aufgeladen werden. Erst wenn so eine Komplexität erreicht wird, können wir wirklich von künstlichem Leben sprechen. Während irgendein kleiner Algorithmus, der so simpel ist, dass er sich zur Not von Hand auswerten lässt, niemals wie echtes Leben aussehen könnte. Oder?

KAPITEL 21 | CONWAYS SPIEL DES LEBENS

Wie man einen Computer aus Karopapier baut

Nehmt mal ein normales Stück Karopapier und malt ein paar der Zellen aus. Wählt aus, wie ihr mögt, ihr könnt zum Beispiel eine große »42« aus den Zellen bilden. Dann nehmt ein neues Blatt und übertragt die ausgefüllten Zellen – aber nicht eins zu eins, sondern nach ein paar sehr einfachen Regeln, die der Mathematiker John Conway aufgestellt hat. Bei Karopapier hat jede Zelle, egal ob sie ausgemalt ist oder nicht, genau acht Nachbarn. Nach diesen Nachbarn entscheidet sich, ob eine Zelle auf dem nächsten Blatt ausgemalt wird oder nicht mehr: Jede ausgemalte Zelle, die zwei oder drei ausgemalte Nachbarn hat, wird auf dem nächsten Blatt ebenfalls ausgemalt – sie »überlebt«, wenn man so will. Eine leere Zelle, die genau drei ausgemalte Nachbarn hat, wird beim nächsten Mal ebenfalls ausgemalt – sie wird »geboren«. Die anderen Zellen, also alle, die mehr oder weniger ausgemalte Nachbarn haben als zwei oder drei, sind in der nächsten Runde leer. Sie »sterben« entweder an Überbevölkerung oder an Einsamkeit.

Probiert Conways Spiel des Lebens einfach aus, es ist wirklich simpel, wenn man erst mal losgelegt hat. Aller Wahrscheinlichkeit nach wird auf dem zweiten Blatt alles ein wenig anders aussehen als auf dem ersten. Wenn ihr eine 42 gemalt habt – sagen wir als verpixelte Ziffern in der Größe von 3 x 5 Zellen mit zwei leeren Spalten dazwischen –, ist die ursprüngliche Form bereits beim zweiten Blatt überhaupt nicht mehr erkennbar. Es bleiben nur mehrere unförmige Klumpen mit ausgemalten Zellen.

Das ist überaus spannend, nicht wahr? Ihr schaut skeptisch? Und wenn ich euch sage, dass sich Biolog:innen und Philosoph:innen gleichermaßen seit Jahrzehnten mit diesem Spiel beschäftigen und mehrere Leute es bereits verwendet haben, um Computer zu bauen?

Man muss das Spiel nicht mit Stift und Papier betreiben – es gibt zahlreiche Online-Versionen, bei denen man per Mausklick eine Seite weiterschalten kann (bzw. eine Generation, wie es im Spiel genannt wird) oder es auch automatisch ablaufen lassen kann, so schnell man möchte. Wer damit ein wenig herumspielt, sieht schnell: Manche gezeichneten Formen lösen sich auf und vollfüh-

ren ein merkwürdiges Pixel-Ballett, andere verformen sich ein bisschen und bleiben dann starr. Aber ab und zu passiert etwas Sonderbares. Unsere 42 zum Beispiel, so gezeichnet wie oben beschrieben, schickt nach etwa neunzig Generationen einen sogenannten Gleiter raus. Das ist eine Gruppe ausgemalter Zellen, die sich bei jedem neuen Schritt ein Stück weiter von ihrem Ursprung wegbewegt. Er sieht aus wie ein klitzekleines Raumschiff, das sich auf seiner Reise ein wenig verformt. Etwa fünfzig Generationen später wird ein weiterer Gleiter losgeschickt, in eine andere Richtung. Dann, nach genau 197 Generationen, sind die beiden Gleiter das Einzige, das sich im Bild noch bewegt, der ganze Rest kommt zur Ruhe.

Wer sich mit dem Spiel beschäftigt, merkt schnell, dass es noch viel komplexere Formen und Vorkommnisse gibt. Außer den kleinen Gleitern ergeben sich auch Segler, also größere Formen, die sich von Generation zu Generation weiterbewegen. Muster, die Gleiter erzeugen (so wie unsere 42), werden Gleiterkanonen genannt. Manche Formen sind sogenannte Fresser: Wenn ein Gleiter auf sie trifft, verschwindet er, und der Fresser hat hinterher immer noch dieselbe Form.

Oft entstehen komplexe Abläufe, die sich nur schwer überblicken lassen – gut, dass man jeden Ablauf wiederholen kann. Die meisten Ausgangssituationen führen zu einem Zustand, bei dem manche stabile Formen übrig bleiben (wie bei unserer 42). Bei anderen werden nach und nach alle Formen aufgelöst, und es bleibt ein leeres Spielfeld zurück.

Der Kernpunkt des Spiels im Kontext der Wissenschaftsvermittlung: Es demonstriert handfest, wie aus zufälligen Anfangsbedingungen und wenigen einfachen Regeln ein großes Maß an Komplexität entstehen kann. Das will einem nur schwer in den Kopf: Wir denken für gewöhnlich, dass einfach strukturierte Dinge von allein entstehen können (sagen wir mal, eine Lawine), aber komplexe Dinge (sagen wir mal, der Kölner Dom) nicht. Trotzdem kommen wir nicht um die Feststellung herum, dass auf unserem Planeten viele ziemlich komplexe Dinge einfach so entstanden sind (sagen wir mal, die Menschheit). Das Spiel des Lebens kann einen kleinen Einblick darin geben, wie komplex solche Systeme wirklich werden können, wenn man ihnen nur ausreichend Zeit gibt.

Obwohl das Spiel bereits über fünfzig Jahre alt ist, stellen findige Programmierer:innen immer noch aufregende Dinge damit an. Zum Beispiel wurden schon mehrfach Grundformen erstellt, die man als Rechenmaschinen benutzen kann. Die Konstruktionen sind unvorstellbar groß – viel zu groß, um von Hand designt zu werden, dafür werden Computerprogramme benutzt. Wird so eine Rechenmaschine gestartet, dienen Gleiter als Bits: Zum Beispiel kann eine Gleiterkanone alle dreißig Generationen einen Gleiter rausschicken. Eine andere Gleiterkanone hält im selben Rhythmus dagegen – aber die der zweiten Kanone sind so gebaut, dass sie sich bei einem Treffer der anderen auflösen. Sie sind also den vorher genannten Begrifflichkeiten zufolge gleichzeitig Gleiter und Fresser. Wenn wir das so bauen, dann bedeutet das: Die Gleiter lösen sich alle gegenseitig auf, es sei denn, eine der zwei Kanonen schickt mal gar keinen los: Voilà, wir haben ein sogenanntes Logikgatter gebaut.

Diese Gatter erfüllen unterschiedliche Funktionen – in diesem Fall haben wir ein sogenanntes Nicht-Gatter, das aus einer Eins eine Null beziehungsweise aus einem Gleiter keinen Gleiter macht – und sind das Kernelement von Rechenmaschinen. Computer, die auf diese Weise im Spiel des Lebens gebaut werden, sind riesige Konstruktionen, die ständig Ströme von Gleitern hin und her schicken. Und so ähnlich sieht auch das aus, was eurem Laptop oder Handy im Kopf rumgeht: Denn in modernen Computern findet man Logikgatter als elektronische Schaltkreise, die grundlegende Entscheidungen treffen. Ihr wisst ja bereits, dass im Innern des Computers Einsen und Nullen herumgeschickt werden. Mithilfe von Logikgattern kann mit diesen Werten gerechnet werden, zum Beispiel wenn das Gatter nur aktiv wird, wenn es auf mindestens einem Kanal eine Eins erhält (ein OR-Gatter), oder wenn es auf allen Kanälen Einsen erhält (das wäre ein AND-Gatter). Diese simplen Entscheidungen bilden seit den allerersten Rechenmaschinen das Rückgrat der Computerarchitektur und sind auch heute noch relevant. Das Prinzip ist immer dasselbe, egal ob diese Gatter mechanisch, elektronisch oder virtuell als Teil vom Spiel des Lebens konstruiert werden.

Das Spiel des Lebens wurde sogar im Spiel des Lebens programmiert: Stellt euch eine ganze Reihe nebeneinandergesetzte Gleiterkanonen vor, die pausenlos direkt hintereinander Gleiter rausschicken. Jeder dieser Gleiter wird am Ende von einem Fresser aufgefangen. Wenn man das baut und dann weit genug rausscrollt, sieht es aus wie eine Linie. Auf diese Art hat jemand aus unzähligen Gleiterkanonen und Fressern eine riesige Version des ursprünglichen Karopapiers nachgestellt, auf dem wiederum das Spiel des Lebens gespielt wird. Und warum dann aufhören? Auch das Spiel des Lebens im Spiel des Lebens im Spiel des Lebens ist denkbar, auch wenn wir dann langsam an die Grenze dessen kommen, was heutige Computer noch im Kopf behalten können.

Dieses Spiel ist längst nicht das einzige Programm, das dazu benutzt wurde, einen virtuellen Rechner zu konstruieren. Auf der PlayStation gibt es eine sehr coole Spielereihe namens *LittleBigPlanet*, bei der man eigene Levels bauen und mit anderen teilen kann. Es ist als Jump'n'Run-Spiel angedacht, also so wie die alten *Super Mario*-Spiele, nur mit einer putzigen Figur namens Sackboy. Kurz nach seinem Erscheinen fand jemand heraus, dass das Spiel genügend Möglichkeiten bietet, eine Rechenmaschine zu bauen: Der »Level« besteht aus über 1600 Teilen, darunter 500 Seile, die 430 Kolben miteinander verbinden. Sackboy kann über Hebel Zahlen einstellen und auf diese Art zwei zweistellige Zahlen miteinander addieren oder voneinander subtrahieren lassen.

Noch aufwendiger wurde es bei *Minecraft*, dem meistverkauften Videospiel aller Zeiten. Hier arbeitet man mit Blöcken, die hergestellt und miteinander verarbeitet werden können – ein wenig so, als hätte man unendlich viele Legoteile und unendlich viel Platz. Es gibt dabei auch Monster und so, aber wer das nicht mag, kann ungestört bauen. In dieser Spielewelt gab es ebenfalls schon konstruierte Computer: In einem Fall hat jemand den Lockdown während der Pandemie genutzt, um über mehr als ein halbes Jahr einen handfesten 8-Bit-Prozessor in *Minecraft* zu bauen. Übertragen auf die echte Welt wäre er so groß wie ein Hochhaus. Dieser selbst gebaute Computer kann ein Tetris-Spiel auf einem 32 mal 32 Pixel großen Bildschirm laufen lassen – oder sogar Conways Spiel des Lebens.[43] Gesteuert wird es, indem die *Minecraft*-Spielerfigur auf bestimmte Blöcke hüpft. Allerdings ist das System genauso langsam, wie man sich einen selbst gebauten Prozessor vorstellt: Die Videos davon auf YouTube müssen hundert- oder sogar tausendfach beschleunigt werden. Einer der bekanntesten dieser *Minecraft*-Computer heißt übrigens *Deep Thought*. Warum ich das erwähne? Wartet einfach ab bis Kapitel 42.

Wer weiß, wie weit diese Entwicklung noch getrieben werden kann. Baut irgendwann jemand ein komplettes Smartphone in *Minecraft*? Oder vielleicht eine Simulation des menschlichen Gehirns? Gut, das Gehirn ist nicht ganz so straightforward ein Computer, wie manche das gerne glauben möchten. Unsere Nervenzellen unterhalten sich über elektrische Signale und gründen ihre Entscheidungen auf den Signalen der anderen, so wie es die Logikgatter im Computer auch tun. Aber Nervenzellen sind einfach um einiges komplexer als Bits und Bytes, und ihre Signale werden auch nicht als Einsen und Nullen versendet oder empfangen.

Eine Sache hat das Gehirn aber mit dem Computer gemeinsam: Es besteht aus verschiedenen Teilen, die sich miteinander austauschen, und wenn eines davon nicht mehr richtig funktioniert, kann das merkwürdige Auswirkungen haben. Zum Beispiel, dass man Dinge sieht, die man nicht sieht.

43 Traurig ist dabei, dass John Conway selbst diese spezielle Version nicht mehr erlebt hat: Er starb bereits kurz nach Beginn der Pandemie an COVID.

KAPITEL 22 | BLINDSIGHT

Wie man Gegenständen ausweicht, die man nicht sehen kann

In einer Szene von *Reservoir Dogs*, dem ersten und nach Ansicht mancher besten Film von Quentin Tarantino, spielt der Regisseur selbst eine kleine Nebenrolle als Gangster Mr. Brown (im Film tragen fast alle Figuren Farben als Decknamen), der bei einem Juwelenraub für den Fluchtwagen verantwortlich ist. Allerdings geht dabei einiges schief, und ein Polizist schießt ihm bei der Flucht in den Hinterkopf.[44] Für kurze Zeit erfüllt er trotzdem seine Pflicht und fährt den Fluchtwagen, bis er sich beklagt, dass er nichts mehr sehen kann. Mr. Orange meint noch, wahrscheinlich sei ihm nur Blut in die Augen gelaufen, aber kurz darauf stirbt Mr. Brown – es war wohl doch eine ernsthaftere Verletzung.

Die Szene ist in mancherlei Hinsicht realistischer als viele andere Actionszenen. Zum einen bedeutet ein Kopftreffer mit einer Schusswaffe in Filmen und auch in Videospielen meist den sofortigen Tod – in Wahrheit hängt das Ergebnis von vielen Faktoren ab. Zum anderen ist korrekt, dass eine Verletzung der Hirnregion, die im Hinterkopf sitzt, am ehesten das Sehen beeinträchtigt. Unsere Augen sitzen zwar vorn, doch die Verarbeitung des Gesehenen findet überwiegend hinten statt, im visuellen Kortex. (Bei von Geburt an Blinden übernimmt diese Hirnregion zum Teil andere Aufgaben

44 Ich gebe zu, das ist etwas Auslegungssache. Tarantino-Nerds sind ganz besondere Nerds, die sehr auf Details achten. Tatsache ist: Den Überfall selbst, einschließlich seiner Verwundung, bekommen wir im Film nicht zu sehen. Als wir Mr. Brown wiederbegegnen, hat er eine Wunde vorn an der Stirn, die aber vermutlich vom Crash mit dem Auto kommt. Im Originaldrehbuch von 1990 steht an der Stelle nur, er sei »blutig«, das hilft uns auch nicht weiter. Also hoffe ich einfach, ihr seid mit meiner Interpretation hier okay.

und ist zum Beispiel beim Sprechen aktiv.) Verschiedene Teile dieses Kortex sind für unterschiedliche Aspekte des Sehens zuständig: Das Gesehene kommt zuerst in den Bereich namens V1; er enthält Neuronen, die für bestimmte Bereiche unserer Netzhaut zuständig sind – V1 bildet also quasi eine Karte unseres Sichtfelds ab. Dann geht es weiter zu V2, V3 bis hin zu V6, alle mit eigenen Aufgaben, die sich aber mit denen der anderen überlappen können. Bei manchen hängt die Aktivität davon ab, worauf unsere Aufmerksamkeit gerichtet ist, bei anderen weniger. Manche reagieren mehr auf Farben oder Bewegung oder starke Kontraste. Manche haben Verbindungen in ganz andere Regionen, die für Bewegungsplanung zuständig sind, sodass wir möglichst schnell reagieren können.

Dann dürfen wir auf keinen Fall die Fusiform Face Area (FFA) vergessen, eine Region im Gyrus fusiformis, die speziell für die Gesichtserkennung zuständig ist. Das ist das Areal, das Ernst Stavro Blofeld bei James Bond auslöschen will, erinnert ihr euch? In *Spectre* wird Bond von dem Bösewicht in einen Stuhl eingespannt und mittels eines kleinen Bohrers am Kopf gefoltert. Dann kündigt Blofeld an, ihm in den Gyrus fusiformis zu bohren, damit Bond seine große Liebe nicht mehr wiedererkennt.

Der Plan ist unausgereift – zum einen würde das Bonds Liebe keinen Abbruch tun. In dem Moment, da ihn seine Freundin ansprechen würde, wüsste er, wer sie ist. Zudem beschreibt Blofeld die Stelle zwar korrekt, setzt den Bohrer aber an einer vollkommen falschen Stelle an. Der Fehler war so offensichtlich, dass er sogar im Fachjournal *Nature* diskutiert wurde. Der Kommentator meinte, Blofeld hätte wahrscheinlich eher einen Halswirbel erwischt und im schlimmsten Fall einen Schlaganfall auslösen können.

Tatsache ist: Es gibt Bereiche in unserem Gehirn, deren Zerstörung dazu führt, dass wir die Welt teilweise oder komplett nicht mehr visuell wahrnehmen können. Nun sitzt das, was wir als unseren eigentlichen Sehapparat bezeichnen würden, nämlich die Augen mit Netzhaut und Sehnerven, ganz am anderen Ende des Kopfes. Eine Verletzung am Hinterkopf kann also dazu führen, dass wir zwar noch alles mit den Augen sehen können, aber das Gesehene nicht mehr passend im Gehirn verarbeitet wird. Wenn also

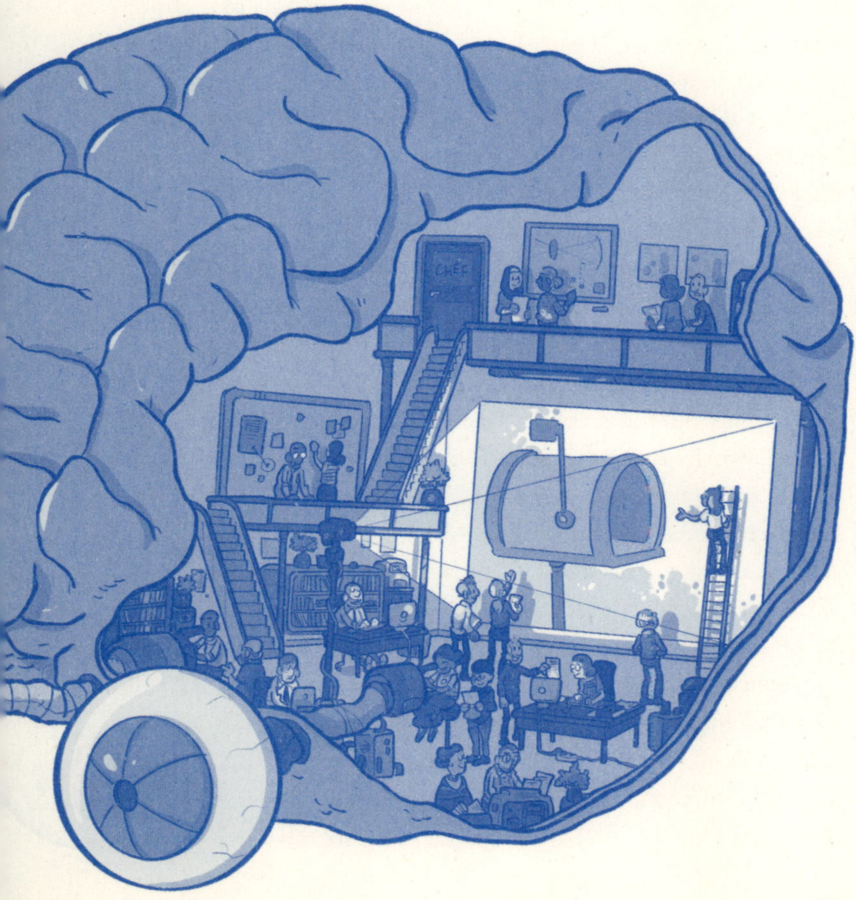

der visuelle Kortex beschädigt ist, kann nichts mehr gesehen werden – und fürs Erste macht es für die Betroffenen keinen Unterschied, ob die Blindheit vom Gehirn oder von den Augen kommt. Diagnostisch kann das meist schnell getestet werden: Leuchtet man in die Augen und die Pupillen reagieren nicht, dann liegt es am Auge selbst. Wenn sie aber reagieren, muss man nach anderen Ursachen schauen, und das Gehirn ist ein möglicher Kandidat.

Wie beschrieben ist das Sehen fürs Gehirn aber eine komplexe Angelegenheit, an der viele Areale beteiligt sind. Und die Kanäle, die das Gesehene von V1 zu V2 und noch weiterführen, sind nicht die einzigen Verbindungen (sondern nur die stärksten bzw. die am besten untersuchten). Daher kann es passieren, dass manche Hirnareale, die von der Kopfverletzung nicht betroffen sind, weiter Signale von den Augen erhalten und dadurch genauso gut »sehen« können wie zuvor. Nur haben die Betroffenen keinen Zugriff auf diese Information, da die Hirnregion, die ihnen mitteilt, was gesehen wird, nicht mehr funktioniert.

Dabei muss man sich klarmachen, dass uns das Gehirn nicht immer alles so mitteilt, wie es verarbeitet wird. Die Sachlage ist, dass wir den Tag über viel zu viel wahrnehmen, um alles bewusst verarbeiten zu können. Unser Ich ist sozusagen der Chef, und niemand hat etwas davon, dem Chef irrelevante Dinge auf den Schreibtisch zu legen. Stattdessen wird vorausgewählt: Der grüne Briefkasten der Nachbarn wird beim Spaziergang zwar visuell wahrgenommen, aber diese Info nicht an die bewusste Wahrnehmung weitergeleitet. Allerdings ändert sich das mit der Motivation: Wenn mir vorher jemand gesagt hat, dass in der Nachbarschaft Post aus den Briefkästen geklaut wird, fällt er mir plötzlich auf. Aus dem gleichen Grund sieht man überall Bäckereien in der Stadt, wenn man hungrig durch die Gegend läuft. Meine Lieblingsbeispiele für diesen Effekt sind »Seit ich den Führerschein mache, fahren überall Fahrschulautos herum« und »Seit ich schwanger bin, sehe ich überall Schwangere«. Die Erklärung ist in all diesen Fällen ganz simpel: Es gibt immer haufenweise Fahrschulautos, Schwangere und Bäckereien um uns herum, es ist uns nur überwiegend egal. So wird das meiste, was wir über den Tag wahrnehmen, herausgefiltert, bevor wir es bewusst verarbeiten.[45]

Bei einem beschädigten oder zerstörten visuellen Kortex wollen uns manche Hirnregionen verzweifelt auf das hinweisen, was durch die Augen wahrgenommen wird, während andere außer Betrieb sind. Ein Beispiel: In Holland wurden einem Patienten große Teile des Okzipitalkortex, also des Hirnbereichs im Hinterkopf, durch zwei aufeinanderfolgende Schlaganfälle zerstört. Auf den Hirnscans sind klar die Löcher zu sehen, wo eigentlich Gehirnmasse sein sollte, und auch über funktionelle Hirnmessungen wurde bestätigt, dass es im entsprechenden Bereich keine Aktivität mehr gab. Diese Art Schaden war etwas Besonderes: Oft ist entweder nur eine Seite des Gehirns betroffen, weil beide Hirnhälften jeweils ihre eigene Blutzufuhr haben, oder es sind noch andere Bereiche in Mitleidenschaft gezogen, sodass man nicht genau sagen kann, woher etwaige Verhaltensauffälligkeiten wirklich kommen.

Dieser Patient wird in der Forschung als T.N. bezeichnet. Da er selbst als Arzt gearbeitet hatte, war er sehr interessiert daran, gemeinsam mit dem Team festzustellen, wie sein Gehirn mit den Folgen des Schlaganfalls klarkam. Zunächst mal war T.N. vollkommen blind und benutzte einen Stock, um sich räumlich zu orientieren und Hindernissen auszuweichen. Ein erster Hinweis auf *Blindsight*, wie das Phänomen genannt wird, zeigte sich, als ihm in einem MRT-Scanner Bilder verschiedener Gesichtsausdrücke gezeigt wurden – angsterfüllt, wütend, glücklich – und seine Amygdala unter-

45 Das erklärt auch so manches scheinbar übernatürliche Phänomen: »Seit zehn Jahren habe ich nicht mehr an diesen alten Freund gedacht – heute dachte ich an ihn, und kurz darauf meldet er sich!« Wahrscheinlich ist der Freund einem in den zehn Jahren immer wieder durch den Kopf gegangen, was man ohne einen aktuellen Bezug aber einfach wieder vergessen hat. Wenn dann ein paar Stunden später das Telefon klingelt, haben wir den Gedanken noch im Gedächtnis und halten den Zufall für viel größer, als er tatsächlich ist.

schiedlich darauf reagierte. Die Amygdala lässt sich im Scanner sehr gut auffinden und reagiert normalerweise deutlich erkennbar auf emotionale Reize – daher war das in diesem Fall ein klares Zeichen[46] dafür, dass sein Gehirn die gezeigten Bilder noch irgendwo verarbeitete.

Die Forschungsgruppe startete nun einen praktischen Versuch und stellte sogar ein Video davon online: Auf dem Gang des Labors wurden Hindernisse aufgestellt – mehrere Mülleimer, ein Kamerastativ und eine Ablage mit einem großen Tannenzapfen (warum auch nicht) –, und T. N. wurde gebeten, ohne Hilfsmittel über den Gang zu gehen. Er selbst beteuerte, er könne nichts sehen, trotzdem wählte er einen Weg, der ihn an allen Hindernissen vorbeiführte, ohne mit einem zu kollidieren. Also ein klarer Fall von Blindsight. (Es wurde allerdings kritisiert, dass der Versuch nicht mit einer Augenbinde wiederholt wurde. Hätte T.N. seinen Weg dann immer noch gefunden, hätte man damit demonstriert, dass er sich vielleicht über den Klang eines Echos oder andere Strategien an den Hindernissen vorbeibewegt.) Blindsight beziehungsweise die kortikale Blindheit ist in den meisten Fällen allerdings nicht komplett. Es kann sein, dass es nur ein Auge betrifft und nur einen Teil des Sichtfeldes.

Aber wenn das generell vorkommen kann – dass man überzeugt ist, blind zu sein, aber das Gehirn noch sehen kann, was um einen herum vor sich geht –, gibt es dann auch den umgekehrten Fall: dass man blind ist, aber gleichzeitig davon überzeugt, sehen zu können?

46 So wie hier beschrieben klingt es wie ein eindeutiges Ergebnis, aber als jemand, der selbst genau solche Versuche durchgeführt und ausgewertet hat (nur nicht bei Leuten mit Blindsight), muss ich dazusagen, dass der Befund mit Unsicherheiten behaftet ist. Funktionelles MRT eignet sich nicht gut für Einzeluntersuchungen. Die Forschenden mussten bestimmte statistische Kontrollmechanismen ausschalten, die normalerweise bei allen Studien verlangt werden. Aber bei einem einzelnen Patienten geht es nicht anders, und das berichtete Ergebnis sieht für mich zumindest sehr plausibel aus.

Das gibt es auch, wenngleich noch seltener, und heißt *Anton-Syndrom*. Dabei besteht eine kortikale Blindheit, sodass die Betroffenen nichts sehen können, aber die Blindheit wird von den Betroffenen heruntergespielt oder komplett geleugnet. Gibt man ihnen einen Sehtest, denken sie sich einfach eine Antwort aus oder suchen sich eine Ausrede, zum Beispiel, dass der Raum zu dunkel sei.

Benannt ist das Syndrom nach Gabriel Anton; der österreichische Psychiater hat die Störung Ende des 19. Jahrhunderts erstmals medizinisch beschrieben. Aber interessanterweise gab es da bereits einen viel, viel älteren dokumentierten Fall: Nachdem der römische Philosoph Seneca der Jüngere um 62 nach Beginn unserer Zeitrechnung in den Ruhestand gegangen war, schrieb er zahlreiche Briefe, in denen er seine Weltsicht darlegte. Dabei beschwerte er sich auch in ruppigen Worten über Harpaste, ein Dienstmädchen seiner zweiten Frau. Unter anderem sei Harpaste plötzlich blind geworden und bestehe darauf, dass sie noch sehen könne und dass es in ihrem Zimmer nur zu dunkel sei. Leider nennt er keine weiteren Details, die darauf schließen lassen würden, was genau bei Harpaste los war, aber es klingt schon extrem nach dem ersten beschriebenen Auftreten des Anton-Syndroms (oder des Harpaste-Syndroms?). Seneca nimmt den Fall zum Anlass, darüber nachzudenken, welche »Fehler und Sünden« wir vielleicht auch bei uns selbst nicht wahrnehmen.

Für jemanden, der nicht von ihm betroffen ist, klingt dieses Syndrom bizarr: Warum gibt man nicht einfach zu, dass man nichts sehen kann? Aber so einfach ist das nicht. Wir können wie gesagt nur wahrnehmen, was das Gehirn uns wahrnehmen lässt. Wenn der Bereich, der bei Blindheit Alarm schlagen soll, außer Gefecht gesetzt ist, dann hat unsere Psyche nicht die Möglichkeit, die Blindheit als solche zu akzeptieren. Wenn unser Gehirn »deine Sehfähigkeit funktioniert einwandfrei« meldet, dann ist das unsere Realität. Blindheit steht in dem Fall nicht mehr als mögliche Erklärung zur Verfügung. Derselbe Effekt kann auftreten, wenn man nicht komplett blind wird, sondern die visuelle Wahrnehmung langsam abnimmt.

Und auch bei anderen Problemen kann sich eine Anosognosie zeigen, das Verleugnen der Krankheit. In dem Fall verhält sich das Gehirn ähnlich wie beim Anton-Syndrom und denkt sich andere Erklärungen aus. Das kann negative Auswirkungen auf die Psyche haben. Aussagen wie »Ich bin nicht schwerhörig, sondern alle flüstern. Was haben sie zu verbergen?« oder »Mein Gedächtnis ist in Ordnung, ich habe nichts verlegt, also muss mich jemand beklaut haben« kennt man von Leuten, deren Gehör oder Erinnerungsleistung abnimmt. Was für andere in der Situation wie eine billige Ausrede klingt oder nach Abwälzen der Schuld, kann durchaus einfach davon kommen, dass das Gehirn meldet, die Sinne seien in Ordnung, und daher eine Erkrankung als Erklärung ausschließt.

Selbst heute, wo so viel erforscht ist und sich jedes beliebige Syndrom in Sekundenschnelle googeln lässt, haben wir teils massive Schwierigkeiten, in einer Situation zu verstehen, was in den Betroffenen vor sich geht. Wie muss das dann erst vor Tausenden von Jahren gewesen sein?

KAPITEL 23 | LIBBU

Warum antike Keilschriften von gebrochenen Herzen reden

In vielerlei Hinsicht waren die Menschen der frühesten Hochkulturen schon genauso wie wir heute. Die Leute wollten essen, mal ein Bier trinken und mit denen zusammen sein, die sie lieben. Sie haben Sport gemacht, Brettspiele gespielt und sich (vermutlich) über hohe Steuern beklagt. Gleichzeitig ist die Vergangenheit bekanntlich ein fremdes Land, und je weiter zurück wir ins Altertum schauen, desto fremder erscheint uns oft genug, was wir erblicken, zum Beispiel das Verständnis von körperlichen wie geistigen Gesundheitsproblemen. Im alten Babylon sollte eine Beschwörung bei einer schweren Geburt helfen: »Die gottbegnadete Hebamme wartet auf dich. [...] Zum Türschloss sagt sie ›Du wirst entriegelt, deine Türriegel sind gelockert, deine Türen verbleiben aufgeschlossen.‹ Lass ihn gegen die Tür treten.«

Da kommen uns gleich mehrere Dinge sonderbar vor. Zum einen die Idee, beim Geburtsvorgang könne eine Beschwörung helfen. Zum anderen vielleicht auch die Metapher einer verschlossenen Tür als Sinnbild für eine komplizierte Geburt. Aber da denke ich – wie so oft – an die vielleicht beste[47] Folge von *Raumschiff Enterprise – Das nächste Jahrhundert* (inzwischen auch in Deutschland besser bekannt als *Star Trek: The Next Generation*). In der Folge mit dem Titel *Darmok* landet der Captain der Enterprise zusammen mit dem eines Alien-Schiffes auf einem Planeten, wo sie sich gegen ein Monster wehren müssen. Das Problem dabei: Sie verstehen einander nicht. Das ist sehr ungewöhnlich für *Star Trek* – üblicherweise sprechen alle Alien-Spezies eine Sprache. Erklärt wird das mit Zukunftstechnologie, die alles direkt simultan übersetzt. Allerdings hat die Spezies in dieser Folge etwas Besonderes: Sie spricht ausschließlich in Metaphern aus ihrer Mythologie. Also so, wie wenn es bei uns kein Wort für »Held« gäbe und wir stattdessen »Siegfried« sagen würden, oder keinen Begriff für »Witzbold«, sondern wir würden »Chandler von *Friends*« sagen. Und damit kann der automatische Übersetzer in der Serie nichts anfangen: Die Worte kann er zwar übersetzen, aber es kommt dann so etwas raus wie »Darmok und Jalad auf Tanagra«, ohne eine Erklärung, was das bedeutet.

47 Jaja, *Star Trek*-Nerds, ich weiß doch: Die beste Folge ist *Das zweite Leben* aus Staffel fünf. Die ist auch auf Platz 1 nach der User-Wertung der Internet Movie Database. Aber ist euch eigentlich schon mal aufgefallen, dass es in der Folge um eine Bracewell-Sonde geht, die wir in Kapitel 6 besprochen haben?

Die Episode sagt uns, dass Sprache immer nur in ihrem kulturellen Kontext komplett verstanden werden kann. Und der Text der Beschwörung ist weit über 3000 Jahre alt – damals waren die Vorstellungen der Welt einfach noch etwas anders. Und übrigens findet unser Captain auch die Lösung für das Problem. Um seinem Alien-Kollegen entgegenzukommen, erzählt er ihm vom ältesten Mythos, den wir Menschen kennen: dem Gilgamesch-Epos. Das stammt ebenfalls aus dem alten Babylon.

Wenn es euch überrascht, dass wir Heldensagen aus derart weit zurückliegender Zeit kennen oder den Wortlaut medizinisch eingesetzter Beschwörungen, dann seid ihr nicht allein. Aus irgendeinem Grund erfahren wir meist nur von ganz bestimmten alten Kulturen, und alle anderen fallen unter den Tisch. Ihr mögt denken, die Menschheit habe als Jäger und Sammler gelebt, bis aus dem Nichts das ägyptische Reich entstand, und von da aus habe sich alles Weitere entwickelt. Obwohl Ägypten natürlich auch superinteressant ist, entspricht das so nicht der Wahrheit. Zur selben Zeit – und sogar davor – gab es andere faszinierende Kulturen, über die man eigentlich recht viel weiß. Ihr werdet staunen, wie viel wir von antiken Keilschriften gelernt haben und heute noch jeden Tag lernen.

Die Keilschrift ist die erste Schrift, die uns bekannt ist, und entstand in der Region, in der heute der Irak und Syrien liegen, aber man findet sie auch weit darüber hinaus. Der Einfachheit halber wird häufig »Mesopotamien« dazu gesagt, ein Begriff für die grobe Region, in der sich diese alten Kulturen befanden. Von Babylon habt ihr gehört, aber je nach Zeit und Ort sprechen wir auch von Sumer, Akkad, Elam, Assyrien und noch weiteren. Die Keilschrift heißt so, weil sie mit einem keilförmigen Stift oder Griffel in frischen Ton gedrückt wurde. Man findet sie auch in Stein oder Metall oder auf mit Wachs überzogenen Holzbrettern. Etwa zu der Zeit, als unsere Zeitrechnung beginnt, nimmt der Gebrauch der Keilschrift ab, davor wurde sie etwa 3000 Jahre lang verwendet, war also ein unglaublich beständiges Schreibsystem. Natürlich blieb die

Schrift nicht unverändert. Auf frühen Tontafeln findet man Symbole, die eher wie Emojis aussehen (zum Beispiel eine Krugform für »Bier«), später werden die Zeichen abstrakter. Man darf auch nicht vergessen, dass mithilfe der Keilschrift ganz unterschiedliche Kulturen und Sprachen abgebildet wurden, Sumerisch etwa, die früheste überlieferte Sprache der Welt.[48]

Die Schrift sieht aus, als wären wild gewordene Hühnchen über die Tontafel marschiert. Auf den ersten Blick scheint es vollkommen unmöglich, da auch nur irgendwie schlau draus zu werden. Dass wir antike Keilschriften heute lesen können – einzelne Menschen können es sogar fließend –, ist für mich ein absolutes Wunder der Wissenschaft, so beeindruckend wie ein Weltraumteleskop oder die Technik, Texte ins Genom von Bakterien zu schreiben.[49] Viele Forschende haben sich lange damit beschäftigt, den Code der Keilschriften zu verstehen. Ein Schlüsselmoment war die Abschrift und Auswertung der Behistun-Inschrift im Iran vor knapp 200 Jahren. Dieser Text wurde im Zuge eines riesigen Reliefs in einen Fels geschrieben, und zwar in drei verschiedenen Sprachen beziehungsweise Schriftarten: Altpersisch, Akkadisch und Elamisch; die letzten beiden sind Keilschriften.

Als Schlüssel zum Verständnis der Keilschrift ist die Behistun-Inschrift nicht weniger bedeutend als der im Nildelta gefundene Rosettastein, mit dessen Hilfe die Hieroglyphen entziffert wurden.

48 An dieser Stelle sei auf *Snow Crash* hingewiesen, den extrem einflussreichen Science-Fiction-Roman von Neal Stephenson. Das spannende Buch hat wirklich alles, was man sich als Nerd wünschen kann. Es soll das Design von Google Earth beeinflusst haben und ist auch der Grund, warum wir eine virtuelle Repräsentation von uns selbst heute als »Avatar« bezeichnen. Ein Teil der Handlung bezieht sich auf die Idee, dass unser Gehirn wie ein Computer ist und verschiedene Sprachen wie Programmiersprachen funktionieren. Sumerisch sei dabei das zugrunde liegende System und könne dazu verwendet werden, Gehirne durch einen Hack lahmzulegen.

49 Wenn ihr das nicht so seht, ist das okay – dann besteht aber die Möglichkeit, dass ihr keine generellen Wissenschafts-Nerds seid, sondern spezifisch Naturwissenschafts-Nerds. Aber manche meiner besten Freunde sind Naturwissenschafts-Nerds.

PITPATPITPATPITPAT

Und ich will hier noch mal darauf zurückkommen, was ich in Kapitel 5 die in diesem Buch mitschwingende Kernfrage nannte: Wieso gilt die eine Tatsache als »wissenswert« und die andere nicht? Warum zum Henker kennen wir den Rosettastein, aber bei der Behistun-Inschrift musstet ihr erst nachschauen, ob es einen Wikipedia-Eintrag dazu gibt? Ich weiß, Google-Ergebnisse sind nicht immer aussagekräftig, aber ich erhalte für »Behistun-Inschrift« weniger als ein Prozent der Menge an Ergebnissen, die mir bei »Stein von Rosette« angeboten werden, nach dem Raumsonden und eine Sprachsoftware benannt sind. Aus irgendeinem Grund sind Keilschriften nerdig und Hieroglyphen … zumindest etwas weniger nerdig und etwas mehr Mainstream. Vielleicht liegt es mit daran, dass die bildhaften Hieroglyphen auf den ersten Blick viel zugänglicher sind.

An einem Mangel an Wissen kann es jedenfalls nicht liegen: Alles in allem hat man bereits über eine Million Schriftstücke in Keilschrift gefunden. Gut, viele sind Fragmente oder Schreibübungstafeln, die inhaltlich nichts über die Kultur sagen (außer immerhin, dass das Schreiben damals systematisch gelehrt wurde). Und es sind so viele, dass erst ein Bruchteil davon gelesen wurde – neuerdings wird auch künstliche Intelligenz eingesetzt, um die Texte auszulesen. Aber das, was wir bereits erforscht haben, vermittelt uns ein unerwartet reichhaltiges Bild der Völker und Kulturen aus dieser Zeit.

Das vielleicht eindrücklichste Beispiel, das uns auch zum eigentlichen Punkt dieses Kapitels führt, ist das sogenannte Diagnostische Handbuch. So was kennen wir heute noch – das DSM zum Beispiel, kurz für Diagnostisches und Statistisches Manual, ist für Psycholog:innen unentbehrlich –, aber hier meine ich eine umfassende Ansammlung von Tontafeln mit Beschreibungen von Symptomen, die Ärzt:innen als Behandlungsgrundlage dienen sollten. (Bevor ihr fragt, warum hier gegendert wird: Ja, es gab Ärztinnen, der Beruf war nicht ausschließlich Männern vorbehalten. Die am besten belegte Ärztin trug den Namen Ubartum.) Es sind teils ganz simple Dinge dabei, die nahelegen, dass vor allem als wichtig empfundene Muster dokumentiert werden sollten. Zum Beispiel: »Ist sein Urin wie Milch, wird er sich erholen.« – »Ist sein Urin schwarz, ist er von der tödlichen Krankheit betroffen, er wird sterben.« Abgesehen davon, dass die Aussagen zu große Allgemeingültigkeit suggerieren, macht so was ja erst mal Sinn. Andere Einträge kommen uns eher rätselhaft vor: »Wenn sich der Teint eines Mannes ändert, seine Augen herumrollen, seine Augen zu schielen beginnen, er beständig seine Lippen und sein Kinn kratzt, unaufhaltsam Blut aus seiner Nase läuft: Der Gallû-Dämon hat diesen Mann ergriffen.«

Medizin und Mythologie lagen damals nicht so weit auseinander wie heute: Krankheiten und Heilungen wurden durchaus auch auf die Taten von Göttern, Dämonen oder Geistern zurückgeführt. Außerdem, denkt an die *Star Trek*-Folge: Woher wollen wir wissen, dass »Gallû-Dämon« nicht der normale, rational-medizinische Begriff für eine Krankheit war? Wir haben in der Medizin heute auch noch den Begriff »Priapismus« für eine schmerzhafte, andauernde Erektion, benannt nach einem griechischen Fruchtbarkeitsgott.[50]

Ein besonders informationsreiches Wort aus diesen Texten ist *libbu*. Das wird häufig mit »Herz« übersetzt, scheint aber manchmal auch für andere innere Organe zu stehen. Nach den Beschreibungen ist libbu ein Körperelement, das auch trauern oder sich erschrecken kann. Die Wendung »sein Herz hängt tief« wird mit

50 In der Klassifikationsliste ICD-10, nach der auch in Deutschland Diagnosen gestellt werden, hat Priapismus den Kenncode N48.3, nach dem die Band Die Ärzte einen Song benannt hat. Ihr dürft selbst erraten, worum es in den Lyrics geht. Allerdings ist das ICD-10 ein Auslaufmodell und wird bald durch das ICD-11 ersetzt werden. Solche Systeme müssen gelegentlich von Grund auf neu überdacht und angepasst werden, zum Beispiel weil wir bestimmte Störungen inzwischen besser verstehen, was dann Auswirkungen auf die Diagnostik hat. Daher diese Info an Bela, Farin und Rod: Wenn ihr den Song mal neu auflegt, muss er dann GB06.1 heißen.

Symptomen in Verbindung gebracht, die nach heutigem Verständnis wie eine Depression klingen. Der Satz »ich sterbe an gebrochenem Herzen« ist zu lesen – ganz erstaunlich, dass der Kummer damals wie heute mit dem Herzen in Verbindung gebracht wird, schließlich ist das auch nur so 'n Muskel. Klar, wenn er nicht mehr funktioniert, sterben wir, aber bei den Muskeln, die unsere Lungenflügel aufziehen, ist das auch der Fall. Warum ist seit Jahrtausenden das Herz der gefühlte Sitz menschlicher Emotion? Ich vermute, es liegt daran, dass es am schnellsten, am ehesten spürbar auf unsere emotionale Welt reagiert. Wenn ich mich erschrecke, rast mein Herz. Und selbst wenn mir längst klar geworden ist, dass es nur ein Schreck war und nichts Ernstes, braucht mein Herz noch einen Moment, um wieder runterzukommen. In dem Sinn steht das Herz dafür, dass unser Körper manchmal seinen eigenen Kopf hat.

Von allen bisherigen Themen war das der Keilschriften für mich das »obskurste« Thema – insofern, als man im Verhältnis tiefer graben muss, um Originalstudien zu finden, und dort dann meist immer wieder den gleichen Autor:innen begegnet.[51] Ich finde, wir brauchen da viel mehr Aufmerksamkeit. Es gibt klassische und/oder groß produzierte Filme über das Römische Reich, das alte Ägypten, sogar die Steinzeit. Aber für Keilschriften oder die Kulturen, für die sie stehen, muss man in der Popkultur länger suchen. Hier und da sieht man welche im Hintergrund (der Hauptcharakter aus der Serie *Lucifer* hat welche an der Wand seiner Wohnung, und der mystische Stöpsel aus dem Serienfinale von *Lost* trug welche). Im ersten *Wonder Woman*-Film hat sich jemand von der Ausstattung so große Mühe gegeben, dass eine Assyriologiestudentin den Inhalt der Keilschrift in einem Notizbuch teilweise entschlüsseln konnte – immerhin!

51 Eine davon, Dr. Moudhy Al-Rashid, ist ein Nerd der ganz besonderen Art: Sie ist eine führende Expertin und kann akkadische Keilschriften einfach so vorlesen. Gleichzeitig stemmt sie in ihrer Freizeit riesige Gewichte und schreibt an einem Roman über das antike Mesopotamien.

Aber abgesehen davon lassen Hollywood und die Popkultur allgemein dieses sehr spannende Thema links liegen. Wer weiß, vielleicht gibt es eines Tages ein definitives Buch, das antike Keilschriften im Alleingang in die öffentliche Wahrnehmung bringt. Das hat ja bei einem ganz anderen Thema schon mal gut funktioniert.

KAPITEL 24 | HELA

Wenn man die Medizin mit ihrer eigenen Vergangenheit konfrontiert

In den späten Achtzigerjahren erzählte ein US-amerikanischer Dozent namens Donald Defler in einer Vorlesung, wie faszinierend die Zellen in unserem Körper doch sind. Zur Veranschaulichung kam er auf den Fall Henrietta Lacks zu sprechen: Sie hatte an einer schweren Ausprägung von Gebärmutterhalskrebs gelitten. Ihre Behandlung blieb erfolglos, sie starb 1951 an der Krankheit. Vor ihrem Tod aber wurden ihr Zellen entnommen, die eine besondere Eigenschaft hatten: Sie waren unsterblich. Genauer gesagt teilten und kopierten sie sich auch nach Ablauf einer Frist weiter, in der andere Körperzellen bereits abgestorben wären. Jahrzehntelang wurden sie in verschiedenen Laboren untersucht. Wie Defler sagte, hatten Lacks' Zellen bereits mehr Zeit außerhalb ihres Körpers verbracht als darin. Für ihn waren diese HeLa-Zellen, wie man sie nannte, mit das wichtigste Phänomen in der Medizingeschichte der letzten 100 Jahre. Und außer, dass sie eine schwarze Frau gewesen sei, wüsste man praktisch nichts über die Patientin.

Über den Menschen Henrietta Lacks war nichts bekannt, es interessierte niemanden – viele medizinische Werke gaben als Ursprungspatientin der HeLa-Zellen inkorrekt »Harriet Lane« oder »Helen Lane« an. Ihre Zellen aber sorgten für Furore: Aus ihnen wurde die erste Kultur menschlicher Zellen angelegt. Üblicherweise sterben menschliche Zellen nach vierzig bis fünfzig Zellteilungen, aber HeLa-Zellen konnten einfach weitermachen und daher unbegrenzt lange untersucht werden, selbst wenn sie zwischendurch zum Transport eingefroren wurden. Die Wissenschaft bekam dadurch ein vollkommen neues Werkzeug an die Hand. Wenn die Zellforschung ein Videospiel wäre, dann wäre die Buchstabenkombination »HeLa« ein Cheatcode, der den Energiebalken entfernt[52]: Plötzlich konnte man tun, was man wollte, und alles beliebig oft neu ausprobieren. Es heißt, wenn man alle jemals gezüchteten HeLa-Zellen nebeneinanderlegen könnte, würden sie dreimal um die Erde herumreichen.

Wenige Jahre nach ihrer Entdeckung waren die HeLa-Zellen bereits unverzichtbar bei der Entwicklung des Polio-Impfstoffs.[53] Als man herausfand, dass sich die Zellen mit Polio infizieren ließen, ergab sich die Möglichkeit, Impfstoffe ausgiebig auf Zellebene zu testen. Allein das ist schon ein Vermächtnis, dessen Bedeutung für die Menschheit gar nicht zu ermessen ist. Seither waren die Zellen im Weltraum, heute helfen sie im Kampf gegen Aids und Krebs. Und es gibt eine gewisse Studie mit HeLa-Zellen, von der wohl jede:r von uns schon mal gehört hat. Der Titel lautet übersetzt »Ein Ausbruch von Lungenentzündung in Verbindung mit einem neuen Coronavirus mit vermutetem Ursprung in Fledermäusen«, einge-

52 Also so wie der Code »iddqd« bei *Doom*. Oder wie der Code oben-oben-unten-unten-links-rechts-links-rechts-B-A-Start bei verschiedenen Nintendo-Spielen von Konami.

53 Der Entwickler dieser Impfung, Jonas Salk, wuchs in einem Milieu ohne viel Geld und Bildungshintergrund auf. In meiner Vorstellung erklärt das mit, dass er in einem Interview auf die Frage, wem das Patent der Impfung zustehen sollte, etwas verwirrt reagierte: »Na ja, äh, den Menschen, würde ich sagen. Es gibt kein Patent. Könnten Sie die Sonne patentieren?«

reicht am 20. Januar 2020 von einer Arbeitsgruppe in Wuhan, China. Das neu entdeckte Virus heißt in der Studie noch »2019-nCoV BetaCoV/Wuhan/WIV04/2019« – ich nehme an, wenn sie geahnt hätten, was daraus wird, hätten sie sich gleich einen griffigeren Namen ausgedacht.

Das Team ermittelte rasch eine Ähnlichkeit zwischen diesem Virus und dem, das wir von der SARS-Pandemie 2003 kennen. Man wusste auch schon, dass dieses frühere Coronavirus über ein bestimmtes Molekül in die menschlichen Zellen gelangt, ACE2, das sich an der Oberfläche mancher Zellen befindet. Schnell zeigte sich, dass das neue Virus nur solche HeLa-Zellen infizieren konnte, die dieses Molekül hatten. Dank der Zellen von Henrietta Lacks wusste man die allerwichtigsten Dinge über SARS-CoV-2 im Grunde bereits unmittelbar nach seiner Entdeckung. Die historisch schnelle Entwicklung von COVID-Impfstoffen wäre ohne sie nicht möglich gewesen.

Aber lange vor der Pandemie waren die Zellen fester Bestandteil der Medizingeschichte, schon 1988 im Lehrsaal von Donald Defler. Dort saß eine 16-Jährige namens Rebecca Skloot, die den Kurs belegte, um ihre Highschool-Noten in den Griff zu bekommen. Nach der Vorlesung blieb ihr der Widerspruch im Kopf, dass wir so unglaublich viel über Henrietta Lacks' Zellen wussten, aber nichts über die Person an sich. Sie ging auf die Suche nach Informationen, was letztlich zu einer Karriere als Wissenschaftsautorin führte und zu einem Buch, das die Geschichte der Lacks-Familie endlich an die Öffentlichkeit brachte.[54] Und sie förderte damit auch sehr unangenehme Wahrheiten über das Vorgehen von Medizin und Wissenschaft zutage.

54 Sowie auch zu einem Film, in dem Skloot von Rose Byrne dargestellt wird. Henrietta Lacks wird gespielt von Renée Elise Goldsberry, aus meiner Sicht eine der beeindruckendsten Sängerinnen unserer Generation. Der Track »Satisfied« in der Originalbesetzung des Musicals *Hamilton* wird mir nie keine Gänsehaut bereiten.

Zunächst mal wurden die Zellen entnommen, verarbeitet und verbreitet, ohne die Einwilligung der Patientin oder ihrer Familie einzuholen. Das noch heute sehr bekannte Krankenhaus, in dem Henrietta Lacks damals behandelt wurde, betont inzwischen auf seiner Website, es habe damals keinen Rechtsrahmen dafür gegeben, sodass einfach kreuz und quer Zellen entnommen und verbreitet werden konnten. Man erwähnt auch, dies sei unabhängig von der Hautfarbe oder dem sozioökonomischen Status der Patient:innen geschehen.

Falls euch dieser Satz etwas verdächtig vorkommt, habt ihr vollkommen recht: Es ist sehr fraglich, ob man den Willen der Patientin tatsächlich genauso ignoriert hätte, wenn sie reich oder weiß gewesen wäre. Das Krankenhaus will sich heute gegen Anschuldigungen des Rassismus wehren, aber Tatsache ist, dass schwarze Patient:innen in den USA damals schlechter behandelt wurden als weiße – und das ist vielfach sogar heute noch der Fall. Henrietta Lacks starb mehrere Jahre vor dem Aufkommen der Bürgerrechtsbewegung, die das Ende der legalen Diskriminierung von Schwarzen zum Ziel hatte. Die strukturellen Nachteile, gegen die schwarze Amerikaner:innen anzukämpfen haben, führen immer noch dazu, dass Autismus-Diagnosen bei ihren Kindern später gestellt werden und dass schwarze Patient:innen eine höhere Todesrate nach Krebsoperationen aufweisen. Sosehr sich das Krankenhaus also auf die damals ungeklärte Rechtslage beruft: Die Herkunft der HeLa-Zellen lässt sich nicht ohne den Rassismus-Kontext diskutieren.

Man bekommt den Eindruck, dass der Medizin die Belange der Lacks-Familie für die längste Zeit ziemlich egal waren. In den Siebzigern erhielt Henriettas Witwer einen Anruf: Die HeLa-Zellen hatten andere Kulturen kontaminiert. Die Forscher:innen waren nun auf der Suche nach DNA-Proben der Familie; mit ihrer Hilfe sollten die Zellen besser erkannt und so die Kontamination in den Griff bekommen werden. Aber das wurde nicht auf eine Art vermittelt, die Mr. Lacks hätte verstehen können: Er wusste zu diesem Zeitpunkt nicht, was eine Zelle ist, geschweige denn, dass entnommene Zellen seiner verstorbenen Frau zu einer wissenschaftlichen Revolution geführt hatten. Aus dem Telefonat nahm er mit, dass seine Frau irgendwie noch am Leben war und man das Krebsrisiko seiner Kinder überprüfen wollte. Das hätte nicht so laufen dürfen – es war die Arroganz der Wissenschaft, die in der Familie zu Verwirrung und Angst führte.

Für sie begann ein Kampf um die Anerkennung als Teil der Medizingeschichte. Auch dank des Buchs von Rebecca Skloot gelang das später. Heute gibt es unter anderem eine Statue von Henrietta Lacks an der Universität Bristol. Das ist eine sehr schöne Entwicklung, bedenkt man das frühere Desinteresse an der Geschichte, das laut Skloot bei mehreren angesprochenen Verlagen bestand.

Es ist ja nicht gesagt, dass ein wertvolles Projekt immer auch gefördert und produziert wird. Fragt man einen Film-Nerd, was der größte Film ist, der nie gedreht wurde, ist die Antwort ganz klar: *Dune*, nach dem Science-Fiction-Roman von Frank Herbert. Moment mal, sagt ihr jetzt, gibt es nicht einen *Dune*-Film? Absolut, inzwischen sogar mehrere. Aber lange vorher, in den Siebzigern, gab es bereits Pläne für eine Filmversion, und die Produktion hatte es in sich: Salvador Dalí sollte den Bösewicht spielen, Orson Welles sollte dabei sein, ebenso Mick Jagger. Das Design stammte von der französischen Comic-Legende Moebius, die Musik sollte von Pink Floyd kommen. Was für ein Projekt! Letztlich fiel es komplett auseinander. Manche schieben die Schuld auf den Regisseur, der für den Film eine Dauer von zehn bis zwölf Stunden für angemessen hielt. Stattdessen gab es wenige Jahre später einen Film mit verdächtig ähnlicher Handlung, der massentauglicher war: *Star Wars – Krieg der Sterne*. Der Rest ist Nerd-Geschichte.

Aber selbst ein gecanceltes Projekt muss nicht ohne Folgen bleiben: Der Verantwortliche für Spezialeffekte traf dadurch auf den Schweizer Künstler H.R. Giger und plante mit ihm ein neues Filmprojekt mit dem Arbeitstitel *Star Beast*. Daraus sollte der *Alien*-Franchise werden, eine der einflussreichsten Filmreihen des Sci-Fi-Kinos. Es geht um eine gruselige außerirdische Spezies, die ihre Larven in (meist überraschte) Menschen legt, aus denen sie später herausbrechen – selbst wer nie einen der Filme gesehen hat, kennt die Szene, in der das Konzept zum ersten Mal demonstriert wird. Der Moment, als das Alien aus Kanes Oberkörper schießt, ist tief in unserem kulturellen Gedächtnis verankert.

Wie kommt man auf so eine grausige Idee? Der Xenomorph, wie das Alien aus *Alien* genannt wird, ist inspiriert von parasitären Wespen, die es in der echten Welt gibt. Sie legen ihre Eier im oder auf dem Körper eines anderen Tieres ab, meist Insekten, was später zum Tod des Wirtes führt. Ziemlich ähnlich, wie es der Xenomorph bei den Menschen macht – inzwischen wurde eine ausgestorbene

Gattung parasitärer Wespen sogar *Xenomorphia* genannt, zu Ehren dieses Filmbösewichts.

Den armen Menschen im Film wird also einiges angetan, was im echten Leben nur wirbellosen Tieren passiert. Aber wäre der Drehbuchautor von einem anderen realen Parasiten inspiriert worden, hätte es für die Crew des Raumschiffs *Nostromo* noch viel schlimmer kommen können …

KAPITEL 25 | OPHIOCORDYCEPS UNILATERALIS

Warum eine Ameise vor Millionen von Jahren in ein Blatt gebissen hat

Evolution findet nie im Vakuum statt – jede Art entwickelt sich immer im Zusammenspiel mit den Arten um sie herum. Daher überrascht eigentlich nicht, dass das Reich der Tiere und Pflanzen voll von Parasitentum ist, einer spezifischen Form der Symbiose. Wir Menschen sind ja eher Allroundtalente – wir essen, was auf den Tisch kommt, und wenn unsere Umgebung nicht mehr für uns funktioniert, bauen wir irgendwas dagegen oder ziehen zur Not um. Diese Idee der Flexibilität als Erfolgskonzept muss man sich ganz schnell aus dem Kopf schlagen, wenn man sich mit Parasiten beschäftigt. Sie stellen sich oft ganz genau auf die Gegebenheiten ein, die sie im Wirt vorfinden. Zugleich entwickelt der Wirt häufig Schutzmechanismen, für die der Parasit wiederum Mittel entwickeln muss, um sie zu überwinden. Dieses Wettrüsten führt dazu, dass wir in der Umwelt Parasiten finden, die unvorstellbar präzise auf ihren Wirt eingestellt sind.

Nehmen wir *Ophiocordyceps unilateralis*, einen parasitären Pilz, der sich Ameisen als Wirt sucht. Sein Lebenszyklus sieht so aus: Eine Ameise, die außerhalb ihrer Kolonie unterwegs ist, fängt sich eine mikroskopisch kleine Spore des Pilzes ein. Diese Spore vermehrt sich auf dem Körper der Ameise, ohne zunächst ihr Verhalten zu beeinflussen. Hat sich O. unilateralis aber ausreichend vermehrt, finden sich die Pilzzellen in der Ameise zusammen, schicken gezielt Chemikalien in ihr Gehirn und breiten sich in ihr Muskel-

gewebe aus. Wenn ihr euch an die Schleimpilze aus Kapitel 19 erinnert, wird euch das noch nicht umhauen. Aber die Konsequenz daraus ist erstaunlich: Der Pilz manipuliert fortan das Verhalten der Ameise. Sie tapst als Zombie umher, verlässt die Kolonie und sucht einen ganz bestimmten Ort auf: ein Blatt, das hoch über einem Untergrund hängt, der günstig für Pilzwachstum ist. Die Ameise hängt sich an die Unterseite des Blattes und beißt mit ihren starken Kiefern hinein, sodass sie über ihren Tod hinaus dort hängen bleibt – das ist der »Todesgriff«. Manche der Pilzzellen treten dann aus ihrem Körper aus und helfen dabei, die Ameise an der Blattunterseite festzukitten. Andere fressen das Innenleben der Ameise auf. Dann bildet sich aus dem Halsschild beziehungsweise *Pronotum* (oder sagen wir einfach: Nacken) der Ameise ein riesiger Stiel: ein Fruchtkörper, aus dem neue Sporen hervortreten und den ganzen Zyklus neu starten.

Noch immer wird stark beforscht, wie das genau funktioniert. Zum Beispiel hat man erst kürzlich festgestellt, dass die Ameisen üblicherweise um die örtliche Mittagszeit herum in das Blatt beißen – und das sowohl in Thailand wie auch in Nordamerika. Bringt man sie jedoch ins Labor, verschiebt sich dieses Verhalten zeitlich. Daraus entstand die Idee, dass die Parasiten die Tagesstruktur der Ameisen ausnutzen. Wie wir Menschen haben auch Ameisen eine innere Uhr, nach der sie sich ausrichten. Bei uns führt das etwa dazu, dass Schutzmechanismen wie die Entzündungsreaktion am Tag aktiver sind als nachts. Es würde sehr einleuchten, wenn das bei Ameisen ähnlich wäre und dann auch von den Parasiten ausgenutzt würde.[55]

Andere Forschende haben festgestellt, dass es »Friedhöfe« mit getöteten Zombie-Ameisen gibt: Da sie von den Parasiten an be-

55 Genau daran forscht Dr. Charissa de Bekker, mit der ich mich darüber unterhalten habe. Sie ist zudem ein ganz besonderer Nerd: Sie begeistert sich für Punkrock und Metal und hat den schwarzen Gürtel in Jiu Jitsu.

stimmte Orte gesteuert werden, die besonders günstig für sie sind, findet man Stellen, an denen besonders viele Ameisen dahingerafft wurden. Besonders erstaunlich: Bei ihrer Studie stieß die Forschungsgruppe in diesen Bereichen auf über 2000 tote Ameisen und nur auf zwei lebende – offenbar machen die Ameisen, solange sie noch können, einen großen Bogen um die Zombie-Friedhöfe. Das war in Thailand; aber der aus meiner Sicht abgefahrenste Befund stammt aus Deutschland, und zwar aus der Grube Messel.[56] Dort fand man das Fossil eines Blattes mit den typischen Beißabdrücken einer Zombie-Ameise – genau an den Stellen und in der Form wie heute. Nur dass dieses Blatt vor 48 Millionen Jahren an einem Baum gesprossen war.

Ich bin zwar einigermaßen bewandert in Zombie-Medien, aber mir fällt keine Geschichte ein, in der es Zombies schon vor Millionen von Jahren gegeben hat. Das ist einer dieser Fälle, wo die echte Welt noch durchgeknallter ist als die ausgedachte. Wahrscheinlich deshalb begegnet man O. unilateralis inzwischen auch immer öfter in den Medien, vor allem in Videospielen. In dem exzellenten Survival-Horror-Spiel *Resident Evil 4* ballert man sich durch Reihen von Dorfbewohnern, die mit einem Parasiten namens Las Plagas infiziert sind (hier explizit *nicht* als Zombies bezeichnet, im Gegensatz zu anderen Spielen in der Reihe), und findet nebenher Notizen eines Forschers, der die Krankheit mit O. unilateralis in Verbindung bringt. Und in der hochgelobten PlayStation-Spielreihe *The Last of Us* wurde die Zivilisation durch eine neue Spezies des Pilzes zerstört, und infizierte Mutanten, die zu-

56 Vor Millionen Jahren gab es den Messeler See, in dem sich ungewöhnlich viele Tierkadaver erhalten haben; wahrscheinlich ließ die Wasserzusammensetzung nur wenige zersetzende Bakterien zu. In der modernen Zeit wurde in der Grube nahe Darmstadt Ölschiefer abgebaut, obwohl man recht früh merkte, dass man dabei zahlreiche Tier- und Pflanzenfossilien ausgrub. Einer der spannendsten Funde ist ein winziges Urpferdchen, ausgewachsen nicht mal einen halben Meter lang, von dem ein Abdruck des Mageninhalts erhalten wurde.

nehmend mehr aus Pilzbewuchs bestehen, bedrohen den Rest der Menschheit.

Es gibt seit Jahrzehnten Geschichten über Wesen, die den Verstand von Menschen übernehmen können – nur kamen sie meist aus dem All. Dass es denselben Grusel bereits hier auf der Erde gibt (wenn auch nur für Ameisen), wurde den Geschichtenerzähler:innen erst in den letzten Jahren bewusst. So hat die Forschung immer einen doppelten Nutzen: Wir lernen mehr über die Welt und erhalten Inspiration für großartige neue Filme und Videospiele. Wobei manche Spiele natürlich immer noch eine komplett ausgedachte Handlung haben, die nichts mit echter Forschung zu tun hat.

Wer den *Tomb Raider*-Franchise nur »von außen« betrachtet, übersieht womöglich, wie durchgedreht die Handlung eigentlich ist. Der erste Atombombentest der Geschichte erweckt da versehentlich eine alte Herrscherin von Atlantis wieder zum Leben, die dann eine Großindustrielle wird und die Menschheit mit Mutanten überfluten möchte. Dafür verwendet sie den *Scion*, ein antikes, rundes Gerät mit Zeigern, Zahnrädern und alten Inschriften. Die zufällige Entdeckung uralter Technologie, die weit über das von antiken Kulturen Erwartete hinausgeht und deren Geheimnisse rätselhaft und schwer zu lüften sind – das alles ist leider reine Fantasie und viel zu verrückt, um in Wirklichkeit zu passieren. Es sei denn, es passiert doch.

KAPITEL 26 | ANTIKYTHERA-MECHANISMUS

Warum eine Buchpresse nicht im Vakuum entsteht

Vor über 120 Jahren stießen Schwammtaucher zufällig auf ein Schiffswrack vor der kleinen Insel Antikythera zwischen Kreta und dem Peloponnes. Es barg einen wahren Schatz antiker griechischer Kunst, darunter auch ein Objekt, dessen Rang erst nach und nach erkannt wurde: ein beschädigter Klumpen, ursprünglich in einem Holzgehäuse, dem man ansieht, dass er eine mechanische Funktion gehabt haben musste. Er wurde als Antikythera-Mechanismus bekannt und gab Rätsel auf. Schnell wurde er als antike Rechenmaschine interpretiert. Obwohl er im Lauf der Untersuchungen in mehr als achtzig Teile zerfiel, gab es wenig Möglichkeit, sein Innenleben zu durchleuchten – bis man mit einem Röntgengerät heranging und Dutzende kleine Zahnräder darin entdeckte.

2005 fand man mithilfe eines ausführlichen modernen CT-Scans Tausende griechische Buchstaben, die zum großen Teil bestätigten, was man bereits vermutet hatte: Das Gerät sollte die Bewegungen von Sonne, Mond, Planeten und Sternen abbilden. Die vielen bronzenen Zahnräder setzten die Laufbahnen ins richtige Verhältnis, sodass man durch Drehen einer Kurbel zum Beispiel bis zur nächsten Finsternis vorspulen konnte. Die Zahl der Zacken jedes Zahnrades musste dazu an den unterschiedlichen Perioden der Himmelskörper ausgerichtet werden sowie an der Größe des Zahnrades selbst; anders funktioniert es nicht – eine großartige technische Leistung.

Vor gut 2000 Jahren dachte man, dass sich die Himmelskörper um die Erde drehen. (Ihr erinnert euch an Kapitel 8: Der Gedanke war überhaupt nicht so doof, wie er uns heute vorkommt.) Das bedeutete, dass manche ihrer Bahnen damals verwirrend erschienen. In unserem heutigen Modell nehmen wir die Sonne als Mittelpunkt, und die Planeten umkreisen sie in eleganten Ellipsen. Nimmt man aber die Erde als Zentrum, dann drehen die Planeten Ellipsen, die von einem Objekt auf einer anderen Ellipsenbahn beobachtet werden, und das macht alles eine Stufe komplizierter. Das Gerät musste aber natürlich so gebaut sein, dass die Abläufe aus damaliger Sicht stimmten. Unter den Inschriften fand man die Namen der Monate sowie die Orte großer, sich wiederholender Sportereignisse (unter anderem die Olympischen Spiele). Mondphasen und die Verläufe bestimmter wichtiger Sterne ließen sich daran ablesen. Und das alles in einem Gerät, das spätestens etwa im Jahr 60 vor unserer Zeitrechnung konstruiert wurde – denn ungefähr da sank das Schiff. Wahrscheinlich wurde es bereits ein Stück vorher erfunden.

Nach wie vor erscheinen Artikel dazu, die weiteren Details auf den Grund gehen. Bestimmte Begriffe in den Inschriften und andere Objekte aus dem Schiffswrack sollen Auskunft darüber geben, wer den Mechanismus hergestellt hat und für wen er bestimmt war. Mehrere Nachbildungen stellen wunderschön dar, wie das Gerät damals ausgesehen haben könnte. Die Modelle unterscheiden sich durchaus manchmal – wichtige Teile des Apparats wurden leider nie gefunden und müssen erraten werden. Im Internet kann man selbst gebaute Repliken kaufen und sich ins Wohnzimmer stellen. Wem das zu einfach ist, der kann das Gerät mit Lego-Technik nachbauen: In der Version besteht es aus 1500 Teilen, darunter 110 Zahnräder (mehr als im Original). Dem Designer zufolge sollte es keine exakte Replik werden, sondern nach demselben Prinzip dieselbe Funktion erfüllen, und das scheint so auch zu funktionieren.

An dem Mechanismus fasziniert, wie viel älter er ist als vergleichbare uns bekannte Technik. Es wirkt ein wenig so, als hätte sich das Gerät rückwärts durch die Zeit bewegt, wie die Pistolenkugeln bei *Tenet.* Das liegt vor allem daran, dass der Fund solch ein Einzelfall ist. Aber da es dieses Gerät damals gegeben hat, existierten aller Wahrscheinlichkeit nach mehrere Versionen oder Varianten – Urformen, Weiterentwicklungen und so weiter. Da Bronze teuer war,

wurden nicht mehr benötigte Geräte vermutlich eingeschmolzen und neu verarbeitet, außer natürlich, sie gingen zufällig bei einem Schiffbruch verloren. Es ist von daher nicht auszuschließen, dass wir eines Tages weitere verwandte Geräte finden werden.

Mehrere historische Entwicklungen mussten in zeitlicher und räumlicher Nähe zueinander stattfinden, um den Mechanismus zu ermöglichen: ein klares Verständnis der Vorgänge im Nachthimmel, ingenieurtechnisches Know-how darüber, was ein Zahnradmechanismus leisten kann, und das handwerkliche Geschick sowie die Materialien zum Bau genügend stabiler und präziser Zahnräder und Kurbeln. Das ist der zentrale Punkt, auch bei allen anderen Erfindungen: Gutenbergs Buchpresse zum Beispiel, so genial und revolutionär sie ist, sieht nicht zufällig aus wie eine Weinpresse. Gutenberg hat bestehende Techniken übernommen, was wiederum anderen half, sein Konzept nachzubauen und den Buchdruck zu verbreiten. Gleichzeitig war die Papierherstellung aus Asien bekannt. Die Metallverarbeitung war so weit, dass wiederverwendbare Lettern hergestellt werden konnten. Auch bei der Produktion der Druckfarbe konnte sich Gutenberg an bereits bestehenden Ansätzen orientieren.

Damit will ich Gutenbergs geniale Leistung überhaupt nicht schmälern, ganz im Gegenteil. Es gibt einen guten Grund, warum ein Charakter in Roland Emmerichs Katastrophenfilm *The Day After Tomorrow* eine Gutenberg-Bibel schützend umklammert, als es darum geht, Bücher zu verbrennen, um nicht zu erfrieren. Nicht, weil der Charakter gläubig ist – er sagt, er sei es nicht –, sondern weil er das geschriebene Wort als die größte Errungenschaft der Menschheit ansieht. (Zum Glück stellt sich heraus, dass es in derselben Bibliothek ausreichend Steuergesetzbücher gibt, die man getrost verheizen kann.) Aber auch die genialste Erfindung hat ihren Vorlauf, sie findet immer in einem bestimmten Kontext statt.

Das macht den Antikythera-Mechanismus sogar noch aufregender, als er sowieso schon ist. Denn es sagt uns, dass er nicht nur ein außergewöhnliches Vorkommnis ist, die eine wilde Idee, die mal jemand nach der dritten Amphore Wein hatte, sondern ein Zeugnis dafür, dass die damalige Kultur samt ihrer Wissenschaft weiter fortgeschritten war, als wir dachten. Es geht nicht darum, dass eine einzelne Person ihrer Zeit voraus war, sondern vielmehr, dass wir unser Verständnis davon ändern müssen, was »ihre Zeit« überhaupt war. Auch hier müssen wir kurz von unserem hohen Ross steigen, in dessen bequemem Sattel wir glauben, frühere Völker hätten automatisch über ein simplistisches Weltbild und zu platte wissenschaftliche Ansichten verfügt.

Für unser Verständnis von den Entwicklungen in der Welt bedeutet das: Jede noch so einflussreiche Neuerung, scheinbar unvermittelt aufgekommen, ist nie ein einzelnes Event, sondern nur ein Schritt von vielen, mit eigener Vorgeschichte, und diese Vorgeschichte hat selbst wieder eine Vorgeschichte, auch wenn wir sie noch nicht kennen. Na ja, vielleicht bis auf das eine Mal, als einfach so die Plazenta entstanden ist, weil sich jemand ein Virus eingefangen hat.

KAPITEL 27 | SYNCYTIN

Warum unsere DNA voller Spam ist

Ich habe bereits zwei Themen genannt, die in der Lage sind, Nerds von Nicht-Nerds zu unterscheiden: Kackebeutel auf dem Mond und Schleimpilze. Hier kommt noch ein drittes: endogene Retroviren. Dieser Begriff klingt auf den ersten Blick komplizierter, als er tatsächlich ist. Das *Retro* bezieht sich darauf, dass die Viren etwas andersrum machen als gewohnt: Üblicherweise funktioniert es in der Genetik so, dass Information aus der DNA abgelesen (man nennt das hier Transkription, damit es nicht mit dem Ablesen des Stromzählers verwechselt wird) und dabei zu RNA umgewandelt und dann weiterverwendet wird. Das macht superviel Sinn, da DNA stabiler ist – wenn sie unser Sparkonto ist, dann ist RNA das, was wir im Geldbeutel mit uns herumtragen. Aber Retroviren machen es umgekehrt, sie tragen ihr Erbgut in Form von RNA mit sich herum und wandeln es bei Bedarf in DNA um. Das ist deswegen spannend, weil sie diese DNA dann ins Erbgut ihres Wirtes einschleusen können. Ein Retrovirus kann also bei uns Menschen oder auch anderen Lebewesen die eigenen Gene mit ins Erbgut schreiben, während andere Viren damit zufrieden sein müssen, in den Zellen des Wirtes herumzusitzen.

Wenn normale Viren ein Kakerlakenbefall im Haus sind, dann sind Retroviren ein bisschen wie Termiten, die ihren Bau direkt in die Hauswand integrieren. Sitzen sie erst mal in der fremden DNA, sind sie *endogen* (»aus dem Inneren entstehend«) und werden genauso wie die anderen Gene des Wirtes einfach abgelesen und verwendet. Wird eine neue Kopie der Zelle erstellt, trägt sie ebenfalls das Erbgut des Virus in sich. Wenn man mal überlegt, was so ein Virus im Leben erreichen möchte[57], nämlich sich möglichst unbegrenzt zu vermehren, dann hat ein endogenes Retrovirus im Grunde den Jackpot erwischt.

Gerät die virale DNA in die Keimbahn, also die Zellen, deren Genmaterial für den Bau der nächsten Generation verwendet wird, kann das endogene Retrovirus an die Kinder vererbt werden, die es dann in jeder ihrer Zellen tragen. Spätestens ab dem Moment könnte man argumentieren: Die Spezies des Wirtes ist jetzt nicht mehr »rein«, sondern zu einer Hybridform geworden: Aus genetischer Perspektive ist der Wirt nun selbst zum Teil ein Virus. Es kann aber auch vorkommen, dass die virale DNA im Vererbungsprozess (und auch bei anderen Prozessen) verändert oder sogar zerstört wird. Dann trägt die neue Generation keine »aktive« Virus-DNA mit sich herum, sondern nur nutzlos gewordene Fragmente – die dennoch genauso zu ihrer eigenen DNA gehören wie alle anderen Gene auch.

Jetzt stellt ihr euch womöglich zwei Fragen:

57 Achtung: Ein Virus »will« in dem Sinn nichts im Leben, und es wurde auch nicht dafür »designt«, sich unbegrenzt zu vermehren. Das nehme ich nur so als Sinnbild. In der Kommunikation der Biologie (und vor allem der Evolutionsbiologie) passieren gern Fehler dieser Art, und auch ich riskiere hier mit dieser Formulierung ein Missverständnis. Aber bei euch mache ich mir keine Sorgen: Als echte Nerds lest ihr natürlich immer auch die Fußnoten.

1) Wie kriegt man diese virale DNA wieder aus dem Erbgut heraus? Und
2) falls, wie ich annehme, die Antwort auf Frage 1 lautet, »gar nicht, lol«, wie kann es dann sein, dass nach Abermillionen Jahren der Evolution unser Erbgut nicht über und über mit fragmentierter Virus-DNA zugespammt ist?

Leute, ich weiß nicht, wie ich euch das schonend beibringen soll. In eurer DNA tragt ihr alle haufenweise Schrott mit euch herum. Bei jeder Zellteilung muss irgendwelcher Unsinn mitkopiert werden, weil er im Erbgut aufgelaufen ist wie so Haare im Abfluss in der Dusche. Aktuelle Schätzungen gehen davon aus, dass zwischen fünf und acht Prozent unseres Erbguts aus viraler DNA bestehen, mit Zigtausenden einzelnen Teilen und Fragmenten.

Wir machen ein ziemliches Gewese um unsere DNA, weil wir denken, sie sei es, die »uns« ausmacht. Das erkennt man auch in Filmen wie *Alien 4* oder *Das fünfte Element*, wo (jeweils gleich zu Beginn) Personen aus nur wenigen Zellen geklont werden und dadurch mitsamt ihren früheren Charakterzügen und Erinnerungen wiederhergestellt sind.[58] Eine andere Perspektive dazu: Fragt man Kinder, was man tun müsste, um aus einem Löwen einen Tiger zu machen, finden die meisten, dass es nicht reicht, nur Äußerlichkeiten zu verändern. Auch ein Löwe mit Streifen und ohne Mähne bleibt ein Löwe. Es gibt etwas Inneres, eine Löwen-*Essenz*, die verändert werden muss, damit das Tier kein Löwe mehr ist. Und wenn man nicht an eine unveränderbare Seele glaubt, dann nimmt man dafür gern die DNA: Greife ich in die ein, dann verändere ich das, was das Tier ausmacht.

Die Tatsache, dass es Viren gibt, die uns ihren Datenmüll ins

58 Gut, bei *Alien 4* hätte es vielleicht sonst keine gute Möglichkeit gegeben, die am Ende von Teil 3 komplett zerstörte Hauptfigur wieder in den Franchise zu holen. Aber *Das fünfte Element* hat diese Ausrede nicht.

Erbgut schreiben, lässt diese kindliche Annahme der DNA als unveränderliche Essenz absurd erscheinen. Und sie führt auch dazu, dass der Evolutionsbaum des Lebens, nach dem sich eine Spezies Schritt für Schritt weiterentwickelt, nicht ganz so klar aussieht, wie wir das immer dachten, da uns zu jedem Zeitpunkt neue Gene eingeschleust werden können. Die allererste Version dieses Baums hat Charles Darwin 1837 in sein Notizbuch gezeichnet. Der Stamm trägt die Ziffer 1, von da aus wachsen Äste, die mit den Buchstaben A bis D gekennzeichnet sind, in verschiedene Richtungen. Darüber eine handschriftliche Notiz, die diesem revolutionären Gedanken eine ganz wundervolle Bescheidenheit verleiht: »I think«. Hätte Darwin geahnt, dass es endogene Retroviren gibt, hätte er wahrscheinlich noch mal ein paar Äste untereinander verbunden.[59]

Was hat das alles jetzt mit der Plazenta zu tun? Nicht jeder virale Eingriff in unsere DNA ist automatisch Schrott. Kommt dabei irgendwas rum, das uns einen evolutionären Vorteil verschaffen kann, dann wird es behalten und über die Generationen weitergegeben, wie jedes andere Gen auch. Und das ist offenbar gleich mit mehreren Genen passiert, die für die Plazenta zuständig sind.

Die Plazenta ist ein nicht zu unterschätzendes Organ. Je nachdem, wie genau man sie definiert, findet man sie in allen Wirbeltieren mit Ausnahme der Vögel. Sie hilft uns Menschen, das ungeborene Kind ordentlich zu versorgen, und war ein bedeutender evolutionärer Schritt weg vom Eierlegen und hin zum Säugetierdasein. Wie wichtig sie ist, erkennt man auch daran, dass sie sich in der Evolution verschiedener Tierarten unabhängig voneinander immer wieder neu entwickelt hat. Und erst seit wenigen Jahren wissen wir,

59 Als einer der bekanntesten Wissenschaftler aller Zeiten wurde Darwin schon mehrfach in Filmen verarbeitet. Meine Lieblingsdarstellung von ihm ist allerdings etwas abgefahren: In Tarsem Singhs bildgewaltigem Film *The Fall* ist er einer von sechs Abenteurern, die einen bösen Gouverneur besiegen wollen, und hat ein kleines Äffchen namens Wallace – eine Anspielung auf Alfred Russel Wallace, der zur selben Zeit ganz ähnliche Ideen hatte wie Darwin.

dass die Entwicklung der Plazenta in jeder Spezies von zwei oder mehr endogenen Retroviren beeinflusst wird. Um nachzuweisen, dass diese tatsächlich notwendig sind, hat man sie in Mäusen ausgeschaltet, was zum Tod der Embryos führte. Es gibt also das scheinbare Paradox, dass die Gene zufällig an uns geraten sind und wir sie dennoch unbedingt brauchen.

Dass da so viel unabhängig voneinander zusammenkommt, klingt nach einem großen Zufall. So groß war er aber in Wirklichkeit gar nicht. Zum einen gab es einen evolutionären Druck, die so praktische Plazenta zu entwickeln, zum anderen haben Retroviren – und zwar *alle* Retroviren – etwas Nützliches dafür in der Tasche. Sie haben drei Gene gemeinsam, genannt *gag*, *pol* und *env* (und können darüber hinaus noch mehr haben). Von den dreien ist env für die Proteinhülle um das Virus zuständig (»env« steht für

»envelope«, also Hülle). In unserer heutigen Version werden die entsprechenden Gene verwendet, um Syncytin herzustellen, ein Glykoprotein, das nun nicht mehr für die Virushülle zuständig ist, sondern für die normale Entwicklung der Plazenta.

Das Schöne an dem so weitverbreiteten Einfluss viraler DNA im Tierreich ist die Möglichkeit zur sogenannten Paläovirologie. Dabei schaut man sich unter anderem an, bei welchen Tierarten welche Virenversionen im Erbgut zu finden sind und wann sich die verschiedenen Spezies voneinander getrennt haben. Zum Beispiel haben sowohl Menschen wie Affen verschiedene Varianten der Syncytin-Gene und ähnlicher Gene, aber nicht alle scheinen in allen Spezies wirklich verwendet zu werden. Daraus ergibt sich, dass die ursprüngliche Infektion, die uns eins dieser Gene beschert hat, vor mindestens 45 Millionen Jahren stattgefunden haben muss (einfach weil man dasselbe Gen in Spezies findet, die seit dem Zeitpunkt getrennte Wege gehen), dass aber manche Spezies dieses Gen wieder »aufgegeben« und durch andere ersetzt haben.

Interessanterweise hat diese Nähe zwischen Plazenta-Genen und viralen Genen erst kürzlich zu einem großen Missverständnis geführt: Das Spike-Protein des Coronavirus, der wichtigste Teil des Virus in Bezug auf Impfungen, besteht aus über 1000 Aminosäuren. Eine Sequenz aus fünf Aminosäuren sieht dabei ganz ähnlich aus (wenn auch nicht identisch) wie eine Sequenz im Protein Syncytin-1. Offenbar war das ein Grund dafür, dass manche befürchteten, die Impfung könne unfruchtbar machen. Denn sollten die Antikörper das Spike-Protein angreifen, warum dann nicht auch das vermeintlich gleiche Plazenta-Protein? Zum Zeitpunkt der Entwicklung von Impfstoffen war das bereits sehr unwahrscheinlich, denn es hätte ebenso für die Antikörper zutreffen müssen, die der Körper auch ohne Impfung nach einer Corona-Infektion produziert. Und es waren bereits gesunde Kinder zur Welt gekommen von Müttern, die eine Infektion überstanden hatten. Für Impfgegner:innen war das natürlich trotzdem ein gefundenes Fressen.

Aber dabei reden wir jetzt eher über Psychologie. Und als Psychologe kann ich in dem Fall nur mit Neid auf die Biologie schauen: Die findet Tag für Tag neue spannende Dinge heraus, wie eben, dass unsere Plazenta von einer Millionen Jahre alten Virusinfektion herrührt. Der Wahnsinn. In der Psychologie stellt sich eher immer wieder heraus, dass ein altbekannter Effekt eigentlich gar nicht existiert: Es herrscht die sogenannte Replikationskrise. Eine Replikation ist die Wiederholung eines Versuchs mit denselben Mitteln, aber möglichst durch eine andere Forschungsgruppe. Sie ist der beste Weg, um festzustellen, ob ein früherer Befund Bestand hat. Ich würde sogar so weit gehen zu sagen: Einer revolutionären neuen Erkenntnis sollte erst Glauben geschenkt werden, wenn sie repliziert wurde.

Immer wieder stellt sich heraus, dass jahrelang Sachverhalte in den Hörsälen gelehrt wurden, die nur deshalb als zutreffend galten, weil niemand je sie auf die Probe stellte. Daher freut es mich, dass einer meiner Lieblingseffekte erst vor Kurzem repliziert wurde: der Cocktailparty-Effekt.

KAPITEL 28 | COCKTAILPARTY-EFFEKT

Wie eine Tonfolge unendlich weitergehen kann

Du kennst das: Ein Raum voller Menschen, inmitten von lauter Grüppchen im Gespräch folgst du der Unterhaltung, an der du selbst teilnimmst, und blendest den ganzen Rest aus. Plötzlich fällt irgendwo hinter dir dein Name, und die Ohren spitzen sich ganz automatisch: Wer war das? Wer hat mich da eben erwähnt? Aber der Rest bleibt ungehört, und überhaupt kannst du dich jetzt auch

nicht mehr auf die Person konzentrieren, der du eigentlich zuhören wolltest.

In den Fünfzigern dachten sich manche in der Psychologie, dass dieses Phänomen a) vielleicht etwas Spannendes darüber aussagt, wo und wie unser Gehirn die Information filtert, die durch unsere Ohren eintrifft, und b) was noch viel wichtiger war, einfach und billig zu testen sein müsste. Man setzt der Versuchsperson einfach Kopfhörer auf und bespielt beide Ohren mit unterschiedlicher Information. Aufgabe ist es, die Information auf das eine Ohr zu verarbeiten und die auf das andere zu ignorieren.

Im eindrücklichsten Versuch wurden die Proband:innen gebeten, alles zu wiederholen, was auf dem einen Ohr gesprochen wird. Das benötigt schon mal viel Aufmerksamkeit, und entsprechend wenig bekamen die Leute vom Input des anderen Ohrs mit. In einer Variante wurden dem nicht beachteten Ohr 35 Mal dieselben Worte präsentiert, und die Leute erkannten nachher keines davon wieder. Lustigerweise reagierten sie auch nicht, wenn auf diesem Ohr gesagt wurde: »Sie können jetzt aufhören.« In aller Regel konnten die Leute nicht einmal sagen, in welcher Sprache auf dem nicht beachteten Ohr gesprochen wurde. Die Sachlage änderte sich, wenn der Name der Versuchsperson genannt wurde. Wenn die Nachricht im nicht beachteten Ohr war »Robyn Fenty, Sie können jetzt aufhören«, dann tat ein Drittel der Teilnehmenden das auch (also wenn jemand Robyn Fenty[60] hieß; natürlich wurden alle Versuchsperson mit ihrem eigenen Namen angesprochen).

Wie ist das zu erklären? Es klingt ein wenig wie bei unseren Smartphones und anderen Geräten, die sich anschalten, wenn man sie ruft, sei es jetzt Alexa, Siri, oder »hey Google«. Damit das funktioniert, müssen sie uns ja pausenlos zuhören und alles Gesagte zumindest rudimentär verarbeiten, nur damit sie reagieren können, wenn ihr Name fällt.[61] Ist es bei unserem Gehirn genauso? Gibt es da eine geheime Verarbeitungsebene, die mit dem richtigen Codewort durchbrochen werden kann? Oder ist an dem Drittel, das auf den Namen reagiert hat, irgendwas Besonderes dran? Gibt es »gute Nebenohrhörer« und »schlechte Nebenohrhörer«?

Obwohl es diese interessanten Fragen gab, wurde die Studie über Jahrzehnte nur selten aufgegriffen und repliziert – das ist eigentlich ein Warnzeichen dafür, dass an dem Befund gar nichts dran sein mag: Denn der Mangel an späteren Studien könnte darauf hindeuten, dass verschiedene Labore denselben oder einen ähnlichen Versuch durchgeführt, aber nichts dazu veröffentlicht haben – vermutlich, weil kein sinnvolles Ergebnis dabei rauskam. Aber kürzlich hat eine Studie alles richtig gemacht und nicht nur eine Replikation durchgeführt, sondern diese auch präregistriert. Das wird in der Forschung noch gar nicht so lange gemacht: Bei einer Präregistrie-

60 Robyn Rihanna Fenty ist der echte Name der Sängerin Rihanna – hier ausgewählt, weil sie in einem Interview mal etwas gesagt hat, das sehr gut zum Thema passt: »Rihanna, Rihanna, Rihanna zu hören macht mich irgendwie taub. Wenn ich Robyn höre, werde ich aufmerksam.«

61 Ich persönlich aktiviere solche Funktionen daher nicht. Nennt mich alt, aber mir kommt das merkwürdig vor, wenn ich doch auch einfach 'nen Knopf drücken kann, um das Gerät zu aktivieren.

rung meldet man die Studie vorher bei dem Journal an, das die Ergebnisse veröffentlichen soll. Statt erst hinterher den Bericht auf Herz und Nieren zu prüfen, wird das bereits vorher mit den Methoden und dem Studienplan gemacht. Die Kernfrage dabei: Ist die Studie so, wie sie angelegt ist, in der Lage, den gesuchten Effekt zu finden, sofern er existiert? Gibt das Journal grünes Licht, veröffentlicht es den Plan und verpflichtet sich, später den Forschungsbericht zu veröffentlichen – und zwar unabhängig vom Ergebnis.

Von außen betrachtet wirkt dieses Vorgehen vielleicht etwas seltsam: Warum nicht abwarten, bis die Studie fertig ist und die Ergebnisse da sind, um zu bewerten, welchen wissenschaftlichen Wert sie hat? Tatsächlich löst die Präregistrierung gleich mehrere Probleme der Forschung. Zum einen wehren sich manche Journals dagegen, Paper zu veröffentlichen, bei denen kein klares Ergebnis erkennbar ist. Jedes Journal will durchschlagende und revolutionäre Befunde liefern und nicht das sein, in dem steht: »Wir haben alles versucht, aber es kam nichts dabei rum.« Dabei sind aus wissenschaftlicher Sicht diese Null-Ergebnisse genauso interessant wie der große Paukenschlag. Denn um zu wissen, was funktioniert, müssen wir zwangsläufig auch darüber sprechen, was *nicht* funktioniert.

Zudem schützt die Präregistrierung davor, dass man sich Ergebnisse im Nachhinein schönrechnet. Ich will natürlich niemandem die Manipulation von Befunden unterstellen – schwarze Schafe gibt es in der Wissenschaft zwar auch, aber das meine ich nicht. Ich rede von ganz alltäglichen Entscheidungen, die getroffen werden müssen. Nehmen wir statistische Ausreißer. Stellt euch vor, ihr führt eine bundesweite Telefonumfrage zum Einkommen durch. Ihr ruft einhundert Leute an und erwischt dabei rein zufällig den Vorstandsvorsitzenden der Allianz Versicherungs-AG, der mehrere Millionen pro Jahr verdient. Das verhagelt euch natürlich den repräsentativen Durchschnittswert, und niemand wird es euch übel nehmen, wenn ihr diesen Datenpunkt aus der Auswertung nehmt. Wenn ihr ihn drin lasst, verzerrt er euren Befund so, dass das Ergebnis unbrauchbar ist. Den Wert rauszunehmen (oder statistisch abzuändern) und dies im Artikel zu thematisieren, wäre hier gängige wissenschaftliche Praxis.

Nur: Was passiert beim nächsten Mal, wenn ein Wert nicht zu euren Erwartungen passt? Was, wenn ihr eigentlich ein wunderschönes Ergebnis habt, aber ein oder zwei sehr hohe (oder sehr niedrige) Werte führen dazu, dass euer Ergebnis statistisch als nicht signifikant gilt? Könnt ihr die dann nicht auch einfach rauswerfen? Selbst als seriöse:r Wissenschaftler:in kann man verlockt sein, die Methode im Nachhinein noch mal anzupassen. Bei einer Präregistrierung fällt diese Möglichkeit weg, man ist dem ursprünglichen Ansatz sozusagen ausgeliefert. Der Nachteil ist, dass man vielleicht wirklich etwas falsch geplant hat und hinterher noch anpassen müsste – aber der Vorteil ist, dass trotzdem eine Publikation dabei rauskommt. Und Publikationen sind nun mal die Währung der Forschung – allerdings nur im übertragenen Sinn, denn man wird nicht für sie bezahlt.

Jedenfalls wurde der Cocktailparty-Effekt erst kürzlich in einer präregistrierten Replikation bestätigt. Dabei hat man weitere Dinge geprüft, die als Frage im Raum standen. Tests mit den Versuchspersonen sollten auch die Aufmerksamkeitsspanne messen, dabei wurde festgestellt: Die Leute, die eher ihren eigenen Namen hören, sind die mit einer geringeren Spanne. Außerdem zeigte sich, dass die Leute, die ihren Namen hören, unmittelbar danach mehr Fehler beim Nachsprechen machen (was sehr viel Sinn macht, schließlich werden sie davon abgelenkt).[62]

Was wir tatsächlich hören, oder besser gesagt, was wir eben *nicht hören*, weil es vorher von unserem Gehirn ausgesiebt wurde, hängt

62 Ich habe über die Studie auch ihren Erstautor kennengelernt, Dr. Jan Philipp Röer. Er ist nach eigener Aussage ein Bastel-Nerd – das ist eine Gruppe von Nerds, die in diesem Buch bislang viel zu wenig Beachtung erfuhr. Sein bestes Werk finde ich persönlich eine Laterne für Kinder, die genau wie ein Laternenfisch aussieht.

also auch davon ab, was für ein Aufmerksamkeitstyp man ist. Wir gehen davon aus, dass Sehen und Hören ganz simple Vorgänge sind, aber in Wirklichkeit trickst uns das Gehirn auch da immer wieder irgendwie aus.

Meine allerliebste Illusion, was das Hören angeht, ist die Shepard-Skala. Sie basiert auf einem Shepard-Ton; für den werden zwei überlagerte Töne gespielt, die genau eine Oktave voneinander entfernt sind. Klingt erst mal … nur wie zwei Töne. Allerdings steigt die Tonhöhe nun an, dabei wird der untere ein klein wenig lauter und der obere ein klein wenig leiser. Das wird so lange gemacht, bis der um eine Oktave tiefere Ton die ursprüngliche Frequenz und Lautstärke des höheren Tons angenommen hat – der »alte« höhere Ton ist dann weg, und für ihn rückt ein neuer tiefer nach. Diese Abfolge klingt, als würde die Tonhöhe durchgehend ansteigen, obwohl sie immer wieder da ankommt, wo sie begonnen hat. Durch Wiederholung dieser Skala wird die Illusion eines sich endlos erhöhenden Tons erzeugt. Die wahrgenommenen Klänge gehen endlos bergauf, bergauf, bergauf. Es ist das akustische Äquivalent zu einer sich drehenden Säule mit schiefen Streifen wie die, die man vor manchem Friseurladen sieht: Es wirkt, als würden sie sich endlos empordrehen.

Nintendo-Nerds erinnert das an die endlose Treppe beim legendären Spiel *Super Mario 64*. Es war das erste Mario-Spiel mit einem »Open world«-Aspekt: Man kann sich (innerhalb gewisser Grenzen) aussuchen, in welcher Reihenfolge man die verschiedenen Level absolvieren will. Heute ist das nichts Besonderes mehr, aber damals war es ein großer Schritt weg von den früher oft sehr linearen Videospielen. Aber so open world, dass man gleich vom Start weg zum Endgegner gehen kann, ist es auch nicht – das würde überhaupt keinen Sinn machen. Deswegen liegt die Tür zum letzten Level hinter einer Treppe, die man erst hinter sich bringen kann, wenn man in anderen Levels eine gewisse Mindestzahl an Sternen eingesammelt hat. Geht man die Treppe schon vorher hoch, führt sie einfach endlos weiter, ohne jemals aufzuhören – und die Spieleentwickler:innen waren smart genug, dabei im Hintergrund eine Shepard-Skala ablaufen zu lassen. Das wie ich finde eindrücklichste Beispiel für die Verwendung im Film findet sich im Kriegsfilm *Dunkirk*. Während die Szenen thematisch auf einen Höhepunkt zulaufen, spielt sich in der Filmmusik eine Shepard-Skala ab, die alles immer intensiver werden lässt.

Natürlich funktioniert das auch in die andere Richtung, sodass die Skala immer tiefer zu werden scheint. Oder man reduziert die Illusion auf nur zwei Shepard-Töne und lässt den Rest der Skala weg. In dem Fall ist für viele sehr schwer zu erkennen, ob der zweite Ton höher oder tiefer liegt als der erste. Wie bei anderen Wahrnehmungsillusionen können auch hier verschiedene Leute, die dieselbe Abfolge hören, unterschiedliche Meinungen dazu haben. Was hier aber spannend ist: Es scheint nicht zufällig zu sein, in welche Richtung man den Tonverlauf hört, sondern die Wahrnehmung unterscheidet sich je nach der Sprache oder sogar dem Dialekt der Teilnehmenden.

Wenn schon Leute derselben Muttersprache Tonfolgen unterschiedlich wahrnehmen, kann man dann davon ausgehen, dass die Wahrnehmung bei Aliens noch mal anders wäre? Oder könnten wir ihnen einfach so unsere Musik vorspielen und sie würden sie ähnlich genießen, wie wir es tun? Versucht haben wir es zumindest schon mal.

KAPITEL 29 | VOYAGER GOLDEN RECORD

Warum niemand eine Weltkarte zeichnen kann

Wir hatten es in Kapitel 20 schon einmal kurz mit Sonden: *Voyager 1* und *2* wurden vor knapp fünfzig Jahren ins All geschickt, um uns Fotos davon zu schicken – kein menschengemachtes Objekt hat sich je weiter von der Erde entfernt. Gleichzeitig stehen beide Sonden für eine, wie ich finde, unübertroffene Meisterleistung der Wissenschaftskommunikation, und das in mehrfacher Hinsicht: Zum einen lieferte eine von ihnen das mit Abstand wichtigste Foto in der Geschichte der populären Wissenschaftsvermittlung. Nach Abschluss ihrer Hauptmission 13 Jahre nach dem Start wurde *Voyager 1* im Jahr 1990 um 180 Grad gedreht, sodass die Kameras zurück auf die Erde zeigten. Dann entstanden aus einer Entfernung von etwa sechs Milliarden Kilometern, mehr als vierzig Mal der Abstand zwischen Erde und Sonne, Fotos von unserem Sonnensystem. Aus dieser Distanz ist unser Planet und damit alles, was wir Menschen kennen und jemals erreicht haben, nur ein blasses blaues Pixel hinter farbigen Bändern aus reflektiertem Sonnenlicht. Entsprechend wurde das bekannteste dieser Bilder *Pale Blue Dot* getauft. Angeregt wurde diese Aktion durch Carl Sagan, der aus meiner Sicht der Begründer der amerikanischen Wissenschaftskommunikation ist.

Es gibt noch eine *Voyager*-Besonderheit. Eindrücklich dargestellt wird das in einer Szene der Fernsehserie *The West Wing – Im Zentrum der Macht*. Die kennen nur echte TV-Nerds und/oder USA-Nerds, denn im deutschen Free TV wurde sie nie ausgestrahlt. In dieser meist großartigen Serie geht es um die Mitglieder des Stabs im Weißen Haus und wie sie mit dem Alltag und Krisen klarkommen. Einmal will der stellvertretende Stabschef Josh Lyman die Chefetage und die Bevölkerung davon überzeugen, dass Geld für eine Marsmission mit Besatzung investiert wird. Er schreibt dazu eine kurze Rede über den schwarzen Musiker Blind Willie Johnson, der vor etwa 100 Jahren gewirkt hat. Als er ein Kind war, hat ihm seine Stiefmutter bei einem Familienstreit das Augenlicht genommen. Trotz seiner Popularität als Blues- und Gospel-Musiker blieb er arm. Als sein Haus abbrannte, schlief er weiter in den Ruinen, weil er nirgendwo hingehen konnte, und starb kurze Zeit später an den Folgen einer Lungenentzündung. Der Musiker wurde nicht sehr alt, aber sein Song *Dark Was the Night, Cold Was the Ground* wird noch sehr lange hörbar sein – vielleicht noch in unvorstellbaren fünf Milliarden Jahren.[63]

Wie ist das möglich? Sein Lied wurde auf die *Voyager Golden Records* gepresst, die mit den beiden Sonden ins All geschickt wurden. Für das eigentliche *Voyager*-Programm waren sie nicht notwendig, aber da man erkannte, dass die Sonden möglicherweise die Menschheit zu überdauern imstande waren, kam der Gedanke auf, sie als Zeitkapsel und Vermächtnis unserer Zivilisation zu verwenden. Kernstück dessen ist eine Schallplatte mit Grüßen, Geräuschen der Welt und eben mit Musik verschiedener Zeiten, Genres und Ursprünge. Das Objekt wurde so konstruiert, dass Aliens in der Lage wären, die Klänge abzuspielen: Es ist ein Tonabnehmer dabei, und ein Bild zeigt, wie und wo er angesetzt werden muss. Natürlich wird auch vermittelt, wie schnell man die Platte drehen muss: Erinnert ihr euch an die HI-Linie, den natürlichen Treffpunkt zwischen Menschen und Aliens? In Kapitel 6 wurde sie als Frequenz mit etwa 1420 Megahertz beschrieben. Aber jede Frequenz stellt auch eine Zeit dar: Wenn ich sage »1 Hertz«, dann ist das dieselbe Information, wie wenn ich sage »eine Sekunde lang«. Und so lässt sich die HI-Linie interpretieren als »das eins-Komma-vier-zwei-Milliardstel einer Sekunde«. Daher ist auf der Anlei-

63 Die Marsmission wird in der Serie dann übrigens nicht finanziert, aber zumindest inspiriert das Projekt den stellvertretenden Stabschef dazu, nachts mit dem Teleskop in den Sternenhimmel über Washington zu schauen.

tung ein Wasserstoffatom abgebildet und als Binärcode die Zahl, wie oft man diese Zeiteinheit malnehmen muss, um die Dauer einer Umdrehung zu erhalten. Ist ein bisschen abstrakt, aber wenn wir es geschafft haben, alte Keilschriften zu entziffern, dann sollen sich die Aliens halt auch mal ein wenig anstrengen.

Diese vergoldeten Schallplatten, also jeweils die gleiche für beide Sonden, waren nicht der erste Versuch, Aliens in der Zukunft etwas von uns zu erzählen: Wenige Jahre vor *Voyager* gab es die Sonden *Pioneer 10* und *11* – auch sie sind auf dem Weg raus aus dem Sonnensystem, allerdings sind sie langsamer und inzwischen kaputt, also insgesamt weniger spannend (während man aktuelle Messwerte von *Voyager 1* und *2* immer noch jederzeit auf der Website der NASA verfolgen kann).[64] Auf diesen Sonden wurde die *Pioneer-Plakette* angebracht, wie die Schallplatte vergoldet, mit ein paar sehr interessant gestalteten Bildern. Ein Teil ist direkt erkennbar: zwei nackte Menschen, ein Mann und eine Frau, er winkt freundlich, hinter ihnen die Umrisse der Sonde, damit man die Größenverhältnisse einschätzen kann.

Andere Elemente wirken auf den ersten Blick etwas rätselhaft (und sind zum Teil auch bei *Voyager* zu finden): eine schematische Darstellung von Wasserstoff, quasi als Bildnis der HI-Linie. Daneben ein merkwürdiges Strahlengebilde aus 15 Linien, die alle auf einen zentralen Punkt zeigen. Das soll eine interstellare Landkarte sein, die die Position der Erde anzeigt: In den Linien sind als Binärcodes die Frequenzen von Pulsaren verzeichnet – ihr erinnert euch, das sind die Neutronensterne, die in regelmäßigen Abständen Funksignale aussenden. Hier werden sie gleichsam als natürliche Leuchttürme eingesetzt: Ein Alien, das drei oder mehr dieser Pul-

64 Um der Schmach die Krone aufzusetzen, wird im *Star Trek*-Universum eine der *Voyager*-Sonden (die fiktive *Voyager 6*) zu einer fortgeschrittenen künstlichen Intelligenz, während *Pioneer 10* unzeremoniell und random von Klingonen zerballert wird.

sare erkennt, kann aus der angegebenen Karte herauslesen, wo sich unsere Sonne im Verhältnis zu ihnen befinden muss. Das Problem ist nur, dass Pulsare damals eine recht neue Entdeckung waren – heute wissen wir unter anderem, dass eine der Pulsfrequenzen auf der Plakette falsch angegeben ist. Aber Schwamm drüber. Hat ein Alien unser Sonnensystem allen Widrigkeiten zum Trotz entdeckt, gibt das letzte Element der Plakette Auskunft über den genauen Ursprung der Sonde. Eine schematische Darstellung zeigt unsere Planeten mit einem Pfeil, der anzeigt, dass *Pioneer* vom dritten Planeten losgeschickt wurde: der Erde.

Auch dieser Teil der Darstellung wurde scharf kritisiert. Zum einen ist Pluto als einer der Planeten gelistet. Heute wissen wir: Wenn man den dazurechnet, müssten noch ganz andere Objekte im Sonnensystem zu dieser Ehre gelangen. Dass Pluto einbezogen ist, andere Zwergplaneten aber nicht, kann die Außerirdischen nur verwirren. Und dann wurde moniert, dass ausgerechnet das scheinbar klarste Symbol der ganzen Plakette nicht aliengerecht ist: der Pfeil.

Mit dem Argument, dass das nur für uns so ein klares Symbol ist, da alle unsere Vorfahren während ihrer Phase als Jäger und Sammler Pfeile als Werkzeuge und Waffen eingesetzt haben, und der Pfeil damit kein universales, sondern nur ein irdisches Symbol ist.

Wo wir schon am Rumnörgeln sind, werfen wir noch einen Blick auf die Darstellung der Menschen. Es fällt direkt auf, dass der Mann der ist, der grüßt, und die Frau nur etwas bedröppelt an seiner Seite stehen darf. Das ist bereits damals manchen sauer aufgestoßen. Und schauen wir uns die Figuren mal genauer an: Der Mann darf Penis und Hoden haben, die Frau ist untenrum ausgestattet wie eine Barbie-Puppe; man würde da eigentlich noch eine Linie für die Darstellung der Vulva erwarten. Es ist nicht mehr bis ins Detail nachvollziehbar, wie es zu der Entscheidung kam, sie wegzulassen, aber in jedem Fall war die Gesellschaft damals irgendwie zu prüde, um die Anatomie korrekt darzustellen. Das Bild vermittelt also nicht nur, wie wir körperlich aussehen, sondern ist zudem ein Produkt seiner Zeit. So bietet es einem findigen Alien spannende Anschlussfragen.

Das Ganze veranschaulicht, dass kein Kunstwerk und keine Beschreibung der Welt komplett frei von Politik sein können. Stellt euch vor, jemand bittet euch, eine aktuelle Weltkarte zu zeichnen. Welchem Land ordnet ihr die Krim zu? Oder Kaschmir? Selbst wenn ihr dazu eine klare Antwort habt: Nicht alle auf der Welt werden euch zustimmen, und daher gibt es keine Antwort, die objektiv korrekt ist. In manchen Fällen ist sogar die Frage umstritten, ob es überhaupt mehrere Ansichten dazu gibt.

Jetzt werft ihr mir vielleicht vor, ich hätte bei dem Argument getrickst: Als ich »Weltkarte« sagte, habt ihr mit einer geografischen Karte gerechnet, dabei habe ich eine politische Karte gemeint. Und dass man beim Zeichnen einer politischen Weltkarte politisch Stellung beziehen muss, ist ja wirklich trivial.[65] Aber tatsächlich gibt es

65 Übrigens, unter Mathe-Nerds die schlimmste aller Beleidigungen: »Was du sagst, ist trivial.«

bei rein geografischen Weltkarten dasselbe Problem: Da die Welt nun mal nicht flach ist, muss man die genaue Form der Kontinente und Inseln irgendwie von der gekrümmten Erdoberfläche auf ein flaches Blatt Papier übertragen. Auch das ist eine Interpretation, bei der man sich auf eine Version festlegen muss. Bei der Version, die wir alle vor Augen haben – der *Mercator-Projektion* –, gibt es auch ein dickes, fettes Problem, das euch vielleicht gar nicht bewusst ist.

Um das zu demonstrieren, stellt euch vor, ihr nehmt ein rechteckiges Blatt aus durchsichtigem, biegsamem Plastik und biegt es zu einer Röhre. Dann nehmt ihr einen Ballon (möglichst rund) und malt darauf Längen- und Breitengrade wie auf einem Globus, mit einem Stift, der leicht abfärbt. Jetzt blast ihr den Ballon innerhalb der Röhre auf, bis er sie ganz ausfüllt. Dabei könnt ihr sehen, wie sich die Linien der Längen- und Breitengrade nach und nach auf den Zylinder übertragen: Erst berührt der Ballon das Plastik an seinem Äquator, und dann kommt mehr und mehr dazu, vom Äquator aus gleichzeitig in die nördliche und südliche Richtung.

Irgendwann hört ihr auf (oder der Ballon platzt), und ihr faltet die Röhre auf. Tadaa: Aus den Linien vom Ballon sind Quadrate geworden! Ihr habt die Karte von rund auf flach übertragen, und zwar auf dieselbe Art wie Gerhard Mercator vor fast 500 Jahren (der das natürlich nicht mit Ballons gemacht hat, sondern mathematisch). Der große Vorteil dieser Darstellung ist: Sie lässt sich prima für die Schifffahrt einsetzen, da sie die Himmelsrichtungen korrekt wiedergibt. Aber bei diesem ganzen Bastelvorgang wird euch auch der Nachteil auffallen: Auf dem Ballon laufen die Linien an den Polen zusammen, sie sehen aus wie eine geschälte Orange, aber auf eurer Karte sind sie parallel zueinander – das heißt, die Bereiche, die eigentlich spitz zulaufen, wurden durch eure Aktion künstlich verbreitert. Anders gesagt: Wenn ihr direkt am Nordpol steht, könnt ihr einen Meter nach Süden laufen, dann einen Meter nach Westen und dann einen Meter nach Norden – und ihr steht wieder am gleichen Ort wie vorher, nämlich am Nordpol. Aber auf unseren Weltkarten könnt ihr das nicht. Fangt ihr da ganz oben am Kartenrand an, geht dann nach Süden, nach Westen und nach Norden, seid ihr an einem anderen Punkt der Karte.

Das Ausmaß dieser Verzerrung nimmt also zu, je näher man an die Pole kommt. Am Äquator hingegen gibt es sie überhaupt nicht. Für uns bedeutet das: Die Regionen um den Äquator sind auf unserer üblichen Weltkarte im Verhältnis viel kleiner als in Wirklichkeit beziehungsweise die anderen sind zu groß. Das extremste Beispiel: Schnappt euch eine Weltkarte und vergleicht, wie groß Grönland und Afrika abgebildet sind. Ungefähr gleich groß, oder? Vielleicht ist Grönland einen Schnitz größer. In Wirklichkeit ist Afrika vierzehn Mal größer als Grönland. WHAT!?

Das ist natürlich problematisch. Im Internet kursieren Bilder, die zeigen, wie mühelos man viele Regionen der Welt auf den afrikanischen Kontinent packen könnte: Die USA hätten dreimal darin Platz, Europa auch. Das ist vermutlich auch ein Grund, warum viele Leute überrascht sind zu hören, dass es in Afrika über fünfzig Länder sowie mehrere Zeitzonen gibt. Wir verwechseln Sierra Leone und Somalia, weil wir nicht auf dem Schirm haben, dass beide näher an Berlin liegen als aneinander. Witzigerweise gibt es auch dazu eine Szene in *The West Wing*. Das Weiße Haus fragt nach Belangen von Interessengruppen, die sonst zu wenig Gehör finden. Eine davon sind die »Kartografen für soziale Gerechtigkeit«, die eine alternative Weltkarte in die Schulbücher bringen wollen. Sie finden es auch willkürlich, den Norden nach oben zu setzen, und stellen die Karte demonstrativ auf den Kopf. Wobei ich ja eine Karte logischer fände, bei der einer der Pole in der Mitte des Bilds liegt und alles andere darum herum. Wenn ihr denkt, das wäre euch noch nie begegnet, dann schaut euch mal die Flagge der Vereinten Nationen an.

Wie auch immer, mir geht es darum, dass jedes Modell und damit auch jede Weltkarte ein Kompromiss ist. Dadurch betrachten wir unsere Welt nie objektiv, sondern immer aus einer bestimmten Perspektive. Anders gesagt: Man kann die Welt nicht darstellen, ohne politisch Stellung zu beziehen. Daher ist die Frage nicht, ob man bei der eigenen Darstellung der Welt politisch agiert, sondern nur, ob man *anerkennt*, dass man es tut.

Ich habe mal im Internet angesprochen, dass man nie wirklich eine Aussage über die Welt treffen kann, ohne die eigene Perspektive und den eigenen Bias preiszugeben. Daraufhin meinte jemand, ich hätte unrecht, denn zwei und zwei sei schließlich immer vier, egal aus welcher politischen oder gesellschaftlichen Sichtweise. Selten hat mich eine Reaktion so gefreut, denn ich konnte erwidern, dass das Argument meinen Punkt eher stützt, als ihn zu widerlegen: Wir gehen davon aus, dass zwei und zwei vier ergibt, weil wir praktisch nie mit etwas anderem rechnen als unserem guten alten Dezimalsystem. Aber im Ternärsystem, wo auf Basis drei gerechnet wird statt auf Basis zehn, ergibt zwei und zwei elf. Selbst das ist also eine Frage des Rahmens, in dem man denkt. Egal, was wir uns in der Natur anschauen, wir denken dabei in Kategorien, und die müssen nun mal irgendwo herkommen. Wie am Beispiel von Pluto auf der *Pioneer*-Plakette zu erkennen, ist es recht willkürlich, was als Planet gilt und was nicht. Unser Sonnensystem hat nicht acht Planeten und auch nicht neun, sondern allerlei Objekte schwirren um die Sonne herum, und auf Grundlage bestimmter Kategorien haben wir festgelegt, welche davon wir als Planeten zählen und welche nicht. Was Pluto letztlich das sprichwörtliche Genick gebrochen hat, war vermutlich die Erkenntnis, dass wir konsequenterweise noch viele andere kleinere Objekte als Planeten zählen müssten, wenn wir ihn zuließen.[66]

66 Eines meiner liebsten Dinge ist, wenn Wissenschaftskommunikation da auftritt, wo man sie am wenigsten vermutet. Daher erwähne ich hier einen Film, der mir ansonsten eigentlich nicht gefällt: die Jim-Carrey-Klamotte *Ich, beide & sie*. Hier gibt es drei Brüder, die wie typische Film-Teenager reden, aber unheimlich klug sind. Einer meint einmal: »Mann, wie zur Hölle können die Pluto einen Planeten nennen? Dieser Scheiß macht keinen Sinn.« Er sollte recht behalten: Etwa sechs Jahre nach dem Film wurde Pluto zum Zwergplaneten degradiert.

Behaltet also im Kopf, dass viele der Kategorien, die wir für natürlich, objektiv und unausweichlich halten, meist willkürlicher sind, als sie zunächst wirken. Überhaupt sind viele Vorgänge in der Natur nicht so absolut, wie wir das gerne hätten, sondern eher probabilistisch, also von einer gewissen Wahrscheinlichkeit abhängig – zum Beispiel schwirren Elektronen nicht in einer schönen Kreisform um den Atomkern, wie wir es vielleicht gelernt haben, sondern die runde Form beschreibt den Raum, in dem das Elektron mit einer bestimmten Wahrscheinlichkeit zu finden ist.

Das ist so ein Satz, den man am besten gleich noch mal liest, denn normalerweise ist unser Denken überhaupt nicht auf Wahrscheinlichkeiten eingestellt. Ist das blöde Elektron jetzt dort oder nicht? Ich bin ja schließlich auch irgendwo, daher ist die Wahrscheinlichkeit, mich zu finden, an dem einen Ort gleich Eins und an allen anderen Orten gleich Null. Nur so macht das für uns einen Sinn. Daher sind wir nur sehr schlecht in der Lage, Wahrscheinlichkeiten einzuschätzen oder einen echten Zufall vorzutäuschen.

KAPITEL 30 | BENFORD'SCHES GESETZ

Warum rauskommt, wenn etwas nur ausgedacht ist

Die meisten Leute haben erst mal nicht viel Bock auf Statistik. Falls sich überhaupt mal eine Begeisterung für das Gebiet einstellt, dann meist erst nach Jahren, und dann fängt man üblicherweise an, seinem Umfeld mit statistischen Aussagen über die Welt auf die Nerven zu gehen.

(Wenn man das so formuliert, klingt Statistik ein bisschen wie eine Sekte. Hmm.) Stellt euch trotzdem mal vor, ihr sitzt in eurer ersten Statistikvorlesung. Als sie zu Ende ist, seid ihr froh, dass es eine sehr einfache Hausaufgabe gibt: Alle Studierenden, die an einem geraden Tag Geburtstag haben, sollen zu Hause zweihundert Mal eine Münze werfen. Nach jedem Wurf sollt ihr notieren, ob die Münze Zahl (Z) oder Kopf (K) zeigt. In der Woche darauf müsst ihr nur eure Notiz vorlegen, die in etwa so aussehen wird: ZKZK-KZZKZKZZ. Studierende, die an einem ungeraden Tag Geburtstag haben, bekommen sogar eine noch einfachere Aufgabe: Sie sollen die Münze stecken lassen und sich einfach eine Antwort ausdenken, eine fiktive Reihe aus Zs und Ks, die von zweihundert echten Münzwürfen stammen könnte. Leichteste Übung! Der Clou: Die Professorin sagt, sie kann in der nächsten Vorlesung auf den ersten Blick erkennen, welche Reihen echt sind und welche ausgedacht.

Lasst diese Challenge ganz kurz auf euch wirken: *Auf einen Blick* soll sie erkennen können, ob eine echte Münze geworfen wurde oder sich jemand die Ergebnisreihe nur ausgedacht hat. Das klingt vollkommen unmöglich und lässt mich irgendwie an eine Nummer des Comedians/Performance-Künstlers Tomáš Kubínek denken: Zu Beginn kündigt er an, ein volles Weinglas auf der Stirn zu balancieren, es mit seinen eigenen Knien von der Stirn auf den Boden zu stellen, es dann nur mit den Zähnen aufzuheben und auszutrinken, während er dabei durchgehend ein Lied pfeift und Banjo-Ukulele spielt; zwischendurch will er obendrein für einen Moment nur auf einer Lunge atmen. Die Ankündigung alleine ist Comedy, aber der Knaller ist, dass er das alles dann tatsächlich – und nahezu mühelos – durchzieht. (Ob er tatsächlich nur auf einer Lunge atmet, kann ich allerdings nicht sicher bestätigen.)

Ihr könnt euch denken, was jetzt kommt: Die Professorin identifiziert die Fantasie-Reihen auf einen Blick. Aber wie kriegt sie das hin? Als Statistikerin weiß sie, dass in einer Reihe von zweihundert Würfen sehr wahrscheinlich eine Reihe aus sechs Mal hintereinander Kopf oder sechs Mal hintereinander Zahl vorkommen wird. Aber fast niemand, der sich eine Reihe ausdenkt, käme auf die Idee,

sich so oft hintereinander zu wiederholen – eine fünffache Wiederholung erscheint uns schlichtweg nicht zufällig genug. Wenn die Professorin daher alle Reihen mit einer Sechser- (oder noch höheren) Sequenz für echt geworfen deklariert und alle anderen für ausgedacht, hat sie eine solide Wahrscheinlichkeit, damit richtigzuliegen.

Jetzt wollt ihr vielleicht von mir wissen, welche Verteilungsmuster es noch gibt, derer man sich bewusst sein sollte, um in Zukunft bessere Fakes zu erstellen? Darf ich vorstellen: das Benford'sche Gesetz. Beachtet zunächst, dass das Benford'sche Gesetz nicht ursprünglich von Benford stammt, sondern von jemandem namens Newcomb. Aber so was ist in der Wissenschaft normal, da werden ständig Dinge nach den falschen Leuten benannt. Tatsächlich gibt es dafür auch ein Gesetz namens Stiglers Gesetz. Es besagt, dass wissenschaftliche Entdeckungen grundsätzlich nie den Namen ihres Entdeckers oder ihrer Entdeckerin tragen, sondern den von jemand anderem. Selbstverständlich ist nicht Stigler auf dieses Gesetz gekommen, sondern jemand namens Merton.

Wo war ich? Ach ja, genau. Reden wir über die erste Ziffer von größeren Zahlen. Stellt euch einfach vor, ihr sollt euch die Einwohnerzahlen von zwanzig fiktiven Städten ausdenken, zum Beispiel für ein Land in einer Fantasy- oder Sci-Fi-Serie. Mit welcher Ziffer sollten diese Einwohnerzahlen jeweils beginnen? Na ja, es soll euch plausibel erscheinen, von daher verteilt ihr die Anfangsziffern zufällig: Bei zwanzig Städten insgesamt sollte jede Ziffer ungefähr zwei Mal vorkommen, eine vielleicht drei oder vier Mal, eine andere vielleicht nur einmal oder sogar gar nicht. Richtig?

Nee, nicht richtig. Schauen wir auf die echte Welt als Vorbild: Wikipedia listet für Deutschland achtzig Großstädte, also Städte mit mehr als 100 000 Einwohnern. Das finde ich erst mal überraschend viele. Aber noch überraschender ist: Ganze 43, also mehr als die Hälfte, beginnen mit einer 1 vorne: 40 liegen im Bereich zwischen 100 000 und 199 999 und drei weitere zwischen einer und zwei Millionen. Dazu kommen 18 Städte, die mit einer 2 beginnen. Danach bleibt ja schon fast nichts mehr übrig: Ein paar wenige beginnen mit Zahlen zwischen 3 und 7, keine einzige mit 8 oder 9.

Das ist natürlich kein Zufall, sondern liegt daran, dass eine Stadt nicht linear wächst (»jedes Jahr kommen x Menschen dazu«), sondern exponentiell: Eine typische schnell wachsende Stadt legt jedes Jahr so um die 4 Prozent zu. Das bedeutet, dass eine Stadt mit 100 000 Einwohnern etwa 18 Jahre braucht, um auf die nächste Stufe von 200 000 Einwohnern zu kommen. Bei einer Stadt mit 900 000 Einwohnern jedoch sind die 4 Prozent eine viel höhere Zahl als bei der kleineren Stadt (neunmal höher, um genau zu sein), sodass es bei der gleichen Wachstumsrate weniger als drei Jahre dauert, um auf die nächste Stufe zu kommen – in diesem Fall die Millionengrenze. Es ist also nur logisch, dass eine typisch wachsende Stadt sehr viel länger im 100 000er-Bereich verweilt als im 900 000er-Bereich, und genau das bildet sich in den Einwohnerzahlen der deutschen Großstädte ab. Und, was in Kürze noch wichtig werden wird: Das Gesetz gilt nicht nur für die erste Ziffer, sondern auch für die zweite und so weiter (der Weg von 110 000 zu 120 000 dauert länger als der von 910 000 zu 920 000).

Denselben Effekt sehen wir bei allem, was exponentiell wächst, und das ist einiges in der Welt – denn üblicherweise kommt umso mehr dazu, je mehr bereits da ist. Der Physiker Frank Benford hat zu dem Thema eine Formel beigetragen, mit der sich diese Art von Verteilung schnell berechnen lässt. Nach ihr sind bei einer typischen Verteilung etwa 30 Prozent Zahlen zu erwarten, die mit 1 beginnen, also weniger, als wir es bei den Großstädten gesehen haben. Das Schöne an der Formel ist, dass sie simpel auf alles Mögliche angewendet werden kann. Zum Beispiel wachsen ja auch Viren exponentiell und vieles in der Wirtschaft und auch viele Daten.

Das Problem ist nur: Wir haben ja selbst gesehen, dass das Wachstum von Großstädten nicht der Erwartung des Gesetzes entsprochen hat. Da hatten wir über 50 Prozent mit einer 1 vorne, und erwarten würden wir nur 30 Prozent. Aber das kann man regeln, indem man zwei Gruppen miteinander vergleicht und prüft, ob eine dem Gesetz mehr entspricht als die andere. Zum Beispiel wurden von einem Professor einmal sage und schreibe 37 Publikationen zurückgezogen, weil man manipulierte Daten darin festgestellt hatte. In den Artikeln ging es vor allem um Wirtschaft und Buchhaltung, von der Frage, ob ein höherer akademischer Abschluss in diesem Bereich zu größerem Erfolg führt, bis zu, ironischerweise, der besten Methode zur Entdeckung von Betrug bei Buchprüfungen. So etwas ist eine absolute Schande – nicht nur, dass er gelogen hat, um Fördergelder einzusacken, sondern andere Wissenschaftler:innen haben sich auf seine Arbeiten verlassen und somit von einer falschen Grundlage ausgehend weitergeforscht. Ich kann schwer in Worte fassen, wie sehr mich so etwas aufregt. Jedenfalls haben andere kürzlich seine zurückgezogenen mit seinen nicht zurückgezogenen Publikationen verglichen und festgestellt, dass tatsächlich die Befunde in dieser Gruppe gegen das Benford'sche Gesetz verstießen und die der ehrlichen Artikel nicht – die Autor:innen schlagen daher vor, dass Journals in Zukunft automatische Software verwenden sollten, um zugesandte Daten zumindest grob auf dieses Anzeichen von Betrug zu prüfen.

Nur wussten die Forscher:innen in dem Fall schon im Voraus, welche Zahlen verdächtig waren. Ist das nicht der Fall, also hat man keine zwei separaten Gruppen, sondern nur einen Wust von Daten, lässt sich ein anderer Trick anwenden: Man kann schauen, ob die erste Ziffer dem Benford'schen Gesetz zuwiderläuft und die zweite nicht. Wie erwähnt, sollten beide Stellen gleichermaßen dem Gesetz folgen. Wer Daten manipuliert, wird aber wahrscheinlich der ersten Stelle mehr Aufmerksamkeit widmen und die späteren Ziffern eher so lassen, wie sie waren. Mit dieser Methode wurde zum Beispiel die Glaubwürdigkeit von berichteten Zahlen der Pandemie aus verschiedenen Ländern verglichen. Es stellte sich heraus: Je demokratischer ein Land ist und je stärker seine wirtschaftliche Struktur, desto eher entsprechen die berichteten COVID-Zahlen der Verteilung, die man nach Benford erwarten würde.

Anders gesagt: Wer erfolgreich Daten manipulieren will, hat besser ein starkes Verständnis für Statistik. Denn nur sie enthüllt, ob das, was für uns wie ein Zufall aussieht, wirklich zufällig sein kann. Selbstverständlich sind nicht alle Zahlen, bei denen ein Benford-Alarm losgeht, automatisch mit Absicht manipuliert. Wie in der genannten Studie selbst erwähnt wird, kann die Abweichung auch daher kommen, dass die COVID-Verteilung in manchen Ländern tatsächlich einfach anders ist oder dass es systematische Lücken in den Daten gibt. Zumindest war bei dieser aktuellen Pandemie die Menschheit schon so weit, dass sie das Auftreten des Virus schnell identifizieren konnte. Das war bis vor ein paar Jahrzehnten leider noch anders.

KAPITEL 31 | SIV

Wie alt ist eigentlich das Aids-Virus?

Was Aids ist, wissen wir alle. In der Behandlung dieser Immunschwäche werden beeindruckende Fortschritte gemacht, von denen man meist gar nicht hört, aber es gibt auch immer noch massive Hürden bei der Bekämpfung und weiterhin kein Heilmittel. Millionen Menschen sind bereits an Aids gestorben, und derzeit sind immer noch Millionen HIV-positiv. Aids betrifft alle, aber bei dieser Pandemie ist es leichter als bei Corona, sich einzureden, dass es nur »die anderen« trifft. Daher gab und gibt es manchmal die Tendenz, das Thema lieber totzuschweigen, statt es ordentlich anzugehen.[67]

Dabei wurde es in der Popkultur immer wieder verarbeitet. Die erste große Hollywood-Produktion dazu, *Philadelphia*, hat viel Aufmerksamkeit bekommen. Und nur ein Jahr, nachdem Tom Hanks den Oscar für die Hauptrolle in dem Film erhalten hat, gab es eine etwas seltsam anmutende Stelle in einem *Spawn*-Comic. Der dämonische Titelheld kämpft gegen einen Vampir, der nebenher erwähnt, dass seine untote Zunft prominente Mitglieder verloren hat, die sich durch das Blut ihrer Opfer mit dem infiziert haben, was er »eure elende Sex-Krankheit« nennt. (Dieser spezielle *Spawn*-Comic wurde von Alan Moore geschrieben, dessen mit Abstand bekanntestes Werk in Kapitel 6 erwähnt wurde: *Watchmen*.)

Das wirft natürlich Fragen auf: Wie und warum kann ein Vampir überhaupt an einem Virus sterben? An einem Virus ausgerechnet, das insbesondere das Immunsystem angreift und dadurch an-

67 Am 1. Dezember ist Welt-Aids-Tag, das Datum kann man sich leicht merken. Es kostet nicht viel Mühe, an dem Tag eine rote Schleife zu tragen, um das Thema in den Köpfen der Menschen etwas präsenter zu halten.

dere Krankheiten gefährlicher macht. Heißt das, Vampire haben normalerweise ein funktionierendes Immunsystem? Und vor allem: Ist es nicht vielleicht etwas geschmacklos, diese schlimme Krankheit in einem Vampir-vs-Dämonenkrieger-Comic so beiläufig zu behandeln?

Es gäbe also viel zu besprechen und auch viele Missverständnisse auszuräumen; hier soll es vor allem darum gehen, wo das Virus eigentlich herkam. Wieso, denken manche von euch jetzt, weiß man doch: von schwulen Amerikanern. Eben nicht.

Für die Wissenschaft beginnt die Geschichte 1981: Da erschien ein Bericht über eine merkwürdige Lungenentzündung, sie sich fünf ansonsten gesunde junge Männer zugezogen hatten – zwei waren bereits daran gestorben. Weil sie alle homosexuell waren, wurde konkret in dieser Gruppe nach einer möglichen unbekannten Krankheit gesucht. Drei Jahre später erschien ein Paper einer Forschergruppe, die über Kontaktnachverfolgung den ersten Patienten ausfindig zu machen versuchte oder zumindest den, der das Virus nach Nordamerika gebracht hatte. In dem Paper heißt es, der Ursprung von Aids sei unbekannt – tatsächlich war das HI-Virus bereits im Jahr zuvor isoliert worden; seither wusste man, dass es sich bei dem Aids-Erreger um ein Retrovirus handelte (das kennt ihr aus Kapitel 27). Und da der im Paper identifizierte Index-Patient ein Flugbegleiter war, schien die Sachlage klar: Er musste sich an irgendeinem exotischen Ort ein neuartiges Virus eingefangen haben und hat das unglücklicherweise eingeschleppt. Aber wie sich nach und nach herausstellte, war die Geschichte viel komplizierter.

Das HI-Virus wehrt sich hartnäckig gegen seine Erforschung, denn es verändert sein Genom häufiger, als man das sonst gewohnt ist. Ihm fällt die Neuanordnung seines eigenen Genmaterials sehr leicht. Daher wird euch die Information nicht überraschen, dass es nicht nur HIV gibt, sondern auch HIV-1 und HIV-2 (Ersteres ist für den Menschen gefährlicher). Und vielleicht nehmt ihr noch hin, dass es von HIV-1 wichtige Unterformen gibt namens M, N und O. Aber spätestens, wenn ich euch sage, dass der Großteil der derzeitigen Infektionen von sechsundneunzig Unter-Unterformen der Unterform HIV-1 M kommt, habt ihr eine Vorstellung davon, dass das Nachvollziehen genetischer Verläufe der Viren durchaus eine Herausforderung ist.

Nach wenigen Jahren entdeckte man, dass HIV-2 eine enge Verwandtschaft mit Viren aufweist, die man in verschiedenen Affenarten gefunden hatte, von Schimpansen bis Makaken. Daher wurde nicht mehr nur an einem klaren Stammbaum für HIV gearbeitet, sondern auch an einem separaten für SIV: dem *simian immunodeficiency virus* oder HIV in Affen. Ich hatte früher die Gene *gag*, *pol* und *env* erwähnt, die bei allen Retroviren vorhanden sind (*env* war das, das bei der Plazenta ausgeholfen hat). In diesem Fall schaute man auf Veränderungen bei *pol* – wichtig für den Prozess, etwas in die DNA zu schreiben –, um Verwandtschaften zwischen Viren in verschiedenen Tierarten festzustellen. Weil das biologische Konzept der Retroviren so unvorstellbar erfolgreich ist, findet man HI-verwandte Viren in allen möglichen Säugetieren von Pferden bis Katzen, aber vor allem in Primaten. Je nach Spezies können zwischen einem und 50 Prozent der Individuen positiv sein; den Höchstwert von 50 Prozent Infizierten fand man beim Mandrill, das ist die Spezies von Rafiki aus *Der König der Löwen*.

Allerdings haben die nicht alle automatisch Aids. In den meisten Fällen ist das Virus in Tieren nicht pathogen, löst also keine Krankheit aus. Diese Forschung hilft uns vor allem, zu verstehen, wann, wo und wie das Virus von Tieren auf den Menschen übergegangen ist.

Dabei gibt es durchaus Überraschungen: Zum einen scheinen die Unterformen M, N und O von verschiedenen Übertragungs-Events zu stammen. Zum anderen stellte sich heraus, dass sich Leute, die sich in der Nähe von wilden Affen aufhalten, wahrscheinlich ständig mit SI-Viren infizieren. In den meisten Fällen ist das eine

Sackgasse für das Virus: Vielleicht kann es sich im Menschen gar nicht vermehren, oder es infiziert eine isolierte Jägergruppe und findet darüber hinaus niemanden zum Anstecken. Aber bei vielen Ansteckungen und einer hohen Rate von Änderungen im Genom kann es passieren, dass eine Variante doch gefährlich wird, entweder schon im Tierkörper oder erst im Menschenkörper, und zu einer Epidemie führt. Das wird umso wahrscheinlicher, je mehr die Menschheit zuvor unbewohnte Gebiete besiedelt und je effizienter das Transportwegenetz wird.

Denkbar schlecht, denn all diese Dinge intensivieren wir ja die ganze Zeit. Daher ist es kein Zufall, dass Aids zum ersten Mal vor wenigen Jahrzehnten bei uns auftrat, obwohl sich die HI- und ähnliche Viren mit Sicherheit schon viel früher übertragen haben. Auf der Suche nach der allerersten Übertragung half auch ein absoluter Glückstreffer: 1959 wurde einem Mann in Kinshasa[68] Blut für eine Studie abgenommen – fast dreißig Jahre später fand man Bruchstücke der damaligen Version des HI-Virus darin. Es waren zwar nur 15 Prozent des Erbguts lesbar, aber das reichte, um den Platz dieser Variante im Gesamtablauf bestimmen zu können. (Vielleicht ist es diesem Fund zu danken, dass uns Kinshasa im Zusammenhang mit weltweiten Pandemien in der Popkultur immer wieder begegnet: Es ist eine der 48 Städte auf dem Brett des genialen Gesellschaftsspiels *Pandemie* und eine der acht Städte, in die das Virus gebracht wird, das die Menschheit im Film *12 Monkeys* in den Untergrund treibt.)

Durch diese ganzen aufwendigen Untersuchungen in Kombination mit Wissen über andere Viren kam man auf die Schätzung, dass sich das Virus, das wir heute sehen, erstmals um 1920 auf den Menschen übertragen hat. Also ganz bestimmt nicht die fünf

68 Die Stadt hieß damals Léopoldville, nach einem belgischen König. Das ganze Land, heute die Demokratische Republik Kongo, hat König Leopold II. als sein persönliches Eigentum angesehen und in schlimmster Weise ausgebeutet und versklavt. Selbst vor dem Hintergrund der Grausamkeiten des Kolonialismus ist die Geschichte von Belgisch-Kongo, wie es damals genannt wurde, unfassbar. Ich überlasse es euch, mal nach dem Begriff »Kongogräuel« zu suchen. Es ist für mich eine Schande, dass darüber heute nicht mehr gesprochen wird, und es wundert mich nicht, dass Petitionen fordern, alle belgischen Statuen von Leopold II. umgehend zu entfernen.

homosexuellen Amerikaner dafür verantwortlich zu machen waren. Angesichts der Vielfalt an Übertragungen und Varianten muss man eher annehmen, dass ein weltweiter Aids-Ausbruch früher oder später unvermeidlich war, einzelne Flugbegleiter hin oder her.

Das heißt auch, dass uns die Aids-Pandemie, oder zumindest ihr drohender Schatten, seit über 100 Jahren begleitet. Und erst jetzt wird sie langsam wirklich verstanden. Ein Mittel, um in Zukunft besser gewappnet zu sein, ist die Einrichtung virologischer Forschungsinstitute direkt dort, wo viele neue Übertragungen von Tieren auf Menschen stattfinden. Ein Virologe schätzt, dass es bei neun von zehn Ausbrüchen ein Labor in der Nähe gibt, das sich auf die Untersuchung der entsprechenden Virenart spezialisiert hat. Das ist natürlich eine etwas ernüchternde Information für Leute, die denken, dass das SARS-CoV-2-Virus in einem Labor in China entwickelt wurde. Generell wird so eine Hypothese zunehmend unglaubwürdig, je mehr man darüber weiß, wie normal das Auftreten neuartiger Viren bei den Menschen wirklich ist. Aber wie viel wir von einer Idee hören, hängt nicht immer direkt damit zusammen, wie zutreffend sie ist.

Bei Google zum Beispiel richten sich die Vorschläge der Autovervollständigung an dem aus, was von anderen Nutzer:innen auf der Plattform gesucht wird. So wurde eine Zeit lang bei der Eingabe »Coronavirus ist« als Vervollständigung »menschengemacht« angeboten. Das heißt, es gab Leute, die nach der entsprechenden Theorie gegoogelt haben, wodurch es dann anderen vorgeschlagen wurde, die sonst nicht danach gesucht hätten. Auf diese Weise werden die Spekulationen dahinter (dass wir von fremden Mächten bedroht werden und uns die Wissenschaft darüber anlügt) automatisch weiterverbreitet, nur durch den Google-Algorithmus. Aber warum sagen wir eigentlich »Algorithmus«? Hat das mit Rhythmus zu tun? Oder vielleicht sogar mit Al Gore?

KAPITEL 32 | AL-CHWARIZMI

Warum unsere Zahlen arabisch sind

Unter einem Algorithmus verstehen wir im Grunde eine klare Anleitung zum Lösen von Problemen. Er besteht aus einer festgelegten Anzahl von Schritten, die so wie angegeben eindeutig durchführbar sind. Ein simpler Algorithmus wäre: 1. Gehe einen Schritt nach vorne. 2. Wenn du kannst, gehe nach links. 3. Wenn nicht, siehe 1. Mit dieser sehr einfachen Strategie kann man zum Beispiel einen Roboter programmieren, der einen Weg durch ein Labyrinth findet, sofern das Labyrinth keine »Inseln« hat, bei denen der arme Roboter endlos im Kreis laufen würde.

Algorithmen sind wichtig für Computer, und damit sind sie wichtig für so ziemlich alles, was wir den Tag über tun. Die ältesten bekannten Algorithmen stammen von antiken Keilschriften (s. Kapitel 23) und beschreiben etwa, wie man ein Volumen berechnen kann. Aber vermutlich kannten die Menschen Algorithmen bereits, bevor sie schreiben konnten, schon in der Steinzeit. Mit eurer überschießenden Fantasie seht ihr jetzt Jäger und Sammler vor dem inneren Auge, die abends am Lagerfeuer überlegen, wie man einen Roboter durch ein Labyrinth schicken kann. So war es nicht, aber plausibel ist, dass die Leute damals ein gewisses mathematisches Verständnis hatten, zum Beispiel, um Vorräte zu verwalten. Und da Algorithmen im Grunde nur angewandte Mathematik sind, begleiten sie uns wohl schon seit Langem.

Das *Wort* Algorithmus dagegen hat einen eindeutigen Ursprung: Es basiert auf dem Namen des Gelehrten al-Chwarizmi aus dem neunten Jahrhundert. Sein Name deutet darauf hin, dass er aus dem Gebiet Choresmien kam, was zum großen Teil im heutigen Usbekistan liegt. Damals herrschte die sogenannte Blütezeit des Islam. In Bagdad gab es das »Haus der Weisheit«, in dem Schriften aus aller Welt von Griechenland bis Indien archiviert, übersetzt und studiert wurden – ein leider nicht mehr existenter Schatz, dessen Wert für die Wissenschaftsgeschichte sich nur schwer bemessen lässt. Vielleicht würde die Bibliothek heute noch stehen, wären da nicht die Enkel von John Wayne dazwischengekommen. Moment, ich meinte nicht John Wayne, sondern Dschingis Khan.[69] Mitte des 13. Jahrhunderts wurde die Stadt von den Mongolen zunächst belagert, dann eingenommen und schließlich zerstört. Es sollen so viele Bücher aus dem Haus der Weisheit in den Tigris geworfen worden sein, dass die Tinte sein Wasser schwarz färbte. Die Mongolen zerschlugen zwar nicht alle Wissenschaft vor Ort, aber die Blütezeit des Islam war damit zu Ende.

Das war aber erst mehrere Hundert Jahre nach al-Chwarizmis Tod. Zu seinen Lebzeiten schrieb er einen Text mit einem langen Titel, in dem der Begriff *al-ğabr* vorkam – aus diesem leitet sich unser Wort *Algebra* ab. Dieses Buch verband griechische und indische Lehren und beschrieb allerlei Gleichungen und Berechnungen, die für uns noch heute zur Algebra zählen.

Wenn man es sich genau ansieht, kann man bei dem Wort »Algebra« auch gleich darauf kommen, dass es arabischen Ursprungs ist. Für einige andere Wörter, die wir in einem wissenschaftlichen Kontext kennen, trifft das ebenso zu: »Alchemie« (und damit auch »Chemie«), »alkalisch« und »Alkohol« wirken schon aufgrund der ersten Silbe so. Andere klingen allgemein arabisch, wie »Zenit«, »Tarif« oder »Magazin«. Tatsächlich erhielten wir alle diese Begriffe irgendwann aus dem Arabischen und mit ihnen das Wissen der islamischen Welt. Zu einer Zeit, in der Europa damit beschäftigt war, seine nach-römische, christlich grundierte Identität auszuprägen, war im Islam der wissenschaftliche Fortschritt zu Hause – da wundert es einen auch nicht mehr, dass selbst unsere Zahlen arabisch sind.

69 Wer diesen Gag nicht versteht, hat Kapitel 5 übersprungen.

Eigentlich ist das total bekannt – alle wissen, woher unsere Zahlen kommen, mit Nerdtum hat das nichts zu tun. Aber immer wieder, auch in ansonsten vernünftigen Nerd-Kreisen, stoße ich auf die Ansicht, das Westeuropa des 14. bis 16. Jahrhunderts hätte die moderne Wissenschaft im Zuge der Renaissance selbst ersonnen und in die Welt befördert, entweder komplett aus dem Nichts heraus oder zumindest angetrieben durch einen einzigartigen Intellekt und Spirit. Nichts könnte alberner sein.

Selbstverständlich war die Renaissance in Europa eine Zeit voll beeindruckender Entwicklungen, und auch manche meiner Lieblingskunstwerke stammen aus dieser Zeit. Aber ebenso wie die Entstehung der ersten großen Zivilisationen (s. Kapitel 23) fand auch sie nicht in einem Vakuum statt. Zuvor hatte es ab dem 11. Jahrhundert eine Zeit gegeben, in der unzählige Texte aus dem Arabischen ins Lateinische übersetzt wurden, vor allem in Regionen, die einmal islamisch geprägt und rückerobert worden waren. In rauen Mengen wurde wissenschaftliche Erkenntnis der christlichen Welt nun entweder erstmals bekannt oder wieder in Erinnerung gerufen. Ohne das Studium dieser arabischen Texte wäre die Renaissance unmöglich gewesen.

Der Gedanke, die Leute im Westen seien aus irgendeinem Grund »besser«, was Wissenschaft angeht, ist mit unvoreingenommenem Blick auf die Geschichte hochgradig lachhaft: Viele andere Länder und Kulturen haben mehr als deutlich bewiesen, wie sehr sie Wissen vorantreiben und Entwicklungen prägen können. Vielleicht kann nicht jede Person auf der Welt eine große Wissenschaftlerin werden, aber eine große Wissenschaftlerin kann von überall auf der Welt kommen.[70] Mein absolut liebstes Lieblingszitat aus der Wissenschaft bringt dies auf den Punkt. Der Biologe Stephen Jay Gould sagte einmal: »Irgendwie bin ich weniger an dem Gewicht und den Windungen von Einsteins Gehirn interessiert als an der schieren Gewissheit, dass Leute von gleichem Talent auf Baumwollfeldern und in Ausbeuterbetrieben gelebt haben und gestorben sind.« Als ich noch in einem Büro gearbeitet habe, war der Satz dort immer an der Wand zu finden.

Kurz gesagt: Manches von dem, was wir über unsere eigene Wissenschaftsgeschichte denken, ist reine Illusion. Aber das bedeutet nicht, dass sie machtlos sind, ganz im Gegenteil: Unser Gehirn macht manche Illusionen echt.

70 Pixar-Nerds erkennen diese Einsicht natürlich sofort als Abwandlung eines Zitats von Anton Ego aus *Ratatouille*.

KAPITEL 33 | CUTANEOUS RABBIT

Wie unser Gehirn Dinge spüren kann, die es nicht gibt

Wir alle kennen verschiedene Illusionen aus den Bereichen Sehen und Hören. Aber was ist mit taktilen Illusionen, also die den Tastsinn betreffen? Da gibt es auch welche, zum Beispiel die *Cutaneous Rabbit*-Illusion (das übersetze ich jetzt mal etwas wild als *Hautkarnickel*). Bei ihr werden schnell hintereinander zwei Punkte auf der Haut berührt, sagen wir auf dem Unterarm einmal näher am Ellbogen und einmal näher am Handgelenk. Ist das in Timing und Position genau richtig abgestimmt, fühlt es sich für die oder den Berührten an, als wäre noch eine andere Berührung dazwischen, ein wenig so, als würde ein Häschen die Strecke entlanghüpfen. Der Unterarm ist dafür gut geeignet, weil er im Gehirn nicht sehr hochaufgelöst verarbeitet wird. Üblicherweise wird der Trick so durchgeführt, dass die erste Stelle zweimal und die andere Stelle einmal berührt wird, und die Berührungen müssen Sekundenbruchteile aufeinander erfolgen. Die vermutliche Erklärung für die Illusion: Der Vorgang ist höchst seltsam, deshalb versucht das Gehirn die Wahrnehmung so zu deuten, dass sie von etwas kommen könnte, das es in der wirklichen Welt gibt.

Anders gesagt: Unsere Sinne haben gewisse Erwartungen an die Welt, und werden diese nicht eingelöst, kann es zu Illusionen kommen. Unsere Augen sehen die Handbewegung eines Zauberkünstlers, der vermeintlich eine Spielkarte in die Luft wirft – umso größer ist unser Erstaunen, wenn sie stattdessen woanders auftaucht. Die Haut ist da nicht anders: Etwas, das uns ganz schnell an verschiedenen Stellen auf dem Körper berührt, flitzt vermutlich von einem Ort zum anderen. So wie unsere Augen für einen Sekundenbruchteil glauben, die fliegende Spielkarte zu sehen, glaubt unsere

Haut, die erwartete dritte Berührung des vermeintlichen Häschens zu spüren. Das Reinlegen der Haut wird dabei durch ihre Unsicherheit in der Wahrnehmung ermöglicht: Sehr nahe Stimulationen auf dem Unterarm können wir, wie gesagt, nicht so gut auseinanderhalten wie, sagen wir mal, an der Fingerspitze. Daher muss das Gehirn auf Grundlage unscharfer taktiler Information interpretieren, was da vor sich geht.

Diese Illusion wurde und wird ausgiebig untersucht. Zum Beispiel hat man sie erzeugt, während die Person, die sie gerade erfährt, in einem MRT-Scanner liegt; so fand man heraus, wie das Gehirn auf die Stimulation reagiert. Bekanntlich wird alles, was wir auf der Haut spüren, im Gehirn verarbeitet. Verschiedene Nervenzellen warten auf Signale von bestimmten Arealen unseres Körpers: Der eine Bereich reagiert auf Berührungen der Hand, der andere auf Berührungen am Rücken, und so weiter. Je genauer wir etwas an einer Stelle spüren können, desto mehr Hirnzellen sind für diesen Bereich zuständig – oder umgekehrt: Je mehr Hirnzellen wir für einen Bereich haben, desto besser spüren wir die Reize dort. Hände und Mund (und, ähm, die Genitalien) sind recht ausgeprägt ans Gehirn angebunden, der Rücken oder Unterarm hingegen nicht so stark.

Der wichtigste Teil dieses Vorgangs spielt sich dabei auf der runzligen Oberfläche unseres Gehirns ab. An der einen Stelle dieser äußeren Hirnschicht sitzen die Zellen für die linke Hand, an einer anderen die für das rechte Bein, und so weiter. Theoretisch könnte man einen Stift nehmen und diese Stellen auf dem Gehirn

anzeigen, indem man das entsprechende Körperteil auf die Nervenzellen malt, die dafür zuständig sind. Das Ergebnis wäre eine auf die Hirnoberfläche gezeichnete Figur. Die sähe etwas bizarr aus – zum Beispiel wäre der Mund direkt neben der Hand, und beide wären sehr viel größer als Beine oder Rücken –, aber es wäre möglich. Zudem gibt es nicht nur diese eine Figur im Gehirn, sondern mehrere: allein eine fürs Spüren von Reizen auf der Haut und eine andere für die Bewegung oder Bewegungsplanung. Auch diese Regionen sind inzwischen recht gut untersucht, sodass man bei einem Hirnscan ablesen kann, an welcher Stelle das Gehirn eine Berührung wahrnimmt. Und siehe da: Für das Gehirn findet die dritte Berührung des Hautkarnickels da statt, wo sie wahrgenommen wird, also zwischen den tatsächlich berührten Stellen, und nicht da, wo sie in der Realität stattfindet. Für unser Hirn ist die Illusion real. Wenn man ausschließlich die Hirndaten hätte, wäre es unmöglich zu erkennen, ob die Berührung in Wirklichkeit stattgefunden hat oder nicht.

Ein Thema für die Schmerzforschung: Denn auch wenn man denkt, Schmerz sei nur eine extreme taktile Wahrnehmung, sind es verschiedene Sinne, die auch von unterschiedlichen Sensoren aufgenommen werden. Im Gehirn regen Schmerzsignale zum Teil dieselben, aber zum Teil auch andere Areale an als Berührungen. Es ist also eine spannende Frage, ob sich die Illusion auch auf der Schmerzebene erzeugen lässt, denn das kann Auskunft darüber geben, welche Teile des Nervensystems und Gehirns damit zu tun haben und welche nicht. Eine Forschungsgruppe hat das Experiment daher mit einem schmerzhaften Hitzelaser durchgeführt, mit dem sich Ort und Dauer der Stimulation sehr präzise bestimmen lassen. Und siehe da: Auch bei einer Schmerzstimulation findet die Illusion statt.

Es wird noch abgefahrener: Die Illusion muss nicht mal auf dem Körper stattfinden, um gespürt zu werden. Also nicht komplett. Stellt euch vor, ihr streckt eure Zeigefinger waagerecht nach vorne aus und jemand legt einen Stock darüber, den ihr auf euren Fingern balanciert. Dann schließt ihr die Augen, und jemand berührt schnell erst den einen Finger, dann den anderen. Wenn das richtig gemacht wird, spürt man die zusätzliche Berührung zwischen den Fingern – und das heißt in dem Fall, man spürt eine Berührung auf dem Stock. Das Hautkarnickel wird zum Stockkarnickel. Der Mechanismus ist vermutlich derselbe: Das Gehirn versucht, einen Sinn in das Geschehen zu bringen, und bezieht dabei den Stock einfach mit ein; ähnlich wie es einen Stift oder ein Werkzeug vorübergehend als Teil des Körpers betrachtet, um Bewegungen damit planen zu können.

Der Effekt wird dadurch noch für ganz andere Themen wichtig. Um den Einbau eines Gegenstands in das Körperbild geht es auch beim Tragen von Prothesen. Das ist wichtige Forschung mit noch viel Luft nach oben. In einer Studie, an der ich selbst beteiligt war, haben wir Daten von über 3000 Leuten in Deutschland gesammelt, denen ein Körperteil amputiert wurde. Unter anderem fragten wir auch nach Prothesennutzung. Es stellte sich heraus, dass weniger als die Hälfte der Leute nach Amputation eines Arms oder einer Hand eine Prothese verwenden (allerdings fast alle Leute mit Beinamputation), und bei den meisten, die das tun, handelt es sich um kosmetische Prothesen, die man nicht zum Greifen verwenden kann. Die superaufwendigen Roboterhände, die man manchmal im Fernsehen sieht, egal ob in Dokus oder Sci-Fi-Filmen, sind somit den allerwenigsten Patient:innen irgendwie von Nutzen. Das ist ernüchternd, denn es wird viel Forschungsaufwand und Ingenieursarbeit betrieben, um solche Hände zu verbessern. Dass sie nicht häufiger zum Einsatz kommen, hat mit Sicherheit mehrere Ursachen: Zum einen muss der vorhandene Rest der Gliedmaße in der Lage sein, die Prothese zu heben und zu steuern. Und da nun mal selten ein vollkommen gesunder Arm abgenommen wird, gibt es viele, bei denen ein Nerven- oder Muskelschaden im Körperteil mit dem Stumpf vorliegt, was die Benutzung einer Prothese erschwert oder verhindert. Aber es gibt sicher auch Dinge an den Prothesen selbst zu verbessern, um das Gefühl zu erzeugen, dass sie zum Körper gehören. Solch koordinierte Berührungen wie beim Hautkarnickel können dabei helfen. Wir wissen auch schon von der Gummihand-Illusion, dass selbst Leute ohne Amputation das Gefühl bekommen können, eine Prothesenhand gehöre zu ihrem Körper: Dazu ist nur nötig, dass man die Berührung, die man auf der Prothesenhand beobachtet, auf der eigenen Hand gespürt wird. Ein sehr merkwürdiges Gefühl ist das, und es funktioniert auch nicht bei allen. Aber zusammengenommen können uns solche Versuche Möglichkeiten aufzeigen, Menschen besser an künstliche Körperteile zu gewöhnen und die Prothesen auch sinnvoller zu gestalten.

Ein Risiko dabei ist, dass die Forschung an den Patient:innen vorbeiarbeitet – hier müssen Technik und Medizin gut zusammenarbeiten. Apropos Zusammenarbeit:

KAPITEL 34 | TIT FOR TAT

Wie Kooperation aus Abtrünnigkeit entstehen kann

Stell dir vor, du hast gemeinsam mit jemand anderem eine Bank ausgeraubt. Die Polizei hat euch geschnappt, und ihr sitzt in getrennten Verhörräumen. Es gibt aber nicht ausreichend Beweise gegen euch, daher hofft die Polizei, dass einer von euch beiden gesteht. Wenn ihr beide dichthaltet, bekommt ihr jeweils ein Jahr Knast (sagen wir, ihr habt nachgewiesenermaßen auf der Flucht zusammen ein Auto geklaut). Allerdings habt ihr auch beide die Möglichkeit zu gestehen: Wer das tut, kommt ganz ohne Strafe davon und kann zudem noch alle Verantwortung auf den anderen schieben – der geht in dem Fall für ganze drei Jahre ins Gefängnis. Wenn ihr euch gegenseitig verratet, sitzt ihr beide jeweils für zwei Jahre ein. Der letzte Fall ist objektiv gesehen der schlimmste, da dabei insgesamt vier Jahre Haft ausgeteilt werden.

Diese Situation ist als *Gefangenendilemma* in die Geschichte der Spieltheorie eingegangen und wird dort seit Jahrzehnten untersucht. Im engeren Sinn ist es ein Strategiespiel: Man muss seine Entscheidung so treffen, dass sie in Kombination mit der Entscheidung der anderen Seite auf ein möglichst gutes Ergebnis hinausläuft – im besten Fall ein gutes Ergebnis für beide, aber im Zweifel vor allem für sich selbst. Mit dem Prinzip lassen sich alle möglichen strategischen Situationen beschreiben, von Gehaltsverhandlungen bis zu Feldzügen im Krieg. Denn auch da zeigt sich die Qualität eines Plans immer nur in Relation zu dem, was die anderen machen, ganz egal, wie clever er klingen mag. Oder, wie ein Zitat besagt, das dem Generalfeldmarschall von Moltke zugeschrieben wird: Kein Plan überlebt die erste Feindberührung.[71]

Im Forschungsfeld der Spieltheorie sucht und würdigt man gerade solche Strategien, die immer zum Gewinn führen, unabhängig davon, was der andere macht – das ist dann eine *dominante* Strategie. Ein Beispiel dafür: Ich bin zu Hause, aber ich mag es eigentlich lieber am Strand. Einem guten Freund von mir geht es genauso, außerdem verbringen wir gerne Zeit miteinander. Allerdings können wir (wie die zwei Gefangenen in den Verhörräumen) nicht miteinander kommunizieren. In dem Fall ist das Zum-Strand-Gehen für mich die dominante Strategie. Klar, mein Ergebnis hängt immer noch sehr davon ab, was der andere macht, da ich den Tag entweder

71 Im Original leider weit weniger schnittig formuliert: »Kein Operationsplan reicht mit einiger Sicherheit über das erste Zusammentreffen mit der feindlichen Hauptmacht hinaus.« Aber es gibt noch die gleichbedeutende, dabei sehr viel bodenständigere Version, die dem Boxer Mike Tyson zugeschrieben wird: »Jeder hat 'nen Plan, bis er eine aufs Maul bekommt.«

mit einem guten Freund verbringen werde oder allein. Aber selbst wenn ich allein bleibe, bin ich zumindest am Strand. Die Strategie führt also in beiden Fällen zu einem besseren Ergebnis, als wenn ich die Entscheidung treffen würde, zu Hause zu bleiben, weil mein Freund vielleicht auch zu Hause bleibt.

Damit kommen wir zur Besonderheit des Gefangenendilemmas: Die dominante Strategie ist hier objektiv die schlechteste.

Keine Sorge, wenn dieser Satz für euch beim Lesen erst mal keinen Sinn macht. Eben sagte ich, dass die dominante Strategie zum besseren Ergebnis führt – wie kann sie dann die schlechteste sein? Gehen wir das kurz anhand der genannten Zahlen durch: Du sitzt im Verhörraum, und die Polizei bietet dir an, zu den genannten Konditionen ein Geständnis abzulegen. Du überlegst, was der andere wohl tun wird. Sollte der dichthalten, hast du die Wahl zwischen einem Jahr Knast, wenn du auch dichthältst, oder gar keinem Knast, wenn du den anderen verpfeifst. Also ist in diesem Fall das Verpfeifen die bessere Wahl. Sollte der andere aber versuchen, dich reinzureiten, dann hast du die Wahl zwischen drei Jahren Gefängnis, wenn du dichthältst, und zwei Jahren, wenn du ihn verpfeifst. Also ist auch da das Verpfeifen die bessere Wahl.

Dadurch wird das Verpfeifen, oder generell das Nicht-Kooperieren, zur dominanten Strategie im Gefangenendilemma – die gleichzeitig insgesamt zum objektiv schlechtesten Ergebnis führt: Denn auch für den anderen ist es die dominante Strategie, aber wenn sich beide gegenseitig verpfeifen, landet man bei den vier Jahren Gefängnis, die insgesamt ausgeteilt werden.

Für dieses spezielle Problem der versagenden dominanten Strategien gibt es einen extra Begriff, den ich auch im Alltag sehr nützlich finde: Die Strategie, den anderen im Gefangenendilemma zu verraten, ist zwar dominant, aber nicht pareto-optimal. Ein pareto-optimales Ergebnis ist eines, bei dem sich die Situation für keinen der Teilnehmenden mehr verbessern lässt, ohne sie für einen der anderen zu verschlechtern. Nehmen wir dafür die bestmögliche Entscheidung in einem Kaufhaus: Wenn ich unbemerkt Waren klaue, ist das für mich vielleicht die beste Situation, aber es verschlechtert die Situation des Kaufhauses. Da aber das Kaufhaus gerne Geld hätte und ich gerne seine Ware, ist der normale Kaufvorgang die pareto-optimale Strategie: Alle bekommen, was sie wollen, ohne die Situation des anderen zu verschlechtern. Der Begriff gilt auch in ganz anderen Zusammenhängen. So ist ein Baumaterial dann pareto-optimal, wenn sich die Festigkeit nicht mehr verbessern lässt, ohne die Masse zu verschlechtern, und umgekehrt.

Gut, wir haben also eine Situation vor uns, in der die vermeintlich beste Strategie des Einzelnen zum insgesamt schlechtesten Ergebnis für alle führt. Solche Dilemmata gibt es im echten Leben leider zuhauf, von Entscheidungen zum Klimaschutz bis zu Dynamiken in romantischen Beziehungen. Wie kommen wir aus der Nummer raus?

Dazu hatte ein Spieltheoretiker in den Siebzigerjahren eine Idee: Er wollte diese Frage in einem Turnier lösen. Nein, die Forschenden sollten sich nicht gegenseitig verhauen, bis geklärt war, wer recht hat. Sondern er rief Fachexpert:innen auf, Computerprogramme einzureichen, die jeweils zweihundert Runden des Gefangenendilemmas gegeneinander spielen sollten. Statt Gefängnisjahre zu vermeiden, galt es, Punkte zu gewinnen, das Prinzip war ansonsten identisch. Alle Programme sollten eins zu eins gegeneinander antreten, aber dann auch gegen sich selbst und gegen einen Zufallsgenerator, der ohne jede Strategie willkürlich eine Aktion durchführt. Die Programme durften so komplex sein, wie sie wollten, konnten sich aber nicht mit anderen Spieler:innen oder Programmen abstimmen und wussten im Vorfeld auch nicht, wem sie gegenüberstehen würden. Allerdings spielten sie die zweihundert Runden immer gegen dasselbe gegnerische Programm: Sie konnten sich also mit der Zeit auf das Verhalten des anderen einstellen. Die Entscheidungen pro Runde wurden immer gleichzeitig getroffen; man konnte also nicht erst abwarten, was der andere tut.

Eine einfache Strategie wäre ein Programm gewesen, das einfach nie kooperiert. Oder auch eines, das immer kooperiert. Unter den 14 Programmen, die eingesandt wurden, ist *Tranquilizer* (»Beruhigungsmittel«) mein persönlicher Liebling: Es lullt sein Gegenüber erst mit einiger Kooperation ein, bevor es plötzlich reinhaut und den anderen nur noch verrät. Aber nicht dieses Programm hat das Turnier gewonnen, sondern zur allgemeinen Überraschung das simpelste aller eingeschickten namens *Tit for Tat* (»Wie du mir, so ich dir«). Dessen Strategie: Zu Beginn immer erst kooperieren und dann immer das tun, was der andere in der Runde vorher getan hat. Solange der andere kooperiert, geht es ewig mit Kooperation weiter, aber jeder Verrat wird konsequent durch einen eigenen Verrat gespiegelt. Tit for Tat ist nett – was bedeutet: Es fängt nie Ärger an –, aber zugleich unbarmherzig. Das läuft auf eine dieser Weisheiten hinaus, die man genau so, wie sie sind, ins eigene Leben übernehmen kann: Begegne allen zuvorkommend, aber lass dir nie was gefallen.

Dass der kleine Underdog gewonnen hatte, sprach sich natürlich herum, und so wurde bald ein zweites Turnier ausgerufen. Diesmal

gab es 62 Einreichungen aus sechs Ländern. Die Überraschung war komplett, als der neue Sieger feststand, denn das war der alte: Tit for Tat.

Um den Erfolg besser zu verstehen, schauen wir uns seine Faktoren genauer an. Zunächst waren alle erfolgreichen Programme nett, also so eingestellt, dass sie mit einer Kooperation einsteigen. Das scheint also schon mal zu helfen. Durch seine zweite Eigenschaft, die konsequente Vergeltung, lässt sich Tit for Tat nicht leicht ausnutzen. Man kann das Programm reinlegen, aber nicht ohne Schaden für sich selbst. Und es kommt noch etwas Drittes dazu: Tit for Tat zeigt Vergebung; nach einem Konflikt geht es sofort wieder zurück in die Kooperation, solange die Gegenseite das auch tut. Statt eines Elefantengedächtnisses für einstigen Verrat legt es eine lässige »Schwamm drüber«-Mentalität an den Tag.

Daher kann auch nichts schiefgehen, wenn zwei Tit for Tats gegeneinander antreten: Beide werden in der ersten Runde kooperieren. Beide sehen, dass der jeweils andere in der ersten Runde kooperiert hat, dadurch kooperieren beide auch in der zweiten Runde. Das geht so lange weiter bis zum Ende des Duells, und beide gehen mit dem Maximalgewinn raus. Im Grunde sollten wir alle genau das bei solchen Dilemmata auch im Alltag tun. Obwohl – im Alltag kommt noch etwas dazu: das Rauschen, wie es die Mathematik gerne nennt. Es bedeutet, dass man die reale Situation nicht immer absolut korrekt wahrnimmt, weil es manchmal einen Fehler im Signal gibt. Stellt euch vor, ihr wendet Tit for Tat im Umgang mit dem Nachbarn an und lächelt ihm auf der Straße freundlich zu, bekommt aber nur ein unfreundliches Grunzen zurück. Dann solltet ihr nach Tit-for-Tat-Logik ebenfalls in einen unfreundlichen Modus wechseln. Aber es ist natürlich möglich, dass das Grunzen überhaupt nicht euch zugedacht war, sondern der Nachbar gerade ein unangenehmes Telefonat führt, und aus der Entfernung habt ihr seine Bluetooth-Ohrhörer nicht gesehen.

Manche spätere Computersimulationen bekamen solches Rauschen eingebaut. Zum Beispiel wurde ab und zu einfach eine der Kooperationen zu einem Verrat verfälscht. Das führt bei Tit for Tat zu einem Problem: Stellt euch vor, zwei davon kooperieren gerade glücklich miteinander, aber einer schickt plötzlich einen unprovozierten Verrat raus, der in Wirklichkeit bewusst manipuliert wurde. Tit for Tat muss jeden Verrat rächen und hat daher keine andere Wahl: Es reagiert mit einem Verrat, worauf die Gegenseite dasselbe tut. Sie geraten in eine Spirale, aus der sie nicht mehr rauskommen.

Zur Anwendung im Alltag empfiehlt sich daher eine leicht abgeänderte Variante namens Tit for two Tats. Dabei wird einmaliger Verrat einfach ignoriert. Einen Schnitzer darf man sich also leisten. Diese Strategie ist im Zweifel stabiler, kann aber auch einfacher ausgenutzt werden: Ein Programm, das Tit for two Tats gut genug kennt, weiß, dass es sich jedes zweite Mal für Verrat entscheiden kann und immer damit durchkommen wird.

Seine gesammelten Erkenntnisse hat der ursprüngliche Turnierleiter später unter dem Titel »Die Entstehung von Kooperation unter Egoisten« als mathematisches Paper in einem Politikjournal veröffentlicht. Es handelt davon, unter welchen Bedingungen sich Kooperation (bzw. Tit for Tat) durchsetzt. Eins ist klar: Wo es bereits mehr Kooperation gibt, da entsteht auch in Zukunft mehr Kooperation. Aufs echte Leben übertragen, heißt das: Wenn alle Deals um mich herum ehrlich und fair sind, habe ich selbst auch am meisten davon, ehrlich und fair zu sein. Das System ist generell also erst mal stabil. Das will aber nicht allzu viel heißen, denn auch ein System, in dem alle maximal fies zueinander sind, wäre stabil. Trotzdem: Im Modell wird dargelegt, dass die Entstehung von Tit for Tat als vorherrschende Strategie auch über »Kooperations-Cluster« auftreten kann, also über Inseln von Leuten, die miteinander kooperieren und diese Kooperation dann nach außen zum Rest weitertragen. Im Artikel heißt es dazu: »Auf diese Weise kann Kooperation selbst in einer Welt voll bedingungsloser Abtrünnigkeit entstehen.«

Mir macht das Hoffnung. Klar, das Gefangenendilemma ist abstrakt und lässt sich nicht direkt aufs echte Leben übertragen. Aber mir gefällt der Gedanke, dass man sich zusammen mit seinen Lieben Inseln der Fairness und Kooperation aufbauen kann, die sich dann mit anderen Inseln zusammenfinden und das ganze System fairer machen können. Dabei muss man aufpassen, Kooperation nicht mit Gleichschaltung zu verwechseln. Wie beim pareto-optimalen Handel im Kaufhaus ist es häufig so, dass man ganz verschiedene Dinge will, aber die Zusammenarbeit trotzdem sehr gut funktioniert. Vielleicht sogar besser, als wenn alle genau dasselbe wollen. Fragt zu dem Thema nur mal eine Biene.

KAPITEL 35 | HEISSE BIENEN

Was eine Superschwester ist

Bienen sind genetisch superinteressant. Ihr erinnert euch, dass der Mensch üblicherweise 46 Chromosomen besitzt, in denen unser Erbgut liegt, nämlich 23 von der Mutter und 23 vom Vater. Damit die nächste Generation nicht einfach doppelt so viele Chromosomen hat wie gedacht, gebt ihr im Fall einer Fortpflanzung nur die Hälfte davon weiter, die andere Hälfte kommt vom anderen Elternteil. Dabei steuert ihr nicht immer genau dieselben Gene bei: Im Prozess des Herunterbrechens eurer 46 Chromosomen auf 23 werden die Gene, die ihr von euren Eltern erhalten habt, noch mal neu durcheinandergemischt wie ein Kartendeck. Kurz gesagt halbieren wir unser Erbgut, und dann wird es mit der Hälfte des anderen Elternteils wieder zu einem kompletten Satz aufgefüllt. Das passiert, wenn die Eizelle mit einem Spermium befruchtet wird.

Bei der Honigbiene läuft das ganz anders. Das geht los mit der Gesamtzahl der Chromosomen: Weibliche Bienen haben 32 Chromosomen, jeweils 16 von Mutter und Vater. Soweit kennen wir das Prinzip von uns selbst. Aber: Männliche Bienen entstehen aus unbefruchteten Eiern, also welchen, die nie mit dem Erbgut eines Vaters in Berührung gekommen sind. Entsprechend haben sie nur 16 Chromosomen, nämlich die, die im Ei waren. Das ist zwar etwas merkwürdig, aber aus unserer Sicht prinzipiell immer noch gut verständlich.

Spannend wird es, wenn sich diese männliche Biene fortpflanzt, denn jetzt wird es grundlegend anders als bei uns: Da die männliche Biene nur 16 Chromosomen hat, muss sie diese so, wie sie sind, weitergeben. Das Kartenmischen kann nicht stattfinden, da es nichts zu mischen gibt. Eine männliche Biene versucht im Grunde, sich selbst zu klonen. Aber erinnert euch, dass die weibliche Biene alles hat, was sie zur »normalen« Fortpflanzung (»wie beim Menschen«) braucht: Bei ihr mischen sich die Karten wie bei uns. Wenn diese zwei sich fortpflanzenden Bienen mehrere Kinder haben, erhalten diese immer etwas unterschiedliche genetische Information von der Mutter, aber immer dieselbe vom Vater. Daher sind die Geschwister nicht wie wir zu 50 Prozent identisch miteinander, sondern zu 75 Prozent. Logischerweise sind es auch alles Weibchen (sie stammen ja aus befruchteten Eiern), also Schwestern – nur dass der Begriff »Schwestern« bei uns für eine genetische Verwandtschaft von 50 Prozent steht. Daher brauchen wir ein neues Wort und sprechen bei den Bienen von *Superschwestern.*[72]

Die Verwandtschaftsstruktur bei Bienen ist also etwas schwer vorzustellen und wird noch dadurch verkompliziert, dass sich die Königin mit mehreren Männchen fortpflanzt, wodurch es haufen-

72 Bei uns Menschen steht der Begriff »Superschwester« hingegen für ältere Schwestern, die den kleinen Bruder zu Freunden und Konzerten fahren, weil sie schon einen Führerschein haben und er noch nicht. Vielen Dank noch mal dafür.

weise Halbgeschwister gibt. Die Verteilung des Genmaterials ist also weniger überschaubar als bei uns, aber auf jeden Fall enger gestrickt, mit näherer Verwandtschaft zwischen den Individuen, die sich gegenseitig so den Tag über begegnen. Das hat vermutlich einen großen Vorteil: Es gibt die Idee, dass engere genetische Verwandtschaft zu höheren Raten an Altruismus führt, also dem selbstlosen Helfen. Der Gedanke dahinter: Ein Gen, das den Impuls »hilf einer Biene in Not« gibt, wird sich unter diesen Umständen viel eher verbreiten, weil die Wahrscheinlichkeit steigt, dass es einer Kopie von sich selbst hilft. So erklärt man sich auch, dass Honigbienen Menschen stechen, um den Schwarm zu verteidigen, selbst wenn sie daran sterben. Aber die engere Genetik hat nicht nur Vorteile: Die Gleichförmigkeit macht Bienen auch anfälliger für bestimmte Krankheiten.

Das genaue Ausmaß der genetischen Verwandtschaft hat noch eine ganz andere Auswirkung, nämlich auf die Temperatur im Bienenstock. Honigbienen mögen am liebsten eine Temperatur um 35 Grad Celsius. Ein bisschen Schwankung halten sie aus, aber wenn es kühler als 32 Grad oder heißer als 36 Grad wird, empfinden sie das als unangenehm. Jetzt leben diese Bienen aber auf der ganzen Welt, also in kälteren und wärmeren Gebieten und auch in Regionen, wo die Außentemperatur sich mal schneller und mal langsamer ändern kann. Sie brauchen also eine Methode zur Temperaturregulierung, und die haben sie auch: Ist den Bienchen zu kalt, rücken sie näher zusammen und erhöhen so die Temperatur des Schwarms. Wird es ihnen zu warm, fächeln sie mit ihren Flügeln die warme Luft nach draußen. Klingt etwas anstrengend, aber zumindest bekommt man keine trockene Nase wie bei Heizungsluft oder einer Klimaanlage.

Vor einigen Jahren wurde in einer Studie die genetische Variabilität zweier Bienenstöcke künstlich manipuliert, weil man schauen wollte, ob und wie sich das auf das Regulierungsverhalten auswirkt. Mittels künstlicher Befruchtung wurde festgelegt, wie viele väterliche Abstammungen sich durch den jeweiligen Schwarm ziehen. Dann verglich man nach einer Weile die Temperaturen in den Stöcken, sie lagen bei 34,7 und 35,0 Grad – ein Ergebnis, das man in der Wissenschaft unter »ach ja, ist geht so interessant« einstufen würde. Spannend wurde es, als man sich den Verlauf der Temperatur über die Zeit anschaute: Bei dem Stock mit hoher genetischer Diversität hatte sie einen recht stabilen Verlauf und lag immer so zwischen 34,5 und 35,5 Grad, also genau, wie es die Bienen am liebsten mögen. Bei dem Stock, der genetisch gleichförmiger war, gab es hingegen riesige Sprünge. Einmal sank die Temperatur den ganzen Tag tiefer und tiefer, bis sie unter die 34-Grad-Marke fiel, dann sprang sie wieder zurück, blieb einen Tag lang im normalen Bereich (wenn auch schwankend) und schoss dann bis auf über 36 Grad, um sofort darauf wieder zurückzufallen.

Die Erklärung dafür fand sich, als man das Regulierungsverhalten der einzelnen Bienen anschaute und mit ihrer genetischen Abstammung in Verbindung brachte: Ganz offenbar haben Bienen ein genetisch bestimmtes Temperaturempfinden oder zumindest unterschiedliche Grenzen, bei denen sie eingreifen, um die Temperatur zu heben oder zu senken. Anders gesagt: Je nach Ab-

stammung fangen die Bienen früher oder später damit an, die Temperatur nach oben oder unten zu treiben. Im Bienenstock mit der höheren genetischen Diversität gleichen sich diese Gefühlsunterschiede aus, und es entsteht die Temperatur, die für alle am ehesten in Ordnung ist. Bei hoher genetischer Gleichförmigkeit dagegen warten alle wie der faule Willi aus *Die Biene Maja,* bis sie es nicht mehr aushalten, was bei allen ungefähr zum gleichen Zeitpunkt passiert. Dann legen alle mit dem Fächern oder dem Zusammenglucken los. Ehe sie sich richtig versehen, sind sie damit bereits übers Ziel hinausgeschossen und müssen schon wieder Gegenmaßnahmen ergreifen.

Diversität hilft also bei der Zusammenarbeit und macht es für alle gemütlicher. Wenn das mal nur ein paar Leute am rechten Rand der Politik verstehen würden.

Ihr werdet übrigens staunen, wie früh die Menschen nachweislich Bienen zur Honig- und Wachsproduktion verwendet haben. In einer Höhle in Südafrika hat man allerlei Gegenstände gefunden, die vor Zehntausenden Jahren dort zurückgelassen wurden, darunter einen Klumpen, der zum Großteil aus Bienenwachs besteht, gemischt mit Harz. Das Material wurde transportiert (es sind entsprechende Abdrücke auf der Oberfläche erkennbar) und vermutlich als eine Art Klebstoff verwendet. Dieser Klumpen ist sage und schreibe 40 000 Jahre alt. Das war in etwa die Zeit der letzten lebenden Neandertaler[73] und zigtausende Jahre vor dem Aussterben

73 In der Popkultur wird der Zeitpunkt ihres Aussterbens gerne auf noch später gelegt. Ich hatte in Kapitel 8 ja schon das exzellente Videospiel *Far Cry Primal* erwähnt – da findet man einen verfeindeten Stamm, der von den Neandertalern zumindest stark inspiriert ist, im Europa von vor zehntausend Jahren. Und noch viel später wird's in Michael Crichtons Roman *Schwarze Nebel*: Da kämpfen Wikinger gegen menschenfressende Monster, bei denen es sich um eine isolierte Gruppe übrig gebliebener Neandertaler handelt. Die Verfilmung des Romans unter dem Titel *Der 13. Krieger* kam so schlecht an, dass sie zu den finanziell verlustreichsten Filmproduktionen aller Zeiten gehört. Nicht mal ich habe ihn gesehen, und das will was heißen.

der Mammuts. Und aus späteren Phasen der Steinzeit gibt es Höhlenmalereien, die Leute beim Honigsuchen zeigen.

Was haben sie wohl mit dem Honig gemacht? Basierend auf dem Fund des Wachsklumpens wollte eine Studie darlegen, wie plausibel es ist, dass er zu einem alkoholischen Getränk fermentiert wurde. Eine Mischung aus Honig und Wasser wurde mit einer regionalen Pflanze vermischt und mehrere Tage stehen gelassen – das Ergebnis war ein Getränk mit etwas unter drei Volumenprozent Alkoholgehalt. Das ist jetzt nicht sehr viel, aber bestimmt trotzdem ganz lecker.

Wenn man heutzutage ein alkoholisches Getränk aus Honig herstellt, ist das üblicherweise Met, bei dem für die richtige Gärung mit Hefe gearbeitet wird. Auch Mulsum ist sehr schmackhaft, ein Gemisch aus Honig, Wein und Pfeffer, dessen Rezept aus der Zeit des Römischen Reichs überliefert ist. Solche Getränke sind schon sehr einladend. Haben sie vielleicht sogar unsere ganze Zivilisation ermöglicht?

KAPITEL 36 | GÖBEKLI TEPE

Warum Stonehenge eigentlich jung ist

Forschungsberichte sind selten aufregend geschrieben. Genau gesagt: Wenn sie aufregend geschrieben sind, erscheint mir das immer verdächtig. Aber manchmal klingen Sätze einfach nur deswegen aufregend, weil sie auf klare Art etwas Monumentales beschreiben. Das Paper, das ich gerade vor mir habe, beginnt so: »Wenige Forschungsfelder haben in einer verhältnismäßig kurzen Zeitspanne solche dramatischen Veränderungen durchgemacht.« Es geht dabei um den Göbekli Tepe, »eine der wichtigsten archäologischen Entdeckungen der modernen Zeit«. Aber ich wette, ihr habt noch nie etwas davon gehört. Außer, selbstverständlich, ihr seid Jungsteinzeit-Nerds.

Der Göbekli Tepe ist eine Ausgrabungsstätte in der südlichen Türkei. Lange schien es, als hätte sie nichts zu bieten, was man nicht auch an vielen anderen Fundorten sehen könnte. Das änderte sich nach dem Besuch eines Forschers aus Deutschland im Jahr 1994. Ich erwähne das, um zu betonen, wie jung diese Entdeckung ist. Klar, einerseits ist es lange her. Aus dem Jahr stammen *Forrest Gump*, *True Lies* und viele andere Filme, die jungen Leuten heute wahrscheinlich nicht mehr so viel sagen. Aber für den Zeitrahmen, in dem sich die Archäologie bewegt, ist das so, als wäre es erst gestern gewesen.

Was macht diese Stätte so besonders? Als Erstes fand man dort T-förmige Pfeiler aus Kalkstein, manche bis zu sechs Meter hoch und zwanzig Tonnen schwer. Wenn ihr euch Stonehenge vorstellt, ist das nicht richtig, aber im Prinzip auch nicht vollkommen falsch – bis auf die Tatsache, dass der Göbekli Tepe noch mal mehr als 6000 Jahre älter ist als der Steinkreis in England, denn er wird auf das 10. Jahrhundert vor unserer Zeitrechnung datiert. Auf den Pfeilern findet man wundervolle Kunstarbeiten, die oft ganz eindeutig erkennbar sind: Ein Wildschwein sitzt als steinerne Figur auf dem Pfeiler, oder Kraniche sind als Relief gearbeitet. Diese Arbeiten wurden durchweg ohne metallene Werkzeuge angefertigt. Manche der großen T-förmigen Steine weisen an den Seiten Reliefmuster auf, die verdächtig wie Arme und Hände aussehen, sie stellten also vermutlich menschliche Figuren dar. Die Struktur der Stätte ist so, dass immer zwei größere dieser Pfeiler in der Mitte einer Kreisanlage stehen. Mehrere dieser Anlagen wurden bereits ausgegraben, einige mehr liegen vermutlich noch darunter.

Der langjährige Leiter der Ausgrabungen an der Stätte hat den Rest seiner Karriere mit den Arbeiten am Göbekli Tepe verbracht

und sich als Basis ein Haus in der Region gekauft. Akribisch aufgelistet werden die in der Ausgrabungsstätte gefundenen Tierknochen, und dabei wurden die Überreste von bislang über zehntausend Säugetieren identifiziert, von Füchsen und Wildschweinen bis zum inzwischen ausgestorbenen Auerochsen. Was an den Tierknochen besonders spannend ist: Sie stammen alle von Wildtieren. Die Erbauer:innen der Stätte hatten also noch keine Kenntnisse über die Tierhaltung (was auch bedeutet, dass sie die schweren Steinpfeiler selbst schleppen mussten) – aber man findet nur kurze Zeit später domestizierte Tiere und den ersten angepflanzten Weizen ganz in der Nähe. Dadurch entstand die Theorie, dass der Bau der Stätte, der mit Sicherheit mehr zupackende Hände erforderte als die einer kleinen Gruppe von Jägern und Sammlern, mit ein Grund dafür war, dass die Leute dort sesshaft wurden und mit dem begannen, was wir heute gemeinhin Zivilisation nennen. Aus welchem Grund sie den ganzen Aufwand betrieben, wird vermutlich niemals komplett geklärt werden. Erinnert ihr euch an die ältesten Schriften, die Tafeln mit Keilschriften aus Kapitel 23? Es liegt mehr Zeit zwischen dem Bau vom Göbekli Tepe und der ersten Tontafel mit Keilschrift als zwischen dieser Tontafel und uns. Die einzigen Leute, die uns hätten mitteilen können, warum die Stätte gebaut wurde, waren also weiter vom Ursprung der Schrift entfernt als wir, so lange ist das her. Sehr viel früher wäre auch nicht möglich gewesen, denn die letzte Eiszeit war gerade erst zu Ende gegangen.

Aber was hat das jetzt mit alkoholischen Getränken zu tun? Nun ja, es kam die Idee auf, dass dort das erste Bier gebraut wurde und die Leute zu Festen zusammengebracht hat – wodurch sich letztlich über Umwege unsere ganze Zivilisation entwickelte. Weil das Ganze so lange her ist, lässt sich schwer nachweisen, ob da wirklich eine Art von Bier getrunken wurde, aber die Argumentation klingt erst mal schlüssig: Wir wissen, dass viele Leute gleichzeitig in der Stätte gewesen sein mussten, um sie zu bauen und instand zu halten. Gewohnt haben sie dort aber wohl nicht, dafür mangelt es an Belegen. Wir wissen zudem, dass sie dort zum Teil riesige Auerochsen verspeist haben – auch das ein Hinweis auf größere Menschenmengen. Und sie haben Getreide verarbeitet, vielleicht zu Bier, vielleicht zu Brot, vielleicht zu einem Brei – und zu dieser Tatsache passt, dass Bier im Vergleich zu Brot sehr leicht herstellbar ist (ganz ähnlich dem Honiggetränk im Kapitel zuvor und auch mit ähnlichem Alkoholgehalt) und dass man steinerne Gefäße gefunden hat, die nahezu Badewannengröße haben und in denen Reste zu finden waren, die zur Bierherstellung passen würden.[74]

74 Einer der Forscher, die diese Gefäße untersuchen, ist Jens Notroff, der an verschiedenen Orten der Welt an Ausgrabungen aus der Jungsteinzeit und Bronzezeit beteiligt ist. Obwohl er sich nicht als Sport-Nerd bezeichnen würde, hat es ihn schon

Die Idee, dass unser heutiges Dasein mit all seinen Freuden und Problemen letztlich aufs Biertrinken zurückzuführen ist, erscheint mir persönlich jetzt zumindest plausibel. Aber es ist fraglich, ob sich noch bessere Hinweise darauf finden lassen, dass es wirklich so war. Möglich ist es – schließlich ist der Göbekli Tepe eine sehr junge Ausgrabungsstelle und wird uns vermutlich noch über Jahrzehnte neue Erkenntnisse liefern. Umso mehr schockiert es mich, wie wenig darüber berichtet wird. Jedes Kind weiß von Stonehenge – dabei ist diese englische Sehenswürdigkeit relativ gesehen neumodischer Kram. Nein, ich mache natürlich nur Spaß, Stonehenge ist selbst extrem faszinierend. Aber der Göbekli Tepe verdient definitiv viel mehr unserer Aufmerksamkeit, gerade jetzt, wo jeden Tag neue Entdeckungen berichtet werden könnten.

Vielleicht liegt die mangelnde Begeisterung in der Öffentlichkeit und den Medien ja auch daran, dass manche der Befunde noch mit zu großer Unsicherheit behaftet sind; das ist für die Wissenschaftskommunikation immer eine schwierige Situation. Da fängt man dann an, schwammig zu formulieren, und beendet die Präsentation mit einem Fragezeichen. Fürs Publikum wird das schnell anstrengend. Wir wünschen uns harte Fakten und klare Aussagen – aber je weiter man zurück in der Zeit geht, umso schwieriger bekommt man sie. Obwohl: In einem speziellen Fall haben wir seit Kurzem eine überraschend genaue Zeitangabe.

mehrmals zum Kayaking in die Kälte Grönlands gezogen. Zudem ist er ein großer Verfechter davon, Maler:innen mit auf Expeditionen zu schicken, da diese einen eigenen Blickpunkt mitbringen: Sie heben Dinge hervor oder lassen welche weg – mehr noch, als es in der Fotografie der Fall ist. Er sieht es also ganz ähnlich wie ich (anders gesagt: zwei Jense sind sich einig), als ich in Kapitel 29 beschrieb, dass eine objektive wissenschaftliche Interpretation der Welt ohnehin nicht möglich ist und man daher bewusst zum eigenen Blickwinkel stehen sollte, mit all seinen Stärken und Schwächen.

KAPITEL 37 | CHICXULUB

Warum das Kinoplakat von *Jurassic Park* einen Fehler enthält

Sprechen wir kurz über den Film *Armageddon* von 1998: Ein riesiger Asteroid rast auf die Erde zu und wird nur Tage vor dem bevorstehenden Einschlag entdeckt. In Panik schickt die NASA ein Team von Ölbohrern ins All, das tief im Innern des Asteroiden eine Atombombe zünden soll. Es gibt viel Action und menschliches Drama und selbstverständlich ein Happy End. Der Film ist aus mehreren Gründen bemerkenswert.

Wissenschafts-Nerds regen sich seit Jahrzehnten oft und gerne über ihn auf. Der Film steckt voller Fehler: Schwerkraft, Ton und Feuer verhalten sich im Weltraum falsch und so weiter. Es wurde berichtet, bei der NASA würde man den Film neuen Führungskräften zeigen und sie die Fehler suchen lassen. Gleichzeitig war er ein kulturelles Phänomen: Auch in den kleinsten Rollen ist er fantastisch besetzt, der Soundtrack lieferte einen Nummer-1-Hit, und zu seiner Zeit war es der Film, den man gesehen haben musste. Und überhaupt: Bei *Star Wars* regt sich auch niemand darüber auf, dass sich die Raumschiffe im All genauso verhalten wie Flugzeuge in der Luft (was sie bei *Armageddon* auch tun). Da wird aus irgendeinem Grund mit zweierlei Maß gemessen.

Auf der anderen Seite gibt es *Gravity* von 2013, bei dem offensichtlich sehr viel mehr Wert auf Realitätsnähe gelegt wurde. Zum Beispiel ist es dort im Weltall komplett still, wie auch in echt, was im Film gekonnt mit Filmmusik aufgefangen wurde. Trotzdem erzählte mir der Astronaut Winston Scott bei einem Besuch im Kennedy Space Center, er sei beim Anschauen des Films nicht aus dem Lachen herausgekommen. Fiktion ist nun mal Fiktion.

Das Opening von *Armageddon* ist auf jeden Fall beeindruckend:

Man sieht die Erde zur Zeit der Dinosaurier (na ja, dafür sind die Kontinente nicht korrekt angeordnet, das ist gleich mal faktischer Fehler Nummer eins). Dann beobachten wir, wie der Einschlag eines Asteroiden den ganzen Planeten für immer verändert, sehr dramatisch inszeniert, und für die Zeit sieht es hervorragend aus. In dieser Szene finden wir uns schnell zurecht, denn dass ein Asteroid die Dinos gekillt hat, wissen wir aus der Schule genauso wie aus der Popkultur. Wir kennen den Einschlag aus Comics und Filmen – die große Ausnahme bildet der Animationsfilm *Arlo & Spot*, bei dem der große Stein die Erde knapp verfehlt und sich die Dinos daher zu einer menschenähnlichen Zivilisation entwickeln. Und schon auf dem legendären Filmplakat von *Jurassic Park* heißt es: »Ein Abenteuer, das vor 65 Millionen Jahren begann« – denn da waren der Einschlag und damit das Ende der Dinosaurier besiegelt.

Inzwischen weiß man, dass es 66 Millionen Jahre her ist, diese Zahl ist das Ergebnis einer langen Geschichte der Faktenfindung. Zunächst war nur klar, dass die Dinos (geologisch gesprochen) von einem Moment auf den anderen verschwanden, denn irgendwann war plötzlich Schluss mit Fossilien. Genauer gesagt: Während man in unteren Gesteinsschichten noch zahlreiche riesige Knochen fand, hörte das in einer bestimmten Schicht einfach auf – es hatte also ein Massensterben gegeben, das erkannte man anhand der Schichten, die sich vor rund 66 Millionen Jahren abgesetzt hatten. Das allein ist erst mal nicht einzigartig, und es ist noch nicht mal der extremste Fall. Schon vor etwa 252 Millionen Jahren war es zur sogenannten Perm-Trias-Grenze oder dem »Großen Sterben« gekommen, das einen Großteil aller Spezies zu Land und im Wasser ausgelöscht und zu einer massiven Änderung des planetaren Ökosystems geführt hatte.

Aber beim ultimativen Dino-Massaker – oder, professioneller ausgedrückt, an der Kreide-Paläogen-Grenze – gab es ein paar Besonderheiten. Zum einen natürlich, dass es deswegen heute außer den Vögeln keine Dinosaurier mehr gibt, was schon mehr als nur ein wenig enttäuschend ist. Zum anderen lieferte die Gesteinsschicht direkt einen Hinweis darauf, was damals passiert sein konnte. Beschrieben wird das in einem Paper vom Vater-und-Sohn-Team Alvarez. Vor etwas über vierzig Jahren benennen sie darin zunächst die gängigen Theorien zum Dino-Sterben von einer erdnahen Supernova bis zum etwas lustigen »Arktischen Überlauf-Modell«, nach dem ein riesiger, kalter Frischwassersee die Ozeane der Welt mit salzarmem Wasser überzogen und zu katastrophalen Klimaveränderungen geführt hat.

Dann berichten die Herren Alvarez über eine verblüffende Entdeckung im Erdboden: Das Metall Iridium, üblicherweise noch seltener zu finden als Gold, ist genau in dieser bestimmten Gesteinsschicht viel häufiger zu finden.[75] Eine naheliegende Erklärung dafür: Das Element wurde von einem Asteroiden eingebracht, dessen Auswirkungen auch die Dinos getötet haben; oder, wie es Luis und Walter Alvarez formulieren, von »einem plötzlichen Zustrom außerirdischen Materials«. Spannenderweise überlegen sie, ob nicht auch die anderen bekannten Massensterben der Vergangenheit von riesigen Weltraumobjekten hätten ausgelöst werden können, ver-

75 Man nennt das die Iridium-Anomalie. Nach dem Element Iridium wurde auch ein kommerzielles Projekt benannt, bei dem es darum ging, die ganze Erdoberfläche mit Kommunikationssatelliten abzudecken, sodass man immer und überall mit derselben Nummer telefonieren kann. Da man zunächst dachte, dafür wären 77 Satelliten notwendig, benannte man die Idee nach dem 77. Element des Periodensystems. Der Satellit mit der Nummer 33 ging dann mit einem Knall in die Wissenschaftsgeschichte ein (bzw. ohne Knall, denn im Weltraum hört man ja nichts), als er 2009 mit dem russischen Satelliten Cosmos 2251 zusammenstieß. Es war das erste Mal, dass zwei Satelliten miteinander kollidierten. Beide wogen Hunderte Kilo, und der Crash erfolgte mit Zehntausenden Stundenkilometern – entsprechend viel Weltraumschrott entstand dabei und bedrohte wiederum weitere Satelliten. So ein Event kann im Prinzip einen Domino-Effekt auslösen, der eine unaufhaltsame Welle aus Schrott um die Erde schickt, die alles und jeden aus dem Weg fegt – das nennt man Kessler-Syndrom, und genau damit beginnt der genannte Film *Gravity*.

muten aber, dass der Anstieg an Iridium nur beim Einschlag eines großen Steinbrocken zu finden sein sollte und nicht, wenn das Objekt aus Eis bestand. Ihr Paper endet mit einer für heutige Artikel ungewöhnlich klaren Ansage: »Wir möchten den Krater finden.« Alle damals bekannten Einschlagkrater unseres Planeten waren entweder zu jung, zu alt oder zu klein, um als Dino-Killer infrage zu kommen.

Die Suche nach dem Krater beschrieb der jüngere Alvarez später in einem Buch mit dem absolut fantastischen Titel *T. Rex and the Crater of Doom*. Sie endete mit der Entdeckung eines bis dahin nicht beschriebenen Kraters in Mexiko, in einer Region namens Chicxulub. Aufgrund der langen Zeit seit dem Einschlag, in der sich die Natur die Region zurückerobern konnte, hat er leider nicht mehr die schöne Kraterform, die man sich typischerweise vorstellt und von anderen Einschlagkratern kennt. Ihn kennzeichnet ein riesiger Ring aus sogenannten Cenotes: großen Löchern im Gestein mit Grundwasser darunter.[76]

Der Krater hatte genau die erwarteten Eigenschaften, und somit scheint seit seiner Entdeckung im Jahr 1991 eigentlich alles klar: Wir haben einen Einschlag, der weltweite Auswirkungen hatte, denn die Iridium-Anomalie wurde seit dem ersten Paper auch überall sonst auf der Welt gefunden, und diese Auswirkungen zeigen sich im Gestein genau dort, wo die Knochen der Dinos aufhören. Der Fall scheint abgeschlossen. Allerdings fanden und finden manche, dass es vielleicht nicht ganz so einfach ist, schließlich gab es andere Massensterben, von denen keines sonst mit einem Einschlag

76 Wer eine wunderschön animierte Cenote sehen will: Im dritten (und wahrscheinlich besten) Teil der bereits erwähnten Ballerspiel-Reihe *Far Cry* gibt es einen Moment, in dem man an einen Stein gebunden in eine Cenote gestoßen wird. Zuvor erlebt man einen intensiven Monolog durch Vaas Montenegro, einen der besten Bösewichte der Videospielgeschichte (in der deutschen Synchronisation brillant gesprochen von Simon Jäger).

in Verbindung gebracht wurde. Und es gab Einschläge, für die kein Massensterben nachweisbar ist.

Dass dieser Fall so spannend ist, hat drei Gründe. Zunächst mal, weil es um Dinosaurier geht, und Dinos sind einfach für sich großartig. Zweitens, weil Nachweise aus ganz vielen wissenschaftlichen Disziplinen zusammenkommen: Physik, Geochemie, Paläontologie, Petrologie, Biologie, Seismologie, Ökologie – und alle mit ihren eigenen Methoden und Kennwerten, die sich gegenseitig widersprechen können oder auch nicht. Und drittens: weil das Massensterben von vielem her, wie soll ich sagen, sehr *messy* ist. Damit meine ich: So oder so hat nicht der Einschlag selbst die Dinos getötet, sondern seine Nachwirkungen. Das kann eine ganze Weile gedauert haben und in unterschiedlichen Phasen abgelaufen sein. Dann gab es eine ganze Reihe von Lebewesen, die die Katastrophe überlebt haben (sonst gäbe es uns und die heutige Natur ja nicht) und sich an neue Umweltbedingungen anpassen mussten. Durch diesen Mischmasch an Pflanzen, Tieren und Ökosystemen, die unterschiedlich auf das Event reagiert haben, wird es immer Unschärfen und Graubereiche bei der Evidenz geben. Und deshalb wird es vermutlich auch für alle Zeiten Wissenschaftler:innen geben, die bei Konferenzen mit gerunzelter Stirn die Hand heben und sagen: Sind wir denn *sicher*, dass das damals so passiert ist, wie alle immer sagen?

Und dann erschien vor Kurzem ein Paper, das eine erstaunliche Genauigkeit postulierte: Obwohl man nie aufs Jahr genau wird sagen können, wann der Einschlag stattgefunden hat (und vermutlich noch nicht mal aufs Jahrtausend genau), haben Forscher:innen bestimmt, dass er im Frühling auf der Nordhalbkugel passiert sein muss. Ihr Argument geht so: In den USA wurde eine Ablagerung von Fischfossilien gefunden, die in den Minuten nach dem Einschlag an die spätere Fundstelle geschwemmt wurden – sie starben also am Tag des Dino-Killers. Partikel des Einschlags, die es währenddessen vom Himmel geregnet haben muss, finden sich in ihren

Kiemen. Und aus der Analyse fossiler Baumringe weiß man, dass es damals in der Region vier Jahreszeiten gegeben hat. Dann hat man sich die Knochen der Fische genau angeschaut, die ähnlich wie Baumringe einen Jahresverlauf abzeichnen können. Bei allen sechs untersuchten Fischen zeigte sich, dass der Abbruch des Knochenwachstums – in anderen Worten, der Tod – im Frühjahr stattgefunden haben musste. Der Dino-Killer schlug also ein, als auf der Nordhalbkugel Frühling war und auf der Südhalbkugel Herbst.[77] Wenn man bei *Armageddon* zu Beginn einen winterlich bibbernden Stegosaurus mit Schal und Mütze sehen würde, wäre das somit als zusätzlicher Fehler zu werten.

Beziehungsweise als zwei Fehler, denn der Stegosaurus war zu dem Zeitpunkt längst ausgestorben.

Beziehungsweise als drei Fehler, denn Dinos trugen nach aktuellem Stand der Forschung keine Schals und Mützen.

Übrigens: Vielleicht ist euch aufgefallen, dass ich das Wort »Asteroid« nur verwendet habe, wenn es um Filme ging – ansonsten nenne ich das Objekt aus dem All hier nur den Dino-Killer. Ich wollte nämlich die Diskussion vermeiden, ob es sich dabei um einen Asteroiden oder einen Kometen gehandelt hat. Aber das Herumschleichen um Details ist eines Nerds unwürdig, daher hüpfen wir hier einfach mal direkt hinein.

Wir wissen alle, was ein Asteroid ist: Es ist ein großer Stein im All (es kann auch Metall dabei sein). Wir wissen auch alle, was ein Komet ist: Er kann einen Schweif haben. Kometen werden auch »schmutzige Schneebälle« genannt: Sie bestehen aus Eis, Gas und/oder Staub, die vom Sonnenwind verweht und so zu dem bekannten Schweif werden können. Aber näher betrachtet, wird die Sache

77 Die Erstautorin dieses wichtigen Papers ist übrigens ein Nerd der ganz besonderen Sorte: Melanie During ist immer und überall bereit, einen Song der Band Jefferson Airplane zu singen, und hat höchstwahrscheinlich die längsten pinkfarbenen Haare, die man in der Paläontologie finden kann.

schnell kompliziert: Ein steinerner Asteroid kann auch Eis enthalten und ein Komet aus Eis auch Gestein. Einem Kometen kann das Eis oder Gas ausgehen, sodass der Schweif aufhört – wird er dann zu einem Asteroiden? Was, wenn er noch genug Eis hat, aber er bewegt sich zwischendurch so weit von der Sonne weg, dass der Schweif dadurch im Laufe der Zeit mehrmals an- und abgeschaltet wird? Springt er dann immer zwischen den Kategorien hin und her? Wie so oft hat der Mensch hier klare wissenschaftliche Kategorien erstellt, über die die Natur nur herzhaft lachen kann.

Ein momentan wichtiger Unterschied zwischen beiden ist dadurch bestimmt, wo man sie überwiegend findet. Zwischen Mars und Jupiter gibt es einen Asteroidengürtel, entsprechend sind da viele Asteroiden anzutreffen – und das ist verhältnismäßig nah an uns dran, quasi nur einen Planeten weiter. Aber die meisten Kometen befinden sich am Rand des Sonnensystems, wo die Sonne weniger Einfluss hat und sich Eis und Gas daher besser halten. Für uns auf der Erde heißt das: Einschlagen und Schaden anrichten kann beides, aber die Situation würde sich in den jeweiligen Fällen etwas unterschiedlich darstellen. Zum Beispiel: Da die Kometen von weiter weg herkommen, sind sie üblicherweise schneller, haben also bei gleicher Größe mehr Bums.[78] Im Umkehrschluss bedeutet das: Wenn der Dino-Killer ein Komet war, wäre er kleiner gewesen (etwa sieben Kilometer Durchmesser), als ein Asteroid sein müsste (etwa zehn Kilometer), um denselben Schaden anzurichten.

Warum ist das wichtig? Weil es mit in die Berechnungen eingeht, wie wahrscheinlich es ist, dass das eine oder andere uns trifft. Bei diesen Kalkulationen muss einiges beachtet werden, nicht nur, wie groß und schnell die Objekte sind, die am wahrscheinlichsten unseren Weg kreuzen, sondern auch ihre Häufigkeit und Zusammensetzung. Entsprechend viel kann man sich darüber streiten. Trotz-

78 Es ist nicht ganz ausgeschlossen, dass es hierfür einen wissenschaftlich präziseren Begriff gibt, aber ich bin nun mal kein Physiker.

dem ist der übliche Konsens, dass es ein Asteroid war – aber wie bei einem alten Familienstreit weiß man auch in der Wissenschaft nicht, wann etwas, das einmal friedlich beigelegt schien, plötzlich wieder Thema wird. Erst im Februar 2021 erschien ein Paper, das einen Kometen als Dino-Killer postulierte. Der Vorteil, den diese Hypothese gegenüber der etablierten Asteroiden-Hypothese haben soll, ist, dass sie gleichzeitig auch andere Krater auf der Erde erklären könnte: Ein riesiger Komet könnte ab und zu bei uns vorbeischauen und Bruchstücke in Chicxulub-Größe auf uns herabregnen.

Eine Idee, die mehrere Dinge gleichzeitig erklären kann, gefällt der Wissenschaft immer besonders. Wissenschafts-Nerds kennen das Prinzip als *Occam's Razor*. Es wird gerne ein wenig fehlinterpretiert als: »Die einfachste Erklärung ist die richtige.« Das stimmt so nicht, die genaue Bedeutung ist eher: »Wenn es mehrere Erklärungen gibt, die die Fakten gleich gut erklären können, dann ist die zu bevorzugen, die weniger Annahmen macht.«

Vor vielen Jahren habe ich eine Zeit lang einen selbst geschriebenen Kurs zum kritischen Denken gelehrt, da habe ich es so geschildert: Stellt euch vor, ihr verfolgt auf einem Radar zwei Flugzeuge als kleine Radar-Blips. Diese Blips bewegen sich auf dem Bildschirm immer weiter aufeinander zu, der eine von oben, der andere von links. An einem Punkt überdecken sie sich: Die Flugzeuge sind zu nah beieinander, um vom Radar unterschieden zu werden, und bilden einen großen, gemeinsamen Fleck. Danach bewegen sich wieder zwei einzelne Blips in die ursprünglichen Richtungen weiter: einer nach unten und einer nach rechts. Nur, dass ihr jetzt nicht mehr sicher sagen könnt, welcher welcher ist, denn sie haben sich ja einen Moment lang komplett überdeckt.

Es gibt also zwei Möglichkeiten: Entweder fliegen beide Flugzeuge durchgehend geradeaus oder beide haben gleichzeitig eine Neunzig-Grad-Wende hingelegt, das eine nach links und das andere nach rechts, und zwar in dem Moment, als sie gerade zu nahe beieinander waren, um für euren Radar getrennt erkennbar zu sein. Beide Annahmen würden eure Beobachtung gleich gut erklären, nur dass die Annahmen im ersten Fall (»Flugzeuge verändern ihr Flugverhalten nicht«) viel simpler sind als im zweiten (»Beide Flugzeuge verändern unvermittelt ihre Flugrichtung in die einzige Richtung und zum einzigen Zeitpunkt, die den beobachteten Effekt auslösen würden«). Der erste Fall und damit die simplere Hypothese ist nach dem Prinzip von Occam's Razor klar zu bevorzugen.[79]

Dieses Theorem stützt die Idee des Kometen-Killers – aber sonst nicht viel. Gut ein Jahr nach dem genannten Paper erschien eine Antwort darauf, die kaum ein gutes Haar an der Arbeit lässt. Sehr spannend ist der Einstieg. Im ersten Satz des ersten Abschnitts lautet gleich das fünfte Wort: »Ir« für »Iridium« – dieses Element wird vom vorhergehenden Paper nicht einmal genannt. Die Autor:innen des neuen Papers bezweifeln, dass ein Komet so viel Iridium auf die Erde bringen könnte, wie es der Dino-Killer getan hat. Und das ist nur das erste Problem. Sie benutzen eine für Forschungspaper recht harte Formulierung, wenn sie sagen, das ursprüngliche Forscherteam lege bei Asteroiden und Kometen unterschiedliche Maßstäbe an. Und in einem Satz haben sie die Wörter »fehlerhaft« und »inkorrekt« sogar fett gedruckt. In der trockenen Welt der Wissenschaft ist dies das Äquivalent dazu, dass jemand im Streit seinen Schuh auszieht und dem anderen damit eine Watsche verpasst. Am

79 Im absolut unterschätztesten Film der Neunzigerjahre, nämlich *Contact* (falls ihr denkt, ich mache Witze, schaut ihn euch noch mal an: Viele hat das Ende vor den Kopf gestoßen, aber das sollte nicht die Genialität von Drehbuch, Regie und Casting überschatten), beruft sich die Protagonistin Dr. Ellie Arroway auf Occam's Razor, um ihren Atheismus zu begründen: Wenn man die Welt auch ohne Gott erklären kann, ist er wissenschaftlich gesehen unwahrscheinlich. (Das erinnert an den französischen Physiker Pierre-Simon Laplace, den Napoleon gefragt haben soll, wie Gott in sein Modell des Universums reinpasse, und der gesagt haben soll: »Mein Herr, ich habe keinen Bedarf an dieser Hypothese.«) Aber in der letzten Szene wird Dr. Arroway das Occam's-Razor-Prinzip sozusagen um die Ohren gehauen. Der Film ist super. Und ebenso der Roman, auf dem er basiert.

Ende sagen sie klar: Der wissenschaftliche Konsens, dass es ein Asteroid war, bleibt durch das Paper unverändert.

Für die Welt der Dinosaurier macht aber weder die genaue Natur des Killers noch der genaue Zeitpunkt seines Einschlags einen Unterschied: Mit ihr war es danach so oder so vorbei. Durch die Umwälzungen nach dem Einschlag begann ein Wettkampf ums Überleben, das *Survival of the Fittest*. Nur, dass bei so etwas manchmal gar nicht der Stärkste gewinnt, sondern der Schwächste. Und das auch nicht durch Kämpfen, sondern durch Nichtstun.

KAPITEL 38 | MEXICAN STANDOFF

Warum Schwäche manchmal Stärke ist

Reden wir nach Kapitel 5 ein weiteres Mal kurz über Western. Die wahrscheinlich bekannteste Westernszene aller Zeiten stammt aus *Zwei glorreiche Halunken*: Drei Männer stehen sich gegenüber und starren sich minutenlang gegenseitig an (das ist keine Übertreibung, es geht mehrere Minuten), bis gezogen und geschossen wird. Ich verrate an dieser Stelle, dass einer der drei zu seiner eigenen Überraschung eine ungeladene Waffe in der Hand hat, aber um die Spannung zu erhalten, sage ich euch nicht, wer es ist.

So eine Szene nennt man *Mexican Standoff*.[80] Technisch gesehen sprechen wir hier von einem Triell, also einem Duell zwischen drei

80 Solltet ihr in eurer Begeisterung über Kapitel 22 bereits *Reservoir Dogs* angeschaut haben, dann kennt ihr noch ein gutes Beispiel dafür. Aber bei Tarantino zieht sich das durch: Auch in *Pulp Fiction* findet sich ein Mexican Standoff, und in *Inglourious Basterds* wird er sogar explizit benannt.

Teilnehmenden. Stellt euch einfach mal vor, ihr nehmt an einem solchen Triell teil, mit zwei grimmig dreinschauenden Revolverhelden als Gegner. Hier sind die Regeln: Es wird reihum geschossen, bis nur noch eine:r steht. Jede:r darf sich jedes Mal aussuchen, auf wen er oder sie schießt. Dann habe ich eine gute und eine schlechte Nachricht für euch. Die gute: Ihr dürft anfangen. Die schlechte: Alle anderen sind weitaus stärkere Schützen als ihr. Genau gesagt: Eure Schüsse sind im Schnitt zu vierzig Prozent tödliche Treffer – bei den anderen zwei Schützen liegt die Trefferquote bei sechzig und achtzig Prozent. Eure Lage scheint so eindeutig wie fatal: Da kommt ihr nicht lebend raus. Oder?

Schauen wir uns das etwas genauer an. Hierfür bedienen wir uns der Wahrscheinlichkeitsrechnung. Wenn man den Begriff hört, klinkt sich das Gehirn gern aus: komplizierte Mathematik, ist nicht so meins, schnell weiter zum nächsten Kapitel. Dieser Eindruck kommt vor allem von einem Missverständnis, denn die Mathematik, von der wir sprechen werden, geht nur ein kleines Fitzelchen über das hinaus, was ihr schon in der Grundschule gelernt habt. Daran liegt es also nicht, dass uns die Wahrscheinlichkeitsrechnung kompliziert vorkommt. Es hängt viel eher damit zusammen, dass wir uns nicht richtig vorstellen können, was die Zahlen im Ergebnis mit unserer Realität zu tun haben.

Ein Beispiel: Werfe ich einmal eine Münze, dann liegt die Wahrscheinlichkeit, dass Kopf erscheint, bei fünfzig Prozent. Werfe ich sie noch mal, ist das wieder der Fall: fünfzig Prozent, im Alltag besser bekannt als »ein halb«. Will ich die Wahrscheinlichkeit wissen, dass bei diesen zwei Würfen beide Male Kopf erscheint, multipliziere ich sie miteinander: Ein halb mal ein halb macht ein Viertel. Die Wahrscheinlichkeit, zweimal hintereinander Kopf zu werfen, liegt also bei einem Viertel.

Aber was genau ist ein Viertel Wahrscheinlichkeit? Wenn ich werfe, kommen entweder die zwei Köpfe oder sie kommen nicht – was soll es bedeuten, dass sie »zu einem Viertel Wahrscheinlichkeit«

auftreten? Es hilft, sich das etwas anders formuliert vorzustellen. Würden wir das Experiment sehr lange durchführen, also täglich zweimal eine Münze werfen, bis wir alt und grau sind, wäre es im Schnitt in einem Viertel der Versuche der Fall, dass zweimal hintereinander Kopf erscheint. Bei jedem einzelnen Durchgang ist es immer noch so, dass die zwei Köpfe mal auftreten oder nicht – erst im Durchschnitt über zahlreiche Würfe gerechnet, macht dieser Zahlenwert für uns intuitiv Sinn.

Es lässt sich auch ganz einfach mit Stift und Papier grafisch darstellen. Ihr zeichnet am besten unten in der Mitte des Blattes einen Anfangspunkt, von dem zwei Pfeile schräg nach oben gehen: einer für Kopf und einer für Zahl, jeweils mit einer »0,5« daneben (so stellt man den Wert von fünfzig Prozent in der Wahrscheinlichkeitsrechnung dar). Die Pfeile führen zu neuen Ausgangspunkten, von denen wiederum jeweils zwei Pfeile ausgehen – das steht für den zweiten Wurf. Auch diese Pfeile markiert ihr jeweils mit »0,5«. Ihr zeichnet also einen kleinen Baum, der mit einer zunehmenden Zahl an Würfen immer größer wird. Wenn ihr dann die Wahrscheinlichkeit für einen bestimmten Ausgang der zwei Würfe berechnen wollt, müsst ihr nur vom Ausgangspunkt unten an der Wurzel die Pfeile entlanggehen, die euch interessieren, und alle Wahrscheinlichkeiten, denen ihr auf dem Weg begegnet, miteinander multiplizieren. Gut, mehrere Zahlen mit Nachkommastellen zu multiplizieren, hatten wir in der Grundschule noch nicht; ihr dürft ruhig eine Taschenrechner-App dazu verwenden.

Wenn ihr das so macht, werdet ihr erkennen, dass die Wahrscheinlichkeit für alle Ausgänge dieselbe ist: Kopf-Kopf liegt bei einem Viertel, Zahl-Kopf auch und Kopf-Zahl ebenso. Etwas weitergedacht, führt das zu einer erstaunlichen Erkenntnis: Die Reihe Kopf-Zahl-Zahl-Kopf-Kopf-Zahl, die komplett zufällig aussieht, ist ganz genauso wahrscheinlich wie die Reihe Kopf-Kopf-Kopf-Kopf-Kopf-Kopf, die wir intuitiv für extrem unwahrscheinlich halten. Trotzdem sind die Wahrscheinlichkeiten für beide Ergebnisse identisch. (Nämlich ein Vierundsechzigstel, bzw. es wird in etwas mehr als anderthalb Prozent der Versuche auftreten.) Dass wir damit solche Probleme haben, hat uns schon in Kapitel 30 ein Bein gestellt, als es darum ging, sich eine Reihe von Münzwürfen auszudenken.

Im Prinzip wisst ihr jetzt alles, was ihr wissen müsst, um die beste Strategie für euer Triell zu berechnen. Nur dass dabei nicht alle Ausgänge gleich wahrscheinlich sind: Statt fünfzig-fünfzig gibt es für euch beim Schießen die Wahrscheinlichkeit vierzig-sechzig, da ihr nur in vierzig Prozent der Fälle einen tödlichen Treffer landet. Bei euren Gegnern sehen die Wahrscheinlichkeiten noch mal anders aus. Die Zahlen werden also schnell komplizierter als beim Münzwurf, aber das Prinzip der Berechnung ist dasselbe. Ganz wichtig: Dass alle möglichen einzelnen Ausgänge gleich wahrscheinlich sind, wie es bei den Münzen der Fall war, trifft hier nicht mehr zu.

Wenn ihr das mit Stift, Papier und Taschenrechner durchgeht, also auch wieder das Bäumchen entlangfahrt und die angegebenen Zahlen miteinander multipliziert, werdet ihr vollkommen ungläubig auf das Ergebnis schauen und vermutlich denken, ihr hättet euch vertan – denn am Ende geht ihr als Schwächste in der Runde mit der größten Wahrscheinlichkeit heraus, als Letzte übrig zu bleiben. Unglaublich, aber wahr: Bei diesem Gedankenexperiment heißt es *Survival of the Weakest*. Das kommt zum Teil daher, dass ihr das am wenigsten attraktive Ziel seid; die anderen beiden werden erst mal versuchen, sich gegenseitig über den Haufen zu schießen, bevor sie sich euch zuwenden. Die Stärke eurer Gegner wird in einem sehr realen Sinn zu eurer eigenen Stärke.[81]

Man kann sich nun fragen: Wenn das so ist, sollte ich dann überhaupt gleich zu Beginn auf einen der beiden schießen? Oder sollte

81 Ich liebe ja Filmhandlungen, bei denen das auch so ist. Nicht, wo es um den schwachen Knilch geht, der seine Stärke finden muss, um das Böse zu besiegen – so was bringt mich zum Gähnen. Viel reizvoller ist es, wenn die Schwäche selbst die Stärke ist. Denkt an die fantastische Handlung des Disney-Films *Vaiana*. Falls ihr ihn noch nicht gesehen habt, schaut ihn euch an und überspringt den Rest dieser Fußnote am besten bis dahin.
Die Inselprinzessin Vaiana fühlt sich nirgends heimisch: Ihre Rolle auf der Insel lehnt sie ab und will lieber woandershin. Als sie den Auftrag bekommt, ihre Welt zu retten, wirft sie die Mission irgendwann hin und ist überzeugt, sie könne unmöglich die Auserwählte dafür sein – denn warum auch? Erst ganz am Ende wird klar: Bei der düsteren Bedrohung handelt es sich wie bei Vaiana selbst um eine Figur, die ihren Anker in der Welt und letztlich sich selbst verloren hat, und Vaiana ist die Einzige, die das sofort erkennt (und dann direkt ihr Leben darauf verwettet, dass sie damit recht hat). Daher gewinnt auch hier die Schwächere: Durch ihren eigenen »Defekt« kann Vaiana ein Monster besiegen, gegen das selbst ein Halbgott im Kampf keine Chance hat.

ich mir die Gegner nicht erst einmal bewahren, bis der eine mit dem anderen fertig ist? Das führt direkt zum nächsten Mind-Blow: Denn es stimmt, ihr erhöht eure Überlebenschance, wenn ihr auf euren ersten Schuss verzichtet, also zum Beispiel in die Luft schießt.

Das widerspricht so ziemlich allem, was wir über die Welt im Kopf haben: Der Schwächere gewinnt, und Nichtstun ist besser als Kämpfen. Und vielleicht denkt ihr, dass ich die Kennwerte des Beispiels ganz spezifisch so ausgewählt habe, damit das so ist. Aber wenn ihr mathematisch ein wenig bewanderter seid, könnt ihr durchrechnen, dass dieselben Ergebnisse auch bei vielen anderen ähnlichen Trefferquoten gelten: Der Stärkste ist nur selten der Gewinner, es sei denn, man gibt ihm eine extrem hohe Quote, zum Beispiel ab neunzig Prozent, und in die Luft zu schießen ist meist die beste Strategie für die schwächste Partei.

Ist also schlichtweg falsch, dass der Stärkere überlebt, wie es die Evolutionstheorie immer behauptet? Jein. Bei der Evolution ist einfach alles immer noch einen Schritt komplexer. Hier hat alles seinen Preis: Ein großes, starkes Raubtier zum Beispiel hat gleichzeitig einen hohen Energiebedarf. Solange die nützlichen Eigenschaften dazu führen, dass ich immer ausreichend zu fressen finde, ist das kein Problem. Trotzdem kann die Situation eintreten, dass ich als energiefressende Kampfmaschine ein Relikt der Vergangenheit bin, weil das Ökosystem nicht mehr auf meinen hohen Bedarf ausgerichtet ist. Die klare Antwort darauf, ob Stärke etwas Gutes ist, lautet daher: Kommt drauf an.

Ein ähnliches Missverständnis zeigt sich bei der Frage, warum wir Menschen nicht schneller sind als Wölfe oder Löwen – schließlich wäre das ein klarer evolutionärer Vorteil: Wenn du die Schnellste bist, kann dich niemand schnappen. Aber in der echten Welt muss ich zum Überleben nicht schneller sein als der Löwe, sondern nur schneller als der langsamste Mensch. Sonst gäbe es ein potenziell endloses und unnützes Wettrüsten (wobei auch das in der Natur manchmal vorkommen kann). Auf jeden Fall lernen wir daraus, dass die Dynamik immer ein wenig komplexer ist, als man sich das auf den ersten Blick vorstellt: Begleitumstände, Veränderungen der Umgebung und das Verhalten der anderen spielen immer zu einem gewissen Maß mit rein.

Ich weiß gar nicht mehr so richtig, warum wir plötzlich über Evolution sprechen, aber wo wir gerade dabei sind, lasst uns noch ein anderes Missverständnis abhaken. Das Überleben des Stärkeren war das erste, das Schneller-sein-Müssen als der Löwe das zweite. Man könnte beide zusammenfassen als »die Evolution ist immer nur so gut, wie sie sein muss«. Sie strebt nicht die ultimative Perfektion an, wie manchmal dargestellt wird. Das heißt nicht, dass sie keine fantastischen Leistungen erbringt. Nehmen wir nur mal unser Herz: In den meisten Fällen schlägt es stark und regelmäßig, das ganze Leben lang, egal was wir tun. Tag und Nacht können wir uns darauf verlassen – es ist ein Glanzstück der Evolution. Andererseits: Unser Herz geht davon aus, dass wir mithelfen, es fit zu halten, indem wir uns bewegen. Wenn wir zum Beispiel die Treppe hochgehen, pumpen unsere Beine das Blut mit, und unser Herz verlässt sich auf diese Mitarbeit. Tun wir das nicht, zum Beispiel, weil wir über längere Zeit bettlägerig sind, dann merken wir, dass das Schlagen des Herzens allein nicht ausreicht, um den Laden sauber zu halten. Das Blut fließt zu wenig und kann zu Pfropfen gerinnen – das nennt man dann Thrombose. Unser Herz ist also nur genauso gut, wie es sein muss.

Der dritte und letzte Dämpfer, den ich eurer Vorstellung von Evolution geben muss, ist ein Effekt namens Gendrift. Stellt euch dafür die Gene mal als Murmeln in zwei Gläsern vor: jeweils zehn rote und zehn blaue, also zwanzig Murmeln pro Glas, vierzig insgesamt. Jetzt stellen wir ein neues, leeres Glas in die Mitte und füllen es auf, indem wir aus jedem der beiden anderen Gläser zufällig jeweils zehn Murmeln herausholen. Auf die Farbe achten wir dabei nicht. Das ist ein (zugegebenermaßen sehr grobes) Modell dafür, wie Genvarianten bei der Vererbung an die nächste Generation weitergegeben werden.

Wenn wir uns das neue Glas anschauen, wie viele rote und blaue Murmeln finden wir dann darin? In den meisten Fällen wird die Kombination aus roten und blauen Murmeln nicht stark von der in den ursprünglichen Gläsern abweichen: Es werden jeweils etwa zehn rote und blaue sein. Aber natürlich könnte es rein zufällig auch so sein, dass wir im einen oder anderen Originalglas oder bei beiden etwas mehr von der einen Farbe als von der anderen erwischt haben. Das neue Glas könnte daher zum Beispiel auch dreizehn rote und nur sieben blaue Murmeln enthalten. An sich kein Problem – aber dadurch haben wir die Grundwahrscheinlichkeit verändert, von der wir in der nächsten Generation ausgehen. Plötzlich ist es viel wahrscheinlicher, dass auch bei dieser nächsten neuen Kombination mehr rote als blaue Murmeln vorhanden sind, einfach weil es mehr davon gibt. Das kann so weit gehen, dass die blauen komplett aussterben – nicht, weil sie evolutionstechnisch unterlegen sind, sondern aus Zufall. Auf die echte Welt übertragen heißt das: Manche vererbbaren Eigenschaften, die uns nützlich sein könnten, stehen vielleicht rein zufällig einfach nicht zur Verfügung.

Damit haben wir drei Gründe, die erklären, warum Evolution nicht so simpel ist, wie wir es uns häufig vorstellen. Dass wir trotzdem manchmal denken, Evolution steuere zielgerichtet auf Perfektion zu, liegt vor allem daran, dass wir sehen, was für großartige Leistungen sie in der Natur vollbracht hat – trotz all ihrer Schwächen und Mängel. Und überhaupt geht es ja häufig auch nicht um einzelne Gene, sondern um eine Zusammenstellung davon. Was das für Auswirkungen hat, liest man am besten an einem Brett ab.

KAPITEL 39 | GALTON-BRETT

Womit Aristoteles falschlag

Es gibt größere und kleinere Menschen. Und dabei wird unsere individuelle Körpergröße von vielen Genen bestimmt – von seeehr vielen Genen. Mindestens mehrere Tausend Gene sind daran beteiligt, vermutlich wird die Zahl durch weitere Untersuchungen noch fünfstellig. Machen wir dazu ein kleines Experiment: Stellt euch vor, ihr lasst eine Kugel ein schiefes Brett herunterrollen. Genau in den Weg der Kugel ist ein Nagel ins Brett geschlagen, an dem sie entweder links oder rechts vorbeikullert. Egal, welche Richtung sie nimmt, steht ihr bald noch mal ein Nagel im Weg, an dem sie wieder links oder rechts weiterrollen kann[82], und so weiter. Jeder Nagel steht für einen genetischen Marker, der machen kann, dass man entweder etwas größer wird oder etwas kleiner. Für die vielen Gene bräuchten wir also ein riesiges Brett mit Tausenden Reihen von Nägeln. Am Ende landet die Kugel auf dem Boden, und zwar eher links, eher rechts oder eher in der Mitte.

Wenn ihr das im Kopf durchdenkt, habt ihr schon ein plausibles Bild davon, wo die Kugel landen wird. Da sie etwa in der Hälfte der Fälle nach links und in der anderen Hälfte nach rechts fallen wird, endet sie wahrscheinlich irgendwo nahe der Mitte. Das entspräche in unserem Gen-Beispiel einem Menschen, der weder besonders groß noch besonders klein ist. Und wenn ihr weitere Kugeln hinterherfallen lasst, die jeweils für einen Menschen stehen, dann werden die sich auch ihren Weg über die Nagelreihen bahnen und grob

82 Das war übrigens auch das Prinzip der allerersten Flippermaschinen, bei denen man der Kugel nur zuschauen konnte. Der deutsche Name hätte ohne die beweglichen Flipper noch sehr wenig Sinn gemacht – deswegen heißt das Gerät im Englischen auch *Pinball*: Es gab nur die Nägel und die Kugel.

mittig landen. Ab und zu gibt es einen Ausreißer, dann plumpst eine Kugel viel häufiger nach rechts als nach links oder umgekehrt, sodass sie nahe an einem der Ränder landet. Die stünde dann für den vereinzelten Menschen, der besonders riesig oder besonders winzig ist.

Aufregend ist was anderes, höre ich euch sagen, so spielt das Leben. Aber das Erstaunliche ist, *wie stark* die Verteilung der Kugeln der Verteilung von Körpergrößen in der Bevölkerung ähnelt. Der Berg von Kugeln am unteren Ende des Brettes wird eine typische Form aufweisen, die wie eine symmetrische Glocke aussieht – die sogenannte Normalverteilung. Je mehr Kugeln wir dafür nehmen, umso schöner und glatter wird die Glocke, da sich zufällige Abweichungen nach oben oder unten immer mehr ausgleichen. Und wenn wir alle Menschen einsammeln, die wir kennen, und ihre Körpergrößen als Balken auf einer Skala von klein nach groß eintragen, ergibt sich dabei genau dieselbe Form.

Einerseits ist das nicht überraschend, denn das Gedankenspiel wurde ja aus einem guten Grund gewählt, eben weil sich die Sachverhalte so ähnlich sind: eine Ansammlung von Entscheidungen (links/rechts oder größer/kleiner), die zusammen auf nur einen Wert hinauslaufen dürfen (Lage der Kugel oder Körpergröße). Aber es ist doch verblüffend, wo überall im Leben man dieser Verteilung begegnet. Als einfaches, wenn auch zeitaufwendiges Beispiel nehmt sechs Legosteine, legt sie nebeneinander und markiert sie mit Zahlen von 1 bis 6. Dann nehmt einen Würfel, werft ihn hundertmal und setzt nach jedem Wurf einen weiteren Stein auf das Legoteil mit der entsprechenden Zahl. Da alle Zahlen in etwa gleich häufig auftreten sollten, werden alle eure Lego-Säulen nachher in etwa die gleiche Höhe haben.

So weit, so langweilig. Jetzt nehmt stattdessen Legosteine von 1 bis 12 und wiederholt das Experiment mit zwei Würfeln. Ihr werdet sehen, dass die Säulen nicht mehr gleich hoch sind, denn plötzlich gibt es Legos, die für mehrere Kombinationen von Würfelaugen stehen. Eine 12 kann nur durch zwei Sechsen entstehen, aber eine 10 kann das Ergebnis von zwei Fünfen oder einer Sechs und einer Vier sein. Alle Brettspiele, die euch zwei Würfel geben, machen sich diesen Effekt zunutze: Bei ungleich verteilten Wahrscheinlichkeiten wird das Spiel spannender, da manche Werte nur sehr selten auftreten. Je mehr Würfel ihr nehmt, umso mehr wird eure Lego-Struktur aussehen wie die Normalverteilung. Womit wir wieder bei den Genen wären. Man könnte sagen: Die Tausende Gene, die unsere Körpergröße bestimmen, sind wie ein Wurf mit Tausenden von Würfeln. Und würde ich für jeden Menschen einmal mit diesen vielen Würfeln die Größe auswürfeln, dann würde sich auch darin die echte Verteilung abbilden.

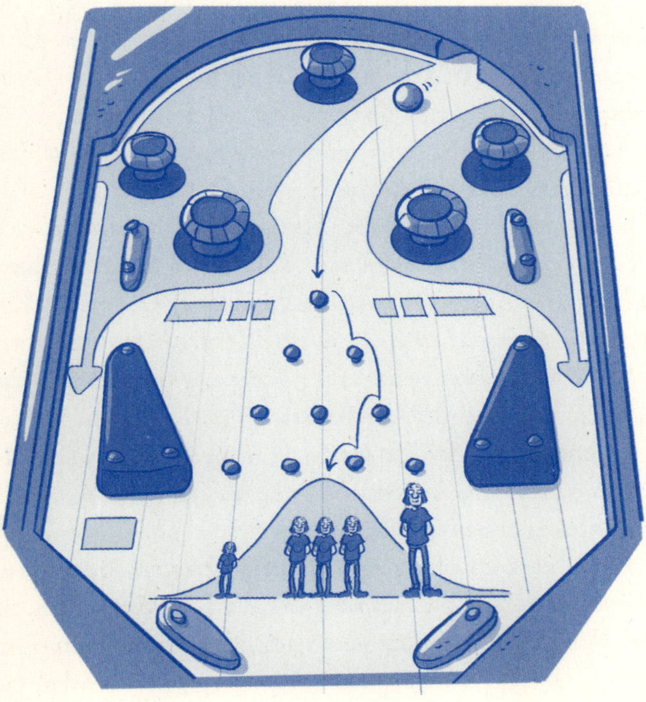

Mit solchen Dingen haben sich die ersten Statistiker beschäftigt, und ihre Methoden verwenden Wissenschaftler:innen noch heute jeden Tag. Einer der wichtigsten, Francis Galton, hat sich das beschriebene Brett mit den Nägeln ausgedacht und war ein Pionier der Statistik. Und nicht nur da – auch in anderen Wissenschaften hat er viele Dinge auf- und eingebracht, die man hier aufzählen könnte. Nur habe ich darauf keine große Lust, denn Galton war auch ein unvorstellbar großer Rassist. Er hat sich buchstäblich die Eugenik ausgedacht, also das, was die Nazis dann als Rassenhygiene bezeichnet und umgesetzt haben.

Die Eugenik verfolgt die Idee, einer Bevölkerung bestimmte erwünschte Eigenschaften anzuzüchten, etwa indem manche Menschen zwangssterilisiert werden. Galton verwendete unverblümt Begriffe für das Züchten von Menschen, die man sonst aus der Viehzucht kennt. Um seiner Begeisterung für dieses Thema Nachdruck zu verleihen, hat er einen (unvollendeten) Roman geschrieben über ein Land in der Zukunft, in dem sich nur die genetisch Bevorzugten fortpflanzen dürfen, allen anderen wird es verboten. Im Unterschied zum Neunziger-Sci-Fi-Film *Gattaca* wird das bei ihm allerdings nicht als Dystopie beschrieben.

Den aus meiner Sicht gruseligsten Einblick in Galtons Ansichten gibt ein Leserbrief an die *Times*, in dem er sich für eine Unterstützung der Kolonisierung Ostafrikas durch China starkmacht. Ich werde seine Wortwahl nicht komplett wiedergeben, unter anderem spricht er davon, wie die »unterlegene« örtliche Bevölkerung, für die er auch die Worte »faule, unproduktive Wilde« verwendet, »ersetzt« werden könnten durch die »fleißigen, ordnungsliebenden Chinesen«. Zwar gab es auf seinen Brief auch eine kritische Antwort von einem anderen Leser – aber nicht etwa wegen seines Rassismus, sondern weil die »Chinamänner« in Wirklichkeit »als Bürger nahezu nutzlos« seien. Dabei bleibt einem wirklich die Spucke weg.

Mit Wissenschaft hat das alles natürlich herzlich wenig zu tun. Manche der Ausführungen sind eine Art perverse Parodie wissenschaftlicher Prinzipien in der Sprache und dem Habitus der Wissenschaft. Das Schlimme ist, dass sich derlei Ansichten durch die gesamte Wissenschaftsgeschichte ziehen. Schon Aristoteles, im Grunde einer der Väter unseres gesamten Wissenschaftskonzepts, fand, dass manche Menschengruppen ethisch problemlos versklavt werden könnten, da sie nicht die gleichen geistigen Fähigkeiten besäßen wie ihre Sklavenhalter. Wie bei Galton kam auch hier die Ideologie zuerst und wurde dann mit einem wissenschaftlichen Furnier dekoriert. Das Konzept der Eugenik etwa wurde zwar von Galton zuerst benannt, aber die Wissenschaft und die Gesellschaft hat es schon länger begleitet. Und aus meiner Sicht hat sich die Wissenschaft damit noch lange nicht kritisch und ausführlich genug auseinandergesetzt. Immer noch werden Rassisten, Antisemiten und Sexisten der Vergangenheit verehrt, weil ihre Forschungen wichtig waren.

Manche von euch fragen sich an dieser Stelle vielleicht, ob das nicht auch okay sei, schließlich hätten sie Großes vollbracht. Sollen wir sie da nur aufgrund ihrer persönlichen Ansichten ins geschichtliche Aus schießen? Ich sag's mal so: Habt ihr euch schon mal mit so richtig ausgeprägten Rassisten unterhalten? Falls ja, dann ist euch eventuell aufgefallen, dass das meist ziemliche Hohlbirnen sind. Und das leuchtet auch ein, denn Ideologie über die komplexe Faktenlage zu setzen, führt meist nicht zu geistigen Höhenflügen.

Aber wie passt das mit dem zusammen, dass Galton so ein Genie gewesen sein soll? Genau das führt zu dem Knackpunkt, der viel zu häufig übersehen wird: Statistisch gesehen besteht eine sehr hohe Wahrscheinlichkeit, ich würde sogar sagen Sicherheit, dass es wissenschaftliche Genies gab, die Typen wie Galton und Aristoteles geistig locker in den Schatten gestellt haben, aber nie die Möglichkeit erhielten, sich sinnvoll einzubringen. In Kapitel 11 hatte ich das schon am Beispiel Clara Habers angesprochen. Wie viele andere gab es noch, die das Talent, die Kompetenz, die Kreativität hatten, um die Menschheit in die Zukunft zu katapultieren, und einfach nie die Gelegenheit dazu bekamen? Wir werden es leider nie erfahren, und wir können auch nicht die Zeit zurückspulen, um diese Fehler rückgängig zu machen.

Die Sachlage ist klar: Rassistische Koryphäen bringen die Wissenschaft nicht voran, sie bremsen sie vielmehr aus, indem sie fähigere Leute verdrängen. Nichts gegen individuelle alte weiße Männer in der Wissenschaft (ich bin ja selber einer). Aber wenn ihr ein Labor betretet oder einen Konferenzraum oder Parlamentssaal und ihr seht nur weiße Männer, dann solltet ihr euch bewusst sein, dass sie schon rein statistisch einen sehr schlechten Kompetenz-Mix darstellen müssen. Denn mit der Kompetenz verhält es sich genauso wie mit der Körpergröße: Sie hängt von sehr vielen Faktoren ab, unter anderem Talent, Motivation, Erfahrungen, Unterstützung von anderen und durchaus auch Glück. Sie alle sind Reihen von Nägeln, und die Kugeln fallen, wie sie fallen. Wer euch einreden will, dass die hellen Kugeln dabei irgendwie günstiger fallen als die dunklen, der erzählt euch was vom Pferd.

Das war jetzt für manche wahrscheinlich das bislang unangenehmste Kapitel. Wir Nerds lieben die Wissenschaft und die großen Männer ihrer Geschichte, und es ist unglaublich schwer, das zu hinterfragen, was man ehrlich liebt. Aber was die Wissenschaft von allen anderen menschlichen Tätigkeiten unterscheidet, ist der starke Fokus auf eigene Verfehlungen. Ironischerweise ist es auch Galton zu verdanken, dass jedes wissenschaftliche Schaubild Fehlerbalken verwendet, die anzeigen, wie unsicher man sich über das Ergebnis ist.

Sich selbst und die eigenen Methoden ehrlich zu kritisieren und allen davon zu erzählen, macht den Fortschritt der Wissenschaft überhaupt erst möglich. Natürlich kann das für manche emotional ungemütlich sein. Kommen wir zum Ausgleich doch einfach zu einem Thema, das für *alle* extrem unangenehm ist: die Milben, die gerade Sex in eurem Gesicht haben.

KAPITEL 40 | DEMODEX

Warum die Evolution auch Einbahnstraßen hat

Nein, nein, keine Angst, das eine eben war geflunkert. Die Milben haben vermutlich vor allem *nachts* Sex in eurem Gesicht, von daher findet der wahrscheinlich nicht gerade im Moment statt. Außer ihr lest das Buch spät im Bett, dann stimmt es doch, und ich bitte um Nachsicht für diese verstörende Information. Überhaupt muss ich um Verzeihung bitten, das wird jetzt ein ziemlich ekelhaftes Kapitel. Ihr könnt einfach zum nächsten blättern. Wie ihr dort erfahren werdet, ist es nämlich überhaupt keine Schande, einfach mal etwas zu überspringen oder aufzugeben. Fühlt euch also keinesfalls schlecht dabei, mit Kapitel 41 weiterzumachen.

Für alle anderen: Willkommen in der wilden Welt der Haarbalgmilben, besser bekannt als Demodex. Fast alle Menschen tragen sie auf der Haut, viele davon im Gesicht. Sie sehen ein bisschen aus wie Zigarren mit kurzen Beinchen. Vermutlich bekommen wir sie meist schon kurz nach unserer Geburt beim Stillen übertragen – zumindest sind sie auf den menschlichen Nippeln zu finden, und kleine Kinder haben eher die Milben der Mutter auf sich als die des Vaters, daher kommt diese Vermutung. Ihr Lebenszyklus beträgt nur etwa drei Wochen, was auch bedeutet, dass sich im Laufe eines Menschenlebens Hunderte Generationen auf uns die Hand reichen. Unsere Haut ist sozusagen das Land, in dem sie leben, komplett mit Bergen, Tälern und Höhlen, auf und in denen sich die Geschichten und Legenden der Demodex-Zivilisation abspielen. Und ja, sie haben Sex in unseren Poren. Tröstlich dabei: Sie sterben mit uns. Unser Ableben betrifft also nicht nur uns und unsere Hinterbliebenen – aus Milbensicht bedeutet es buchstäblich das Ende der Welt.

Damit sind wir Menschen aber nicht so besonders, wie man viel-

leicht denken könnte, denn das trifft auch auf andere Spezies zu. Es gibt Demodex-Arten, die sich besonders gern auf Hunden oder anderen Tierarten niederlassen. Wie viele Parasiten ist Demodex ein Erfolgsmodell: Unter anderem ist es vermutlich der bislang einzige wirbellose Mehrzeller, der es auf den Mond geschafft hat.

Aber ist Demodex überhaupt ein Parasit? Darunter verstehen wir ja normalerweise etwas, das dem Wirt schadet. Ob das bei Demodex zutrifft, ist noch nicht ganz klar. Auf jeden Fall haben die Biester etwas mit Rosazea zu tun, der Gesichtsrötung – eine höhere Anzahl Milben ist hier ein Alarmsignal. Aber lösen sie es deswegen selbst aus, oder bringen sie nur Bakterien mit, die es auslösen (das würde dann eine andere Behandlung erfordern)? Oder schaffen sie vielleicht nur eine Umgebung, die für Rosazea besonders günstig ist? Das ist alles noch nicht hinreichend erforscht. Ein aktuelles Paper zu diesem Thema spricht von »beträchtlicher diagnostischer Verwirrung«. Für die Frage, ob die Milben Parasiten sind, spielt das aber eigentlich keine Rolle. Um sie so bezeichnen zu können, ist es technisch gesehen nur notwendig, dass sie von uns als Wirt komplett abhängig sind, und das trifft auf jeden Fall zu.

Vielleicht denkt ihr an dieser Stelle, das Kapitel wird doch gar nicht so schlimm – klingt doch alles nach ganz possierlichen Tierchen. Aber die Mikroben-Nerds unter euch wissen, dass der Ekel-Hammer noch aussteht. Und jetzt kommt er: Lange Zeit wurde vermutet, dass Demodex-Milben keinen Darmausgang haben. Stattdessen sollten sich ihre Exkremente einfach in ihnen ansammeln und dann nach ihrem Tod in einer infernalischen Kacka-Explosion austreten. Die Idee dahinter: Der Lebensraum der Milben sei so begrenzt, dass sie einfach keinen anderen Weg hätten, ihre Fäkalien irgendwo abzulegen. Sollte es in irgendeiner wissenschaftlichen Disziplin etwas geben, das noch ekelhafter ist als das, dann will ich nichts davon hören.

Aber hier kommt die brandaktuelle Entwarnung: Erst vor wenigen Monaten stellte sich heraus, dass sie *doch* einen Anus haben! Endlich mal gute Neuigkeiten. Dasselbe Paper bietet noch ganz andere Wissensknüller: Zum Beispiel ist das Genom der Milben erstaunlich klein. Wenn ihr euch ein DNA-Molekül wie eine verdrehte Leiter vorstellt, dann werden die Sprossen dieser Leiter Basenpaare genannt. Demodex hat knapp 52 Millionen dieser Basenpaare. Das klingt erst mal nach viel, bis man bedenkt, dass zum Beispiel Reis bereits aus 470 Millionen Basenpaaren besteht. Reis! Ein Hühnchen besitzt eine Milliarde, und wir Menschen liegen bei ganzen 2,9 Milliarden.

Das macht uns noch lange nicht zur Krone der Schöpfung: Der Rekordhalter mit dem längsten bekannten Genom ist derzeit der australische Lungenfisch mit unvorstellbaren 43 Milliarden Basenpaaren. Das ist zwar beeindruckend, aber auch etwas frustrierend, der Fisch hat damit nämlich den weitaus sympathischeren Axolotl als Rekordhalter abgelöst, den wir in Kapitel 13 kennen und lieben gelernt haben.

Es kommt aber nicht immer darauf an, wie lang etwas ist, sondern was man damit macht.[83] Beim Genom zählt die Anzahl der codierenden Gene, also derjenigen, die tatsächlich direkten Einfluss auf den Körper nehmen. Auch dabei kann Demodex nicht punkten: Die Milben haben die geringste Zahl an codierenden Genen von allen Gliederfüßern, und das ist immerhin die Gruppe, die unter anderem alle Insekten, Spinnen und Krebstiere umfasst. Dabei findet man unter Parasiten generell kleinere Genomgrößen. Aber durch Vergleiche mit verwandten Spezies ließ sich zeigen, dass das kleine Genom nicht etwa schon immer so war, sondern sich durch einen vergleichsweise sehr schnellen Verlust an Genen über die Zeit hinweg auszeichnet.

Für das Forschungsteam, das auch den glorreichen Anus-Fund berichtet hat, deutet dies darauf hin, dass sich Demodex in einer »evolutionären Sackgasse« befinden könnte: Die Komplexität des Organismus nimmt immer weiter ab, die Abhängigkeit vom Menschen immer weiter zu. Von den verloren gegangenen Genen waren einige für die Reparatur der DNA zuständig – das klingt auch nicht gerade nach Erfolgsspur. Als Sinnbild dafür könnte man sich jemanden vorstellen, der vor einer langen Autoreise Gewicht einsparen will, um den Spritverbrauch zu senken, und deshalb Ersatzrad, Verbandskasten und Warnweste aus dem Fahrzeug wirft. Das ist vielleicht der letzte Nagel in den Sarg der Idee, die Evolution ginge zielgerichtet oder vorausschauend vor. Insgesamt könnte dieser Prozess darauf hindeuten, dass wir bei Demodex eine Entwicklung vom Parasiten zum obligaten Biotrophen beobachten – die Milben könnten bald nicht mehr ohne uns sein, sie wären in vollständige Abhängigkeit von ihren menschlichen Wirten geraten.

83 Für etwaige missverständliche Formulierungen entschuldige ich mich ein weiteres Mal in aller Form.

Als Psychologe will ich da natürlich wissen: Was löst das in euch aus, wenn ihr das hört? Habt ihr jetzt etwas Mitleid mit unseren kleinen Gliederfüßer-Freunden, die vermutlich in eine evolutionäre Sackgasse abgebogen sind? Oder überwiegt weiter der Ekel, den ihr zweifelsohne zu Beginn des Kapitels verspürt habt? Dann hättet ihr das Kapitel besser mal aufgegeben. Aufzugeben ist nämlich manchmal vollkommen okay.

KAPITEL 41 | STRATEGEM 36

Warum es manchmal besser ist, aufzuhören

Zwischen Filmen aus dem Westen und denen aus Fernost, vor allem Japan und China, gibt es einen überraschend großen kulturellen Austausch. George Lucas, der sich das *Star Wars*-Universum ausgedacht hat, macht keinen Hehl daraus, dass der japanische Filmemacher Akira Kurosawa erheblichen Einfluss auf sein Werk hatte. Nicht nur, dass Darth Vaders Helm aussieht wie der eines Samurai, sondern die epische Geschichte des ersten Films wird auch aus der Sicht der zwei unbedeutendsten Figuren erzählt, den Droiden R2D2 und C3PO. Lucas hat das nach eigener Aussage aus Kurosawas Film *Die verborgene Festung* übernommen.

Andere Filme und Serien aus dem Westen tragen den asiatischen Einfluss noch offensichtlicher nach außen. Das Strategiewerk *Die Kunst des Krieges* des chinesischen Philosophen Sunzi ist praktisch schon zum Klischee verkommen: Es wird in mehreren *Star Trek*-Serien genannt oder zitiert, einer James-Bond-Bösewichtin wird es in einem etwas rätselhaften Moment mit einem tödlichen Schwertstoß an die Brust geheftet, und es wurde sogar ein Actionfilm danach benannt. Während es dieses Buch also in so viel westliche Popkultur geschafft hat, ist das einem vergleichbaren Werk erstaunlicherweise überhaupt nicht gelungen: die ebenfalls aus China stammenden *36 Strategeme*. Sie beschreiben Verhaltensweisen, die in der Schlacht zum Sieg verhelfen sollen. Mal geht es darum, wie man eine sich ergebende Gelegenheit ausnutzt, das andere Mal um das Täuschen des Gegners, um später zuschlagen zu können.

Aber uns hier interessiert allein das letzte, also Strategem 36. Ich habe gehört, in China erzähle man sich, dass dieses von allen 36 das beste sei. Welche großartige Strategie wird darin also beschrieben? »Wenn sich eine Niederlage abzeichnet, lauf weg.« Was für eine schöne und sehr einfache Handlungsanweisung! Der Text beschreibt, dass in einer ausweglosen Situation drei Optionen zur Verfügung stehen: Aufgabe, Kompromiss und Flucht. Letzteres hält er für die sinnvollste, weil rationalste taktische Entscheidung, da sie als einzige immer noch einen späteren Sieg ermöglicht. Anders gesagt: Aufgeben ist keine Schande.

Das sind wir nicht gewohnt: Wir kennen das Poster mit dem Frosch, der den Storch noch von dessen Schnabel aus würgt und sagt: »Never ever give up.« Oder, wie es etwas tautologisch bei *Galaxy Quest* heißt: Niemals aufgeben, niemals kapitulieren. Weitermachen ist Stärke, Aufgeben ist Schwäche. Aber wie wir aus Kapitel 38 wissen, verhält sich das mit Stärke und Schwäche manchmal nicht so, wie man denkt – so auch hier. Schauen wir dazu auf die *Dollarauktion*, einen Versuch aus der Psychologie.

Wie es so oft der Fall ist, gibt es von diesem Versuch mehrere Varianten. Ich halte mich an eine Version, die einem Bericht zufolge an der Northwestern University in Illinois außergewöhnlich gut funktioniert hat: Der Versuchsleiter beziehungsweise Dozent zieht in einem Hörsaal einen 20-Dollar-Schein aus der Tasche. Er kündigt an, diesen echten Schein, sein persönliches Geld, in der Klasse versteigern zu wollen. Die Regeln für die Versteigerung lauten wie folgt:

- Das Startgebot beträgt einen Dollar und geht in 1-Dollar-Schritten weiter. Und ja, man muss echtes Geld bieten.
- Allianzen und sogar jede verbale oder nonverbale Kommunikation innerhalb des Hörsaals sind verboten.
- Der oder die Höchstbietende zahlt sein/ihr letztgenanntes Gebot und erhält die 20 Dollar.
- Der oder die *Zweit*-Höchstbietende zahlt sein/ihr letztgenanntes Gebot und erhält nichts.

Über die letzte Regel stolpert man vielleicht, aber sie ist klar formuliert. Im berichteten Beispiel befanden sich etwa siebzig Studierende eines Masterstudiengangs im Hörsaal, und es war eine ihrer letzten Veranstaltungen; sie waren also durchaus ein wenig miteinander vertraut.

Die Auktion verlief zu Beginn »äußerst rege«, mit vielen Händen von Menschen in der Luft, die bereit waren, 10, 12 oder sogar 15 Dollar für die 20-Dollar-Note zu bezahlen. Der große psychologische Twist kommt, wenn die Gebote sich der 20-Dollar-Grenze nähern. Stellt euch vor, ihr seid die Person, die eben 18 Dollar geboten hat. Die Kommilitonin neben euch bietet 19 Dollar. Dann habt ihr jetzt die Wahl: Entweder ihr steigt aus und überlasst der Kommilitonin das Geld. Dann zahlt sie 19 und bekommt 20 für einen Profit von einem Dollar. Aber ihr selbst seid in einer etwas doofen Situation: Eures ist das aktuell zweithöchste Gebot, und nach den Regeln des Spiels müsst ihr es einlösen, ohne etwas zu bekommen, also 18 Dollar für nichts. Da ist es besser, ihr geht noch eins hoch: 20 Dollar für 20 Dollar, dann kommt ihr zumindest auf null raus. Das Problem: Nun hat eure Kommilitonin die Wahl, 19 Dollar für nichts zu bezahlen oder das Gebot auf 21 Dollar zu erhöhen. Das ist für sie eindeutig besser, denn dann erhält sie den Geldschein und macht nur einen Dollar Verlust. Aber nun seid ihr wieder dran und habt die Wahl, ob ihr lieber 20 Dollar oder 2 Dollar verlieren wollt, also bietet auch ihr wieder höher.

Eigentlich simpel und doch schwer zu begreifen: An jedem Punkt ist es das Rationalste, höher zu bieten. Erst, um den Gewinn zu erhöhen, und später, um den Verlust zu minimieren. Die Teilnehmenden starten mit einer ganz normalen Auktion, kämpfen am Ende aber damit, irgendwie mit einem blauen Auge aus der Situation herauszukommen.

Es wird euch nicht überraschen: Dieser Versuch endet häufig damit, dass für die 20 Dollar mehr ausgegeben wird als 20 Dollar. So auch in diesem Fall: Der Gewinner (wenn man ihn denn so nennen will) zahlte 54 Dollar, da der Zweitbietende bei 53 Dollar Verlust ein Einsehen hatte. Regelkonform wurde das Geld echt bezahlt, der Dozent spendete es einer wohltätigen Organisation. Der Gewinner der Auktion bestand darauf, dass die 20-Dollar-Note signiert wurde, da er sie als Erinnerungsstück aufheben wollte.

Wenn man noch nie von dieser Sache gehört hat, ist das vielleicht alles ganz erstaunlich. Aber für die Psychologie ist der Versuch ein alter Hut – so alt, dass er früher mit einem 1-Dollar-Schein durchgeführt wurde (daher der Name Dollarauktion). Also warum erzähle ich speziell von dieser einen Vorlesung? Weil der Dozent noch eine zweite Dollarauktion gestartet hat, mit denselben Regeln, und die hatte es in sich. Man sollte denken, dass beim zweiten Mal niemand mehr mitbietet – man hat schließlich gesehen, dass es bei diesem Spiel nur Verlierer gibt. Aber dem Dozenten zufolge sind die Gebote beim zweiten Durchgang üblicherweise sogar noch höher. Ich nehme an, es liegt daran, dass man beim Zusehen das Gefühl bekommt, man könne das System »knacken«. Und dieses Gefühl kann anfeuernd wirken.[84] Diese Auktion ging als vermeint-

84 Wenn mich meine Frau nicht davon abgehalten hätte, wäre ich mal völlig auf einen Hütchenspieler reingefallen, da ich überzeugt war, ich hätte sein System beim Zusehen durchschaut. Später lernte ich mehr übers Hütchenspiel – und zwar in dem empfehlenswerten Buch *How to Cheat at Everything* von Simon Lovell – und erkannte, dass das auch nur alles ein Teil der Illusion ist.

licher Rekord in die Geschichte dieses Versuchs ein. Auch hier blieben, wie üblich, ab der 20-Dollar-Marke nur zwei Bietende übrig.

Als sie sich gegenseitig bis auf 100 Dollar hochgepusht hatten, ordnete der Dozent eine Pause an. Zum einen, damit sich die beiden Konkurrenten überlegen konnten, was sie da eigentlich taten, aber zum anderen auch, um seine eigene Strategie zu überdenken.

Sollte er sie jeweils ein versiegeltes Höchstgebot abgeben lassen, wie bei manchen »echten« Auktionen üblich? Oder abbrechen? Es handelte sich übrigens nicht um einen Grundkurs für junge Studierende, sondern um ein Business-Seminar, für das man einige Tausend Dollar Gebühr zahlen muss und das auch von erfahrenen Geschäftsleuten besucht wird. Die zwei übrig gebliebenen Auktionäre waren ein Ingenieur und der Geschäftsführer seiner eigenen kleinen Firma.

Im Dienst der Wissenschaft (und/oder als Lehre für seine Hörerschaft) ließ er sie weitermachen, diesmal in 5-Dollar-Schritten, um Zeit zu sparen. Bei einem Gebot von 400 Dollar – schätzungsweise; dem Dozenten schwirrte schon so sehr der Kopf, dass er sich nicht mehr an den konkreten Wert erinnern konnte – wechselten sie auf Zehnerschritte. Bei 700 Dollar kündigte der Dozent mit zitternden

Knien Zwanzigerschritte an. Bei 1200 Dollar gingen sie auf Fünfzigerschritte.

Am Ende war es der Ingenieur, der die metaphorische Reißleine zog und seinen vollen Verlust in Kauf nahm – und zwar, als er die 2000-Dollar-Schwelle hätte überschreiten müssen. Das heißt, er musste dem Dozenten als Zweithöchstbietender 1950 Dollar zahlen. Der Gewinner aber hatte einen sogar noch größeren finanziellen Verlust, denn er bekam zwar die 20 Dollar, doch blieben abzüglich dieser immer noch 1980 Dollar zu zahlen. Der Gewinner der Auktion war ihr größter Verlierer.

Das führt vor Augen, wie unsinnig die Auktion in dem Moment wurde, als man die Schritte erhöhte. Ich hatte ja beschrieben, dass das höhere Gebot, wenn man vor der Entscheidung steht, eigentlich die rationale Wahl ist. Mathematisch erklärbar ist das ab einer Abstufung von 10 Dollar aber nicht mehr der Fall: Wenn ich 400 Dollar biete und der andere 410, dann macht es keinen Unterschied, ob ich noch mal 10 Dollar mehr biete oder nicht, mein Verlust bleibt derselbe. Anders gesagt: Ab diesem Moment verhielten sich der Ingenieur und der Firmenchef komplett irrational. Dabei wurden sie von ihren Kommiliton:innen von mehreren Seiten angeschrien, sie sollten aufhören.

Hinterher versuchten beide ihr Verhalten zu ergründen. Sie konnten sich kaum mehr an etwas erinnern, so stark waren Emotionen und Adrenalin. Der eine fühlte sich wie nach einem Zehntausend-Meter-Lauf, der andere meinte, sein Ego müsse »die Kontrolle übernommen« haben. Niemand wusste so recht zu sagen, was da eigentlich passiert war.

Der Dozent stand vor der Frage, ob er das Geld tatsächlich einfordern sollte. Er hätte es ohnehin nicht selbst behalten, es ging immer an eine gemeinnützige Organisation. Aber war es fair, seine Studenten auf diese Art auszunehmen? Einer warf ihm korrekterweise vor, dass er zwischendrin die Regeln geändert hatte. Und ich denke auch, man könnte argumentieren, dass die zwei Streithähne irgendwann nicht mehr ganz bei Sinnen waren. Letztlich einigten sie sich auf eine Art Strafgebühr von 50 Dollar, um aus ihrem Deal rauszukommen.

Auf der Suche nach den Gründen für das irrationale Verhalten helfen uns mehrere Hinweise. Zum einen ist es mit Sicherheit kein Zufall, dass es sich bei allen Höchst- und Zweithöchstbietenden an diesem Tag um Männer handelte. Zum anderen wird hier auch die Frage aufgeworfen, was uns unser Ruf wert ist. Wie viel Geld bin ich auszugeben bereit, um allen im Hörsaal zu zeigen, dass ich keiner bin, der einfach so zurücksteckt? Wohlgemerkt: Das war nicht der Grund, den die Personen selbst für ihr Verhalten angaben, sie sprachen von Stolz und Stress. Aber wie man es auch dreht und wendet, sie befanden sich in einer Situation, in der sie mit beiden Händen das gute Geld dem schlechten hinterherwarfen und besser einfach aufgehört hätten. So wie es im Strategem 36 beschrieben steht.

Ich persönlich halte es so: Wenn ich »gib niemals auf« sage, meine ich das nicht wörtlich. Was ich meine, ist: »Lass dich nicht unterkriegen.« Das ist ein großer Unterschied. Denn manchmal ist der beste Weg, sich nicht unterkriegen zu lassen, dass man aufsteht und geht, solange man noch Pokerchips in der Hand hat – und zwar ganz egal, wie viele davon gerade auf dem Tisch liegen.

KAPITEL 42 | 42

Warum dieses Buch 42 Kapitel hat

Wir sind fast am Ende, Zeit für einen abschließenden Nerd-Test als Gegengewicht zu dem vom Anfang: Wisst ihr, warum dieses Buch 42 Kapitel haben musste? Die Zahl ist das ultimative Erkennungsmerkmal für Nerds. Man sieht sie auf Kennzeichen, Kleidung und an Häuserwände gesprüht, wo immer Nerd-Tum signalisiert werden soll. Aber warum? Das geht zurück auf den Roman *Per Anhalter durch die Galaxis* von Douglas Adams – einer der grundlegenden Texte der Nerds. Das Buch steckt voller Insiderwitze, Wissenschaftsgags, skurriler Charaktere und allem, was ein Nerd-Herz begeistert. Darin gibt es eine Alien-Kultur, die endgültig den Sinn des Lebens ergründen will, oder in ihren Worten: die Frage nach dem Leben, dem Universum und dem ganzen Rest stellt. Sie bauen dafür einen gigantischen Computer namens *Deep Thought* (Grüße an Kapitel 21), der mehrere Millionen Jahre lang rechnet und dann in einem großen, majestätischen Moment verkündet: 42. Die Aliens haben nun zwar eine Antwort, aber sie kennen die ihr zugrunde liegende Frage nicht, denn die zu formulieren hatte *Deep Thought* überfordert. Für sie bauen sie einen noch größeren, noch komplexeren Computer, der noch viel länger rechnen soll, und nennen ihn Erde. Wir und alles, was sich auf unserem Planeten tut, sind also die Bits und Bytes, die die größte Berechnung des Universums durchführen.

Das ist natürlich eine geniale Idee: Der Sinn des Lebens ist die Suche nach dem Sinn des Lebens. Unglücklicherweise wird die Erde nur fünf Minuten vor dem Ende der Berechnungen zerstört (das ist kein Spoiler, es passiert gleich zu Beginn des Buchs). Und das Ganze wuchs sich zu einer Nerd-Challenge aus: Seither versuchen Leute, die zugehörige Frage zu ergründen. Gleichzeitig wurde die Zahl als versteckter Gag in jedwede Art von Nerd-Medium eingebaut. Sie findet sich nicht nur zuhauf in Science-Fiction-Serien und Videospielen, sondern auch in seriöser Software, die seither entwickelt wurde. Für mich ist sie ganz klar und mit weitem Abstand meine Lieblingszahl. Daher hatte ich für dieses Buch natürlich nie eine andere Kapitelzahl zur Auswahl.

Für euch ist die Nerd-Grundausbildung, wenn man so will, damit abgeschlossen. Von hier aus könnt ihr euch jetzt weiter spezialisieren zu Physik-Nerds, Comic-Nerds, Steinzeit-Nerds, Back-Nerds, Bienen-Nerds, Bogenschieß-Nerds, was immer euer Herz begehrt. Nur vergesst dabei nie: Es geht beim Nerden nicht darum, Mitglied irgendeiner ausgedachten Elite zu werden, sondern darum, immer wieder kleine Freudenmomente zu erleben. Wissen und Nerdigkeit sollen Spaß machen. Klar liegt es nahe, sich zu messen und zu schauen, wer über irgendetwas mehr weiß – das liegt einfach in unserer Natur. Aber aus meiner Sicht ist nerdiges Wissen da ganz ähnlich wie Sex: Wenn man überlegt, ob man dabei besser oder schlechter ist als andere Leute oder gleich gut, macht man bereits einen ganz grundlegenden Fehler. Denn es soll vor allem Freude bringen und das Leben bereichern.

Gleichzeitig sollte keine Scham darin liegen, etwas *nicht* zu wissen. An sich ist die Emotion verständlich: Fällt uns auf, dass wir etwas nicht gewusst oder falsch verstanden haben, sind wir verstimmt und auch peinlich berührt, wenn es jemand mitbekommt. Wir werden dann mit unseren Grenzen konfrontiert: wie wenn man ein hohes Regal nicht erreicht oder eine schwere Tür nicht aufbekommt. Aber beim Thema Wissen ist diese Reaktion Quatsch, einfach weil es viel zu viel gibt, was man theoretisch wissen könnte. Jeden Tag lernen wir neu dazu, jeden Tag muss unser Gehirn ausfiltern, was ins Langzeitgedächtnis übernommen wird und was nicht. Konsequenterweise gibt es ein ganzes Universum voller Dinge, die wir *nicht* wissen.

Ich persönlich weiß ständig Dinge nicht, die andere Leute wissen – daran können auch die gesamten Fakten in diesem Buch nichts ändern. Bei uns allen ist das Wissen nur ein Kreis, der sich zu kleinen Teilen mit den Kreisen anderer überlagert. Und das ist keine Schande. Genau deswegen redet man miteinander. Etwas nicht zu wissen, sollte ein Moment der Freude sein, denn wir haben dann die Gelegenheit, Neues zu lernen. Zu sehen, wie jemand anderes etwas nicht weiß, sollte ebenfalls ein Moment der Freude sein, denn wir können unser Wissen mit ihr oder ihm teilen. Etwas nicht zu wissen, sollte nie peinlich sein.

Deswegen ist es höchste Zeit, ein potenzielles Missverständnis vom Anfang des Buchs aufzulösen: Ja, ein Nerd ist jemand, der bestimmte Dinge weiß. Aber in Wirklichkeit wird man zum Nerd nicht durch Wissen, sondern durch Interesse. Ein Nerd brennt für etwas, und das Wissen ergibt sich als Folge daraus. Daher: Liebt die Themen, die euch am Herzen liegen, und entschuldigt euch bei niemandem dafür. Fühlt euch nicht besser als andere, weil ihr etwas wisst, oder schlechter, weil ihr etwas (noch) nicht wisst, sondern fühlt euch einfach gut mit dem, was euch bereichert, was immer es auch sei. Wenn ihr das tut – und zwar ganz egal, an welche Fakten in diesem Buch ihr euch später noch erinnern werdet –, dann darf ich euch offiziell gratulieren: Ihr seid jetzt foellige Nerds.

LITERATURVERZEICHNIS

Kapitel 1

Heiney, A. (2004, June 28). *Apollo's lunar leftovers*. NASA.gov. https://www.nasa.gov/missions/solarsystem/f_leftovers.html

Bartels, M. (2019, July 10). *The weirdest things Apollo astronauts left on the Moon*. Space.com. https://www.space.com/weird-stuff-apollo-astronauts-left-moon.html

Garber, M. (2012, December 19). *The trash we've left on the Moon*. The Atlantic. https://www.theatlantic.com/technology/archive/2012/12/the-trash-weve-left-on-the-moon/266465/

Resnik, B. (2019, July 12). *Apollo astronauts left their poop on the moon. We gotta go back for that shit*. Vox. https://www.vox.com/science-and-health/2019/3/22/18236125/apollo-moon-poop-mars-science

Estes, A. C. (2015, January 12). *There's poop on the Moon*. Gizmodo. https://gizmodo.com/theres-poop-on-the-moon-1679070982

Wong, P. C., Wong, K. K., & Foote, H. (2003). Organic data memory using the DNA approach. *Communications of the ACM, 46*(1), 95–98.

Corliss, R. (2014, April 30). *Is this the most played song in music history?* Time. https://time.com/82493/its-a-small-world-50th-anniversary/

Kawaguchi, Y., Shibuya, M., Kinoshita, I., Yatabe, J., Narumi, I., Shibata, H., … & Yamagishi, A. (2020). DNA damage and survival time course of deinococcal cell pellets during 3 years of exposure to outer space. *Frontiers in Microbiology, 11*, 2050.

Jet Propulsion Laboratory (n. d.). *Mars meteorites*. Abgerufen am 11. Oktober 2022 von https://www2.jpl.nasa.gov/snc/

Kapitel 2

Naked Mole Rats Survive Extreme Oxygen Deprivation (2009, November 30). Live Science. https://www.livescience.com/5929-naked-mole-rats-survive-extreme-oxygen-deprivation.html

Park, T. J., Lu, Y., Jüttner, R., Smith, E. S. J., Hu, J., Brand, A., … & Lewin, G. R. (2008). Selective inflammatory pain insensitivity in the African naked mole-rat (Heterocephalus glaber). *PLoS Biology, 6*(1), e13.

Brand, A., Smith, E. S. J., Lewin, G. R., & Park, T. J. (2010). Functional neurokinin and NMDA receptor activity in an animal naturally lacking substance P: The naked mole-rat. *PLoS One, 5*(12), e15162.

Smith, E. S. J., Park, T. J., & Lewin, G. R. (2020). Independent evolution of pain insensitivity in African mole-rats: Origins and mechanisms. *Journal of Comparative Physiology A, 206*(3), 313–325.

Lefebvre, L., & Carli, G. (1985). Parturition in non-human primates: Pain and auditory concealment. *Pain, 21*(4), 315–327.

Kapitel 3

Weisberger, M. (2021, July 14). *This giant, leaf-eating lemur was the size of a human and had paws like a koala.* Live Science. https://www.livescience.com/giant-koala-lemur-family-tree.html

Cossette, A. P., & Brochu, C. A. (2020). A systematic review of the giant alligatoroid Deinosuchus from the Campanian of North America and its implications for the relationships at the root of Crocodylia. *Journal of Vertebrate Paleontology, 40*(1), e1767638.

Wake, C. S. (1870). The Race Elements of the Madecasses. *Journal of the Anthropological Society of London, 8*, xxix-lvi.

Levit, G. S., & Hossfeld, U. (2020). Ernst Haeckel, Nikolai Miklucho-Maclay and the racial controversy over the Papuans. *Frontiers in Zoology, 17*(1), 1–20.

Levit, G. S., & Hossfeld, U. (2019). Ernst Haeckel in the history of biology. *Current Biology, 29*(24), R1276-R1284.

Haeckel, E. (1868). *Natürliche Schöpfungsgeschichte: Gemeinverständliche wissenschaftliche Vorträge über die Entwickelungslehre im Allgemeinen und diejenige von Darwin, Goethe und Lamarck im Besonderen, über die Anwendung derselben auf den Ursprung des Menschen und andern damit zusammenhängende Grundfragen der Natur-Wissenschaft. Mit Tafeln, Holzschnitten, systematischen und genealogischen Tabellen.* Berlin: Reimer.

Kapitel 4

Cooper, D. (2020, August 12). *Touching in-game memorials and tributes to fallen gamers.* Game Rant. https://gamerant.com/video-game-memorials-gamers/

Maroney, N., Williams, B. J., Thomas, A., Skues, J., & Moulding, R. (2019). A stress-coping model of problem online video game use. *International Journal of Mental Health and Addiction, 17*(4), 845–858.

Smith, J. (2012, August 10). *Guide to the Corrupted Blood plague documentation collection.* Stanford University Library. https://stacks.stanford.edu/file/druid:xy157wz5444/CB%20Collection%20Guide.pdf

Lofgren, E.T., & Fefferman, N.H. (2007). The untapped potential of virtual game worlds to shed light on real world epidemics. *The Lancet Infectious Diseases, 7*(9), 625–629.

Bove, K. (2020, March 29). *What World of Warcraft taught us about real-world pandemics 15 years ago*. Comic Book Resources. https://www.cbr.com/world-of-warcraft-taught-us-about-pandemics/

Graft, K. (2011, February 28). *GDC 2011: an epidemiologist's view of World of Warcraft's corrupted blood plague*. Game Developer. https://www.game-developer.com/console/gdc-2011-an-epidemiologist-s-view-of-i-world-of-warcraft-i-s-corrupted-blood-plague

Kapitel 5

Theriak, grob geschnitten (n.d.). Krauterie. Abgerufen am 11. Oktober 2022 von https://www.krauterie.de/theriak-grob-geschnitten.html

Stengler, E. (2010, December 7). *A private universe online resources, by Matthew H Schneps and Philip M Sadler*. Science in School. https://www.science-inschool.org/article/2010/privateuniverse/

Zerjal, T., Xue, Y., Bertorelle, G., Wells, R.S., Bao, W., Zhu, S., … & Tyler-Smith, C. (2003). The genetic legacy of the Mongols. *The American Journal of Human Genetics, 72*(3), 717–721.

Carroll, R. (2015, June 6). *Hollywood and the downwinders still grapple with nuclear fallout*. The Guardian. https://www.theguardian.com/film/2015/jun/06/downwinders-nuclear-fallout-hollywood-john-wayne

Proctor, R.N. (2012). The history of the discovery of the cigarette–lung cancer link: Evidentiary traditions, corporate denial, global toll. *Tobacco Control, 21*(2), 87–91.

Wynder, E.L., Graham, E.A., & Croninger, A.B. (1953). Experimental production of carcinoma with cigarette tar. *Cancer Research, 13*(12), 855–864.

Sadowsky, D.A., Gilliam, A.G., & Cornfield, J. (1953). The statistical association between smoking and carcinoma of the lung. *Journal of the National Cancer Institute, 13*(5), 1237–1258.

Wendorf, M. (2020, October 7). *Downwinders and the tragic legacy of the film ›The Conqueror‹*. Interesting Engineering. https://interestingengineering.com/science/downwinders-and-the-tragic-legacy-of-the-film-the-conqueror

Reed, C. (2022, April 28). *Senator says downwinders to receive an extension to apply for benefits*. Cedar City News. https://www.cedarcityutah.com/news/

archive/2022/04/28/cdr-senator-says-downwinders-to-receive-an-extension-to-apply-for-benefits/#.Y0Xe33ZBxPY

Kapitel 6

Burnell, J. B., & Bell, J. (1977). Little green men, white dwarfs or pulsars?. *Annals of the New York Academy of Science, 302*, 685–689.

Spitler, L. (2017). *Radioblitze aus der Tiefe des Weltalls.* Jahrbuch der Max-Planck-Gesellschaft.

Pulsar dispersion measure (n. d.). Swinburne University of Technology. Abgerufen am 24. Oktober 2022 von https://astronomy.swin.edu.au/cosmos/p/pulsar+dispersion+measure

The science of radio astronomy (n. d.). National Radio Astronomy Observatory. Abgerufen am 24. Oktober 2022 von https://public.nrao.edu/radio-astronomy/the-science-of-radio-astronomy/

Mission impossible: in search of strangers in New York City (2006). ABC News. Abgerufen am 24. Oktober 2022 von https://abcnews.go.com/Primetime/story?id=1730849

Schulze-Makuch, D. (2017). Forty years later, SETI's famous Wow! signal may have an explanation. *Smithsonian Magazine.* https://www.smithsonianmag.com/air-space-magazine/forty-years-later-setis-famous-wow-signal-may-have-explanation-180963628/

Emspak, J. (2017). Comet likely didn't cause bizarre ›Wow!‹ signal (but aliens might have). *Live Science.* https://www.livescience.com/59442-astronomers-skeptical-about-wow-signal.html

Bracewell, R. N. (1960). Communications from superior galactic communities. *Nature, 186*(4726), 670–671.

Valentine, K. (2021). *Scientists measure the atmosphere of a planet 340 light-years away.* ASU News. https://news.asu.edu/20211027-scientists-measure-atmosphere-planet-340-light-years-away

Kapitel 7

Wombles composer Mike Batt's silence legal row ›a scam‹ (2010). *BBC News.* https://www.bbc.com/news/uk-england-hampshire-11964995

Kapitel 8

Serangeli, J., Verheijen, I., Rodríguez Álvarez, B., Altamura, F., Lehmann, J., & Conard, N. J. (2020). Elefanten in Schöningen. *Archäologie in Deutschland, 3*, 8–13.

Athanassiou, A., van der Geer, A. A., & Lyras, G. A. (2019). Pleistocene insular Proboscidea of the Eastern Mediterranean: A review and update. *Quaternary Science Reviews, 218*, 306–321.

Mallon, J. C., Holmes, R. B., Bamforth, E. L., & Schumann, D. (2022). The record of torosaurus (ornithischia: ceratopsidae) in Canada and its taxonomic implications. *Zoological Journal of the Linnean Society, 195*(1), 157–171.

Black, R. (2016). *These are some of the weirdest ways paleontologists find fossils.* Smithsonian Magazine. https://www.smithsonianmag.com/science-nature/these-are-some-weirdest-ways-paleontologists-find-fossils-180959557/

Engels, D. (1985). The length of Eratosthenes' stade. *The American Journal of Philology, 106*(3), 298–311.

Kapitel 9

Jalal, B., & Hinton, D. E. (2013). Rates and characteristics of sleep paralysis in the general population of Denmark and Egypt. *Culture, medicine, and psychiatry, 37*(3), 534–548.

Spanos, N. P., Cross, P. A., Dickson, K., & DuBreuil, S. C. (1993). Close encounters: An examination of UFO experiences. *Journal of Abnormal Psychology, 102*(4), 624–632.

Doyle, A. C. (1920). Fairies photographed. *The Strand Magazine 60*, 462–468.

Boyce, N. (2012). The psychiatrist who wanted to believe. *The Lancet, 380*(9848), 1140–1141.

Kapitel 10

The myth of Ned Ludd (n. d.). The Luddite Link. Abgerufen am 24. Oktober 2022 von https://ludditelink.org.uk/perch/resources/ludditelinkpdf1.pdf

Luddites (n. d.). Spen Valley Civic Society. Abgerufen am 24. Oktober 2022 von https://www.spenvalleycivicsociety.org.uk/heritage/luddites

Kapitel 11

Capdevila-Cortada, M. (2019). Electrifying the Haber–Bosch. *Nature Catalysis, 2*(12), 1055.

Hibben, J. G. (1897). Review of Proceedings of the Society for Psychical Research, March, 1897. Appendix to Part 31., Vol. 12. Address by the President, William Crookes. *Psychological Review, 4*(5), 535–536.

Crookes, W. (1898). Address of the president before the British Association for the Advancement of Science, Bristol, 1898. *Science, 8*(200), 561–575.

International Federation of Film Archives (1991). *Handling, storage and transport of cellulose nitrate film*. Abgerufen am 25. Oktober 2022 von https://www.fiafnet.org/images/tinyUpload/Publications/FIAF-Bookshop/Handling_Storage_transport_of_Cellulose_Nitrate_film-RED.pdf

Ritter, S. K. (2008). The Haber-Bosch reaction: An early chemical impact on sustainability. *Chemical & Engineering News*. https://cen.acs.org/articles/86/i33/Haber-Bosch-Reaction-Early-Chemical.html

Smil, V. (2011). Nitrogen cycle and world food production. *World Agriculture, 2*(1), 9–13.

Friedrich, B., & Hoffmann, D. (2016). Clara Haber, nee Immerwahr (1870–1915): Life, work and legacy. *Zeitschrift für anorganische und allgemeine Chemie, 642*(6), 437–448.

Kapitel 13

Alibardi, L. (2018). Tail regeneration reduction in lizards after repetitive amputation or cauterization reflects an increase of immune cells in blastemas. *Zoological Research, 39*(6), 413.

McCusker, C., Bryant, S. V., & Gardiner, D. M. (2015). The axolotl limb blastema: Cellular and molecular mechanisms driving blastema formation and limb regeneration in tetrapods. *Regeneration, 2*(2), 54–71.

Maden, M., Manwell, L. A., & Ormerod, B. K. (2013). Proliferation zones in the axolotl brain and regeneration of the telencephalon. *Neural Development, 8*(1), 1–15.

Duque, A., & Spector, R. (2019). A balanced evaluation of the evidence for adult neurogenesis in humans: Implication for neuropsychiatric disorders. *Brain Structure and Function, 224*(7), 2281–2295.

Kempermann, G., Gage, F. H., Aigner, L., Song, H., Curtis, M. A., Thuret, S., … & Frisén, J. (2018). Human adult neurogenesis: evidence and remaining questions. *Cell Stem Cell, 23*(1), 25–30.

Reiß, C., Olsson, L., & Hoßfeld, U. (2015). The history of the oldest self-sustaining laboratory animal: 150 years of axolotl research. *Journal of Experimental Zoology Part B: Molecular and Developmental Evolution, 324*(5), 393–404.

Zawadovsky, B., Titajev, A. A., Perelmutter, Z. M., & Raspopowa, N. A. (1927). Über die Wirkung der Jodpräparate auf die Metamorphose der Axolotl. *Pflüger's Archiv für die gesamte Physiologie des Menschen und der Tiere, 217*(1), 198–204.

Kapitel 14

Peraza, A. F., Gavelas, A. J., Flórez, R. G., Hornero, A. C., Fernández, E. M., & San Miguel, C. L. (2021). El tesorillo tardorromano de la cueva de La Cuesta de Berció (Grado, Asturias). Primeras valoraciones en su contexto cantábrico. *Cuadernos de Prehistoria y Arqueología de la Universidad Autónoma de Madrid, 47*(2), 287–299.

Varbanov, V. (2020). Small coin hoards like evidence for unrest. The case of Philippopolis, Roman province of Thrace. *Journal of Ancient History and Archaeology, 7*(1_SI), 513–518.

Earl, P. E., & Littleboy, B. (2008). *Regarding the past: proceedings of the 20th Conference of the History of Economic Thought Society of Australia: University of Queensland, 11–13 July, 2007.* 20th Conference of the History of Economic Thought Society of Australia, St Lucia, Australia, 11–13 July, 2007. St Lucia, Australia: School of Economics, University of Queensland.

Kapitel 15

Roulette, J. (2021). *More than 600 human beings have now been to space.* The New York Times. https://www.nytimes.com/2021/11/10/science/600-astronauts-space.html

The Challenger Story (n. d.). Challenger Center for Space Science Education. Abgerufen am 25. Oktober 2022 von https://web.archive.org/web/20090125080418/http://www.challenger.org/about/history/index.cfm

Schmemann, S. (1986). *Soviet Union to name 2 Venus craters for shuttle's women.* The New York Times. https://www.nytimes.com/1986/02/02/us/soviet-union-to-name-2-venus-craters-for-shuttle-s-women.html

Schneider, F. W., Gruman, J. A., & Coutts, L. M. (2005). *Applied social psychology: Understanding and addressing social and practical problems.* Sage Publications, Inc.

Asch, S. E. (1951). Effects of group pressure upon the modification and distortion of judgments. *Organizational Influence Processes, 58*, 295–303.

Baron, R. S. (2005). So right it's wrong: Groupthink and the ubiquitous nature of polarized group decision making. In M. P. Zanna (Ed.), *Advances in experimental social psychology*, Vol. 37, pp. 219–253. Elsevier Academic Press.

Kapitel 16

Moravec, H. (1988). *Mind children: The future of robot and human intelligence.* Harvard University Press.

Overbye, D. (2009). *The collider, the particle and a theory about fate*. The New York Times. https://www.nytimes.com/2009/10/13/science/space/13lhc.html

Nielsen, H. B., & Ninomiya, M. (2009). Test of effect from future in Large Hadron Collider: A proposal. *International Journal of Modern Physics A, 24*(20n21), 3945–3968.

Gillies, J. (2009). *The truth about birds and baguettes*. CERN Bulletin. https://cds.cern.ch/journal/CERNBulletin/2009/47/News%20Articles/1221806

Castelvecchi, D. (2015). Physics paper sets record with more than 5,000 authors. *Nature*. https://doi.org/10.1038/nature.2015.17567

Kapitel 17

Corkin, S. (2002). What's new with the amnesic patient HM?. *Nature Reviews Neuroscience, 3*(2), 153–160.

Corkin, S. (1984). Lasting consequences of bilateral medial temporal lobectomy: Clinical course and experimental findings in HM. *Seminars in Neurology, 4*(2), 249–259.

Stickgold, R. (2000). Replaying the game: Hypnagogic images in normals and amnesics. *Science, 290*(5490), 350–353.

Kapitel 18

Anpassen der Lautstärke des Auslösers deiner iPhone-Kamera (n. d.). iPhone-Benutzerhandbuch. Abgerufen am 25. Oktober 2022 von https://support.apple.com/de-de/guide/iphone/iph6cfaf98b6/ios

Europäische Union (2014). Verordnung (EU) Nr. 540/2014 des Europäischen Parlaments und des Rates vom 16. April 2014 über den Geräuschpegel von Kraftfahrzeugen und von Austauschschalldämpferanlagen sowie zur Änderung der Richtlinie 2007/46/EG und zur Aufhebung der Richtlinie 70/157/EWG. Amtsblatt der Europäischen Union vom 27. 5. 2014.

Martínez-Díaz, M., Al-Haddad, C., Soriguera, F., & Antoniou, C. (2021). Platooning of connected automated vehicles on freeways: a bird's eye view. *Transportation Research Procedia, 58*, 479–486.

Kapitel 19

Zimmer, C. (2013). *How many cells are in your body?*. National Geographic. https://www.nationalgeographic.com/science/article/how-many-cells-are-in-your-body

Nakagaki, T. (2001). Smart behavior of true slime mold in a labyrinth. *Research in Microbiology, 152*(9), 767–770.

Reid, C. R., Latty, T., Dussutour, A., & Beekman, M. (2012). Slime mold uses an externalized spatial »memory« to navigate in complex environments. *Proceedings of the National Academy of Sciences, 109*(43), 17490–17494.

Tero, A., Takagi, S., Saigusa, T., Ito, K., Bebber, D. P., Fricker, M. D., ... & Nakagaki, T. (2010). Rules for biologically inspired adaptive network design. *Science, 327*(5964), 439–442.

Bulut, O. C., Oladokun, D., Lippert, B. M., & Hohenberger, R. (2021). Can sex improve nasal function? – An exploration of the link between sex and nasal function. *Ear, Nose & Throat Journal.* doi:10.1177/01455613209 81441

Tsuda, S., Artmann, S., & Zauner, K. P. (2009). The phi-bot: a robot controlled by a slime mould. In: Adamatzky, A., Komosinski, M. (eds) *Artificial Life models in hardware* (pp. 213–232). Springer, London.

Vogel, D., & Dussutour, A. (2016). Direct transfer of learned behaviour via cell fusion in non-neural organisms. *Proceedings of the Royal Society B: Biological Sciences, 283*(1845), 20162382.

Kapitel 20

The pillars of creation (2018). NASA, ESA and the Hubble Heritage Team (STScI/AURA). Abgerufen am 25. Oktober 2022 von https://www.nasa.gov/image-feature/the-pillars-of-creation

Voyager 1 (n. d.). NASA Science. Abgerufen am 25. Oktober 2022 von https://solarsystem.nasa.gov/missions/voyager-1/in-depth/

›X‹-ploring the Eagle Nebula and ›Pillars of Creation‹ (2018). NASA. Abgerufen am 25. Oktober 2022 von https://www.nasa.gov/mission_pages/chandra/images/x-ploring-the-eagle-nebula-and-pillars-of-creation.html

Famous space pillars feel the heat of star's explosion (2007). NASA. Abgerufen am 25. Oktober 2022 von https://www.nasa.gov/mission_pages/spitzer/news/spitzer-20070109.html

Siegel, E. (2018). *The pillars of creation haven't been destroyed, after all.* Forbes. https://www.forbes.com/sites/startswithabang/2018/02/21/the-pillars-of-creation-havent-been-destroyed-after-all/

Kapitel 21

Concelmo, C. (2008). 1 + 1 = WIN! Working calculator created in LittleBigPlanet. Destructoid. https://www.destructoid.com/1–1-win-working-calculator-created-in-littlebigplanet/

Crider, M. (2021). *This 8-bit processor built in Minecraft can run its own games.*

PC World. https://www.pcworld.com/article/559794/8-bit-computer-processor-built-in-minecraft-can-run-its-own-games.html

Kapitel 22

Bedny, M., Pascual-Leone, A., Dodell-Feder, D., Fedorenko, E., & Saxe, R. (2011). Language processing in the occipital cortex of congenitally blind adults. *Proceedings of the National Academy of Sciences, 108*(11), 4429–4434.

Barton, J. J. (2008). Prosopagnosia associated with a left occipitotemporal lesion. *Neuropsychologia, 46*(8), 2214–2224.

Cusimano, M. D. (2015). Bond villain fails neuroanatomy. *Nature, 528*(7583), 479.

De Gelder, B., Tamietto, M., Van Boxtel, G., Goebel, R., Sahraie, A., Van den Stock, J., … & Pegna, A. (2008). Intact navigation skills after bilateral loss of striate cortex. *Current Biology, 18*(24), R1128-R1129.

Pegna, A. J., Khateb, A., Lazeyras, F., & Seghier, M. L. (2005). Discriminating emotional faces without primary visual cortices involves the right amygdala. *Nature Neuroscience, 8*(1), 24–25.

Abbott, A. (2008). Blind man walking. *Nature*. https://doi.org/10.1038/news.2008.1328

André, C. (2018). Seneca and the first description of Anton syndrome. *Journal of Neuro-Ophthalmology, 38*(4), 511–513.

Kapitel 23

Al-Rashid, M. (2022). »His heart is low«: Metaphor and making sense of illness in cuneiform medical texts. *Avar: An Interdisciplinary Journal of Life and Society in the Ancient Near East, 1*(1), 29–49.

George, A. (2022). *How the secrets of ancient cuneiform texts are being revealed by AI*. New Scientist. https://www.newscientist.com/article/mg25533981–400-how-the-secrets-of-ancient-cuneiform-texts-are-being-revealed-by-ai/

Michel, C. (2020). Cuneiform fakes: a long history from antiquity to the present day. In: Michel, C., & Friedrich, M. (Eds.). (2020). *Fakes and Forgeries of Written Artefacts from Ancient Mesopotamia to Modern China* (Vol. 20, pp. 25–60). Walter de Gruyter GmbH & Co KG.

Gordin, S., Gutherz, G., Elazary, A., Romach, A., Jiménez, E., Berant, J., & Cohen, Y. (2020). Reading Akkadian cuneiform using natural language processing. *PloS One, 15*(10), e0240511.

Budin, S. L., Cifarelli, M., Garcia-Ventura, A., & Albà, A. M. (2018). *Gender and methodology in the ancient Near East: approaches from Assyriology and beyond* (Vol. 10). Edicions de la Universitat de Barcelona.

Geller, M. J. (2010). *Ancient Babylonian medicine: theory and practice* (Vol. 11). John Wiley & Sons.

Al-Rashid, M. (2019). *How my journey with depression goes back thousands of years*. Sekka Magazine. https://sekkamag.com/2019/01/31/2115/

Dr. Maru's notes, translated (n. d.). Abgerufen am 25. Oktober 2022 von https://valarhalla.tumblr.com/post/161946052812/dr-marus-notes-translated

Kapitel 24

Skloot, R. (2017). *The immortal life of Henrietta Lacks*. Broadway Paperbacks.

Lyapun, I. N., Andryukov, B. G., & Bynina, M. P. (2019). HeLa cell culture: Immortal heritage of Henrietta Lacks. *Molecular Genetics, Microbiology and Virology, 34*(4), 195–200.

Zhou, P., Yang, X. L., Wang, X. G., Hu, B., Zhang, L., Zhang, W., … & Shi, Z. L. (2020). A pneumonia outbreak associated with a new coronavirus of probable bat origin. *Nature, 579*(7798), 270–273.

Jackson, N. (2020). *Vessels for collective progress: The use of HeLa cells in COVID-19 research*. Science in the News, Harvard University Graduate School of Arts and Sciences. https://sitn.hms.harvard.edu/flash/2020/vessels-for-collective-progress-the-use-of-hela-cells-in-covid-19-research/

The legacy of Henrietta Lacks (n. d.). Johns Hopkins Medicine. Abgerufen am 25. Oktober 2022 von https://www.hopkinsmedicine.org/henriettalacks/frequently-asked-questions.html

Mateo, C. M., & Williams, D. R. (2021). Racism: A fundamental driver of racial disparities in health-care quality. *Nature Reviews Disease Primers, 7*(1), 1–2.

Zielinski, S. (2010). *Henrietta Lacks' ›immortal‹ cells*. Smithsonian Magazine. https://www.smithsonianmag.com/science-nature/henrietta-lacks-immortal-cells-6421299/

Statue of Henrietta Lacks unveiled at University of Bristol (2021). University of Bristol. https://www.bristol.ac.uk/news/2021/october/henrietta-lacks-statue.html

Long, K. R. (2010). *In ›The Immortal Life of Henrietta Lacks‹, writer Rebecca Skloot shows us science's unsuspecting benefactor*. Cleveland.com. https://www.cleveland.com/books/2010/02/in_the_immortal_life_of_henrie.html

Barber, N. (2019). Is Jodorowsky's Dune the greatest film never made? BBC. https://www.bbc.com/culture/article/20190312-is-jodorowskys-du-ne-the-greatest-film-never-made

Van de Kamp, T., Schwermann, A. H., dos Santos Rolo, T., Lösel, P. D., Engler, T., Etter, W., … & Krogmann, L. (2018). Parasitoid biology preserved in mineralized fossils. *Nature Communications, 9*(1), 1–14.

Kapitel 25

Mongkolsamrit, S., Kobmoo, N., Tasanathai, K., Khonsanit, A., Noisripoom, W., Srikitikulchai, P., … & Luangsa-Ard, J. J. (2012). Life cycle, host range and temporal variation of Ophiocordyceps unilateralis/Hirsutella formicarum on Formicine ants. *Journal of Invertebrate Pathology, 111*(3), 217–224.

De Bekker, C., Beckerson, W. C., & Elya, C. (2021). Mechanisms behind the Madness: How Do Zombie-Making Fungal Entomopathogens Affect Host Behavior To Increase Transmission? *Mbio, 12*(5), e01872–21.

De Bekker, C. (2019). Ophiocordyceps–ant interactions as an integrative model to understand the molecular basis of parasitic behavioral manipulation. *Current Opinion in Insect Science, 33*, 19–24.

De Bekker, C., & Das, B. (2022). Hijacking time: How Ophiocordyceps fungi could be using ant host clocks to manipulate behavior. *Parasite Immunology, 44*(3), e12909.

Pontoppidan, M. B., Himaman, W., Hywel-Jones, N. L., Boomsma, J. J., & Hughes, D. P. (2009). Graveyards on the move: the spatio-temporal distribution of dead Ophiocordyceps-infected ants. *PLoS one, 4*(3), e4835.

Franzen, J. L. (1976). Die Fossilfundstelle Messel. *Naturwissenschaften, 63*(9), 418–425.

Hughes, D. P., Wappler, T., & Labandeira, C. C. (2011). Ancient death-grip leaf scars reveal ant–fungal parasitism. *Biology Letters, 7*(1), 67–70.

Kapitel 26

Marchant, J. (2010). Ancient astronomy: Mechanical inspiration. *Nature 468,* 496–498. https://doi.org/10.1038/468496a

Freeth, T., Jones, A., Steele, J. M., & Bitsakis, Y. (2008). Calendars with Olympiad display and eclipse prediction on the Antikythera Mechanism. *Nature, 454*(7204), 614–617.

Freeth, T., Higgon, D., Dacanalis, A., MacDonald, L., Georgakopoulou, M., & Wojcik, A. (2021). A model of the cosmos in the ancient Greek Antikythera Mechanism. *Scientific Reports, 11*(1), 1–15.

Die Wundermaschine aus Lego (2010). Spektrum. Abgerufen am 29. Oktober 2022 von https://www.spektrum.de/alias/bilder-der-woche/die-wundermaschine-aus-lego/1057252

Kapitel 27

Belshaw, R., Pereira, V., Katzourakis, A., Talbot, G., Pačes, J., Burt, A., & Tristem, M. (2004). Long-term reinfection of the human genome by endogenous retroviruses. *Proceedings of the National Academy of Sciences, 101*(14), 4894–4899.

Gelman, S. A. (2004). Psychological essentialism in children. *Trends in Cognitive Sciences, 8*(9), 404–409.

Roberts, R. M., Green, J. A., & Schulz, L. C. (2016). The evolution of the placenta. *Reproduction, 152*(5), R179-R189.

Denner, J. (2016). Expression and function of endogenous retroviruses in the placenta. *Apmis, 124*(1–2), 31–43.

Dupressoir, A., Vernochet, C., Bawa, O., Harper, F., Pierron, G., Opolon, P., & Heidmann, T. (2009). Syncytin-A knockout mice demonstrate the critical role in placentation of a fusogenic, endogenous retrovirus-derived, envelope gene. *Proceedings of the National Academy of Sciences, 106*(29), 12127–12132.

Balvay, L., Lastra, M. L., Sargueil, B., Darlix, J. L., & Ohlmann, T. (2007). Translational control of retroviruses. *Nature Reviews Microbiology, 5*(2), 128–140.

Esnault, C., Cornelis, G., Heidmann, O., & Heidmann, T. (2013). Differential evolutionary fate of an ancestral primate endogenous retrovirus envelope gene, the EnvV syncytin, captured for a function in placentation. *PLoS Genetics, 9*(3), e1003400.

Impfung gegen COVID-19 beeinträchtigt nicht die Fruchtbarkeit (n. d.). Universitätsklinikum Jena. Abgerufen am 29. Oktober 2022 von https://www.uniklinikum-jena.de/geburtsmedizin_media/1_Wir+sind+f%C3%BCr+Sie+da/Impfung_unfruchtbarkeit.pdf

Kapitel 28

Moray, N. (1959). Attention in dichotic listening: Affective cues and the influence of instructions. *Quarterly Journal of Experimental Psychology, 11*(1), 56–60.

Excerpts from Rihanna's Rolling Stone cover story (2011). Rolling Stone. Abgerufen am 29. Oktober 2022 von https://www.rollingstone.com/music/

music-lists/excerpts-from-rihannas-rolling-stone-cover-story-10381/beauty-secret-102071/

Röer, J. P., & Cowan, N. (2021). A preregistered replication and extension of the cocktail party phenomenon: One's name captures attention, unexpected words do not. *Journal of Experimental Psychology: Learning, Memory, and Cognition, 47*(2), 234.

Deutsch, D., Henthorn, T., & Dolson, M. (2004). Speech patterns heard early in life influence later perception of the tritone paradox. *Music Perception, 21*(3), 357–372.

Kapitel 29

Lückerath, T. (2009). *ZDFneo-Chef Himmler über Serien-Nachschub*. DWDL. https://www.dwdl.de/interviews/23097/zdfneochef_himmler_ber_serien-nachschub/page_1.html

Bartels, M. (2022). *Scientists' predictions for the long-term future of the Voyager Golden Records will blow your mind.* Space.com. https://www.space.com/predicting-voyager-golden-records-distant-future

Fischetti, M. (2015). *Africa is way bigger than you think*. Scientific American. https://blogs.scientificamerican.com/observations/africa-is-way-bigger-than-you-think/

Stockton, N. (2013). Get to know a projection: Mercator. Wired. https://www.wired.com/2013/07/projection-mercator/

Kapitel 30

Bettencourt, L. M. (2020). Urban growth and the emergent statistics of cities. *Science Advances, 6*(34), eaat8812.

Meckfessel, M., & Moehrle, S. (2017). Self-regulation of the academic accounting literature: The case of James Hunton. *Research in Accounting Regulation, 29*(1), 10–18.

Horton, J., Kumar, D. K., & Wood, A. (2020). Detecting academic fraud using Benford law: The case of Professor James Hunton. *Research Policy, 49*(8), 104084.

Balashov, V. S., Yan, Y., & Zhu, X. (2021). Using the Newcomb–Benford law to study the association between a country's COVID-19 reporting accuracy and its development. *Scientific Reports, 11*(1), 1–11.

Kapitel 31

HIV (2022). World Health Organization. Abgerufen am 29. Oktober 2022 von https://www.who.int/news-room/fact-sheets/detail/hiv-aids

First report of AIDS (2001). Centers for Disease Control and Prevention Morbidity and Mortality Weekly Report. Abgerufen am 29. Oktober 2022 von https://www.cdc.gov/mmwr/preview/mmwrhtml/mm5021a1.htm

Auerbach, D. M., Darrow, W. W., Jaffe, H. W., & Curran, J. W. (1984). Cluster of cases of the acquired immune deficiency syndrome: Patients linked by sexual contact. *The American Journal of Medicine, 76*(3), 487–492.

Gallo, R. C., Sarin, P. S., Gelmann, E. P., Robert-Guroff, M., Richardson, E., Kalyanaraman, V. S., … & Popovic, M. (1983). Isolation of human T-cell leukemia virus in acquired immune deficiency syndrome (AIDS). *Science, 220*(4599), 865–867.

Rawson, J. M., Nikolaitchik, O. A., Keele, B. F., Pathak, V. K., & Hu, W. S. (2018). Recombination is required for efficient HIV-1 replication and the maintenance of viral genome integrity. *Nucleic Acids Research, 46*(20), 10535–10545.

Sharp, P. M., & Hahn, B. H. (2011). Origins of HIV and the AIDS pandemic. *Cold Spring Harbor Perspectives in Medicine, 1*(1), a006841.

Aghokeng, A. F., Ayouba, A., Mpoudi-Ngole, E., Loul, S., Liegeois, F., Delaporte, E., & Peeters, M. (2010). Extensive survey on the prevalence and genetic diversity of SIVs in primate bushmeat provides insights into risks for potential new cross-species transmissions. *Infection, Genetics and Evolution, 10*(3), 386–396.

Sharp, P. M., Bailes, E., Chaudhuri, R. R., Rodenburg, C. M., Santiago, M. O., & Hahn, B. H. (2001). The origins of acquired immune deficiency syndrome viruses: where and when? *Philosophical Transactions of the Royal Society of London. Series B: Biological Sciences, 356*(1410), 867–876.

Kalish, M. L., Wolfe, N. D., Ndongmo, C. B., McNicholl, J., Robbins, K. E., Aidoo, M., … & Folks, T. M. (2005). Central African hunters exposed to simian immunodeficiency virus. *Emerging Infectious Diseases, 11*(12), 1928.

Pronczuk, M. & Zaveri, M. (2020). Statue of Leopold II, Belgian king who brutalized Congo, is removed in Antwerp. The New York Times. https://www.nytimes.com/2020/06/09/world/europe/king-leopold-statue-antwerp.html

Oldest surviving HIV virus tells all (1998). Science. Abgerufen am 29. Oktober 2022 von https://www.science.org/content/article/oldest-surviving-hiv-virus-tells-all

Faria, N. R., Rambaut, A., Suchard, M. A., Baele, G., Bedford, T., Ward, M. J., … & Lemey, P. (2014). The early spread and epidemic ignition of HIV-1 in human populations. *Science, 346*(6205), 56–61.

Maxmen, A., & Mallapaty, S. (2021). The COVID lab-leak hypothesis: what scientists do and don't know. *Nature, 594*(7863), 313–315.

Houli, D., Radford, M. L., & Singh, V. K. (2021). »COVID19 is_«: The perpetuation of coronavirus conspiracy theories via Google autocomplete. *Proceedings of the Association for Information Science and Technology, 58*(1), 218–229.

Kapitel 32

Knuth, D. E. (1972). Ancient Babylonian algorithms. *Communications of the ACM, 15*(7), 671–677.

Kapitel 33

Blankenburg, F., Ruff, C. C., Deichmann, R., Rees, G., & Driver, J. (2006). The cutaneous rabbit illusion affects human primary sensory cortex somatotopically. *PLoS Biology, 4*(3), e69.

Trojan, J., Stolle, A. M., Kleinböhl, D., Mørch, C. D., Arendt-Nielsen, L., & Hölzl, R. (2006). The saltation illusion demonstrates integrative processing of spatiotemporal information in thermoceptive and nociceptive networks. *Experimental Brain Research, 170*(1), 88–96.

Miyazaki, M., Hirashima, M., & Nozaki, D. (2010). The »cutaneous rabbit« hopping out of the body. *Journal of Neuroscience, 30*(5), 1856–1860.

Diers, M., Krumm, B., Fuchs, X., Bekrater-Bodmann, R., Milde, C., Trojan, J., … & Flor, H. (2022). The prevalence and characteristics of phantom limb pain and non-Painful phantom phenomena in a nationwide survey of 3,374 unilateral limb amputees. *The Journal of Pain, 23*(3), 411–423.

Kapitel 34

Von Moltke, H. K. B. (1871/2011). *Über Strategie*. In: Moltkes militärische Werke. Zweiter Teil: Die Tätigkeit als Chef des Generalstabes der Armee in Frieden (p. 291). Potsdam: Europäischer Geschichtsverlag.

Axelrod, R. (1984). *The evolution of cooperation*. New York: Basic Books.

Axelrod, R., & Hamilton, W. D. (1981). The evolution of cooperation. *Science, 211*(4489), 1390–1396.

Axelrod, R. (1981). The emergence of cooperation among egoists. *American Political Science Review, 75*(2), 306–318.

Kapitel 35

Mullen, E. K., & Thompson, G. J. (2015). Understanding honey bee worker self-sacrifice: a conceptual–empirical framework. *Advances in Insect Physiology, 48*, 325–354.

Tarpy, D. R. (2003). Genetic diversity within honeybee colonies prevents severe infections and promotes colony growth. *Proceedings of the Royal Society of London. Series B: Biological Sciences, 270*(1510), 99–103.

Jones, J. C., Myerscough, M. R., Graham, S., & Oldroyd, B. P. (2004). Honey bee nest thermoregulation: diversity promotes stability. *Science, 305*(5682), 402–404.

D'Errico, F., Backwell, L., Villa, P., Degano, I., Lucejko, J. J., Bamford, M. K., … & Beaumont, P. B. (2012). Early evidence of San material culture represented by organic artifacts from Border Cave, South Africa. *Proceedings of the National Academy of Sciences, 109*(33), 13214–13219.

Bea Martinez, M., Domingo Sanz, I., & Angas Pajas, J. (2021). The rock art shelter of Barranco Gomez (Castellote, Teruel), a new Levantine rock art site in the Guadalope nucleus. *Trabajos De Prehistoria, 78*(1), 164–178.

Rusch, N. (2019). Honey bees and alcohol: Tracing fermentation practices and bee knowledge in Africa. *Bee World, 96*(4), 117–119.

Kapitel 36

Dietrich, O., Heun, M., Notroff, J., Schmidt, K., & Zarnkow, M. (2012). The role of cult and feasting in the emergence of Neolithic communities. New evidence from Göbekli Tepe, south-eastern Turkey. *Antiquity, 86*(333), 674–695.

Schmidt, K. (2000). Göbekli Tepe, southeastern Turkey: A preliminary report on the 1995–1999 excavations. *Paléorient, 26*(1), 45–54.

Peters, J., & Schmidt, K. (2004). Animals in the symbolic world of Pre-Pottery Neolithic Göbekli Tepe, south-eastern Turkey: a preliminary assessment. *Anthropozoologica, 39*(1), 179–218.

Curry, A. (2008). *Gobekli Tepe: The World's First Temple?* Smithsonian Magazine. https://www.smithsonianmag.com/history/gobekli-tepe-the-worlds-first-temple-83613665/

Dietrich, L., Götting-Martin, E., Hertzog, J., Schmitt-Kopplin, P., McGovern, P. E., Hall, G. R., … & Dietrich, O. (2020). Investigating the function of Pre-Pottery Neolithic stone troughs from Göbekli Tepe – An integrated approach. *Journal of Archaeological Science: Reports, 34*, 102618.

Kapitel 37

Armageddon Games (2007). New Scientist. Abgerufen am 31. Oktober 2022 von https://www.newscientist.com/article/mg19526191–500-feedback/

Broadley, M. W., Barry, P. H., Ballentine, C. J., Taylor, L. A., & Burgess, R. (2018). End-Permian extinction amplified by plume-induced release of recycled lithospheric volatiles. N*ature Geoscience, 11*(9), 682–687.

Alvarez, L. W., Alvarez, W., Asaro, F., & Michel, H. V. (1980). Extraterrestrial cause for the Cretaceous-Tertiary extinction. *Science, 208*(4448), 1095–1108.

Gartner, S., & McGuirk, J. P. (1979). Terminal Cretaceous extinction scenario for a catastrophe. *Science, 206*(4424), 1272–1276.

Iannotta, B. (2009). U.S. satellite destroyed in space collision. Space.com. https://www.space.com/5542-satellite-destroyed-space-collision.html

Benton, M. J. (1997). *Dusk of the dinosaurs*. Scientific American. https://www.scientificamerican.com/article/reviews-and-commentaries-1997–09/

During, M. A., Smit, J., Voeten, D. F., Berruyer, C., Tafforeau, P., Sanchez, S., … & van der Lubbe, J. H. (2022). The Mesozoic terminated in boreal spring. *Nature, 603*(7899), 91–94.

Siraj, A., & Loeb, A. (2021). Breakup of a long-period comet as the origin of the dinosaur extinction. *Scientific Reports, 11*(1), 1–5.

Desch, S. J., Jackson, A. P., Noviello, J. L., & Anbar, A. D. (2022). The breakup of a long-period comet is not a likely match to the Chicxulub impactor. *Scientific Reports, 12*(1), 1–4.

Kapitel 38

Kilgour, D. M., & Brams, S. J. (1997). The truel. *Mathematics Magazine, 70*(5), 315–326.

Kapitel 39

Yengo, L., Sidorenko, J., Kemper, K. E., Zheng, Z., Wood, A. R., Weedon, M. N., … & GIANT Consortium. (2018). Meta-analysis of genome-wide association studies for height and body mass index in 700 000 individuals of European ancestry. *Human Molecular Genetics, 27*(20), 3641–3649.

Kaiser, J. (2020). *›Landmark‹ study resolves a major mystery of how genes govern human height*. Science. https://www.science.org/content/article/landmark-study-resolves-major-mystery-how-genes-govern-human-height

Littman, M. (n. d.). *Brief history of pinball.* Princeton University. Abgerufen am

31. Oktober 2022 von https://commons.princeton.edu/josephhenry/brief-history-of-pinball/

Das, S. (2017). *Racism, eugenics and the domestication of humans*. UCL Culture Blog. https://blogs.ucl.ac.uk/museums/2017/10/25/racism-eugenics-and-the-domestication-of-humans/

Francis Galton's Kantsaywhere (n. d.). University College London. Abgerufen am 31. Oktober 2022 von https://www.ucl.ac.uk/library/special-collections/kantsaywhere

Galton, F. (1873). *Africa for the Chinese*. Abgerufen am 31. Oktober 2022 von https://galton.org/letters/africa-for-chinese/AfricaForTheChinese.htm

Heath, M. (2008). Aristotle on Natural Slavery. *Phronesis, 53*(3), 243–270.

Kapitel 40

Lacey, N., Raghallaigh, S. N., & Powell, F. C. (2011). Demodex mites-commensals, parasites or mutualistic organisms? *Dermatology, 222*(2), 128.

Smith, G., Manzano-Marín, A., Reyes-Prieto, M., Antunes, C. S. R., Ashworth, V., Goselle, O. N., … & Braig, H. R. (2022). Human follicular mites: ectoparasites becoming symbionts. *Molecular Biology and evolution, 39*(6), msac125.

Yong, E. (2012). *Everything you never wanted to know about the mites that eat, crawl and have sex on your face*. Discover Magazine. https://www.discovermagazine.com/planet-earth/everything-you-never-wanted-to-know-about-the-mites-that-eat-crawl-and-have-sex-on-your-face

Forton, F. (2020). The pathogenic role of Demodex mites in Rosacea: a potential therapeutic target already in erythematotelangiectatic Rosacea? *Dermatology and Therapy, 10*(6), 1229–1253.

Pray, L. (2008) Eukaryotic genome complexity. *Nature Education 1*(1), 96.

Meyer, A., Schloissnig, S., Franchini, P., Du, K., Woltering, J. M., Irisarri, I., … & Schartl, M. (2021). Giant lungfish genome elucidates the conquest of land by vertebrates. *Nature, 590*(7845), 284–289.

Kapitel 41

George Lucas on Akira Kurosawa (2014). The Criterion Collection. Abgerufen am 31. Oktober 2022 von https://www.criterion.com/current/posts/3102-george-lucas-on-akira-kurosawa

Murnighan, J. K. (2002). A very extreme case of the Dollar Auction. *Journal of Management Education, 26*(1), 56–69.

Kapitel 42

Adams, D. (1980). The hitchhiker's guide to the galaxy. New York: Harmony Books.

DANK

Dieses Buch war lange Zeit nur eine wilde Idee. Heute existiert es vor allem deshalb, weil mehrere Menschen daran glaubten, dass ich es schreiben könnte.

Liebe Mai, ohne dein Vertrauen würde ich heute in einem staubigen Scannerraum sitzen und davon träumen, ein Buch zu schreiben – stattdessen freue ich mich jeden neuen Tag auf und über die Arbeit. Vielen, vielen Dank dafür, und mögen die Höhepunkte deiner Vergangenheit stets die Tiefpunkte deiner Zukunft sein.

Ohne die Betreuung durch Thomas wäre das Buch ebenfalls nie über die Phase einer fixen Idee hinausgekommen; auch dafür großen Dank.

Ebenso dankbar bin ich für das Vertrauen der großartigen Menschen bei Droemer Knaur, das ich hoffentlich nicht enttäuscht habe.

Durch die harte Arbeit meines Lektors Jan wurde der Text sehr viel griffiger und spannender, wofür ich sehr dankbar bin.

Ich hatte das große Glück, meinen absoluten Wunschkandidaten für die Illustration gewinnen zu können. Sina, deine Bilder machen aus diesem Buch ein Kunstwerk.

Ich bedanke mich bei allen Forschenden, auf deren Arbeit dieses Buch beruht, und vor allem bei denen, die bereit waren, mir zusätzlich Auskunft über ihre Nerdigkeit zu geben: Dr. Moudhy Al-Rashid, Dr. Charissa DeBekker, Melanie During, Adrienne Mayor, Jens Notroff und Dr. Jan Philipp Röer.

Auch ohne die Unterstützung, Kreativität und Freundschaft der Teams von *maiLab* und *MAITHINK X* wäre dieses Buch nicht möglich gewesen. Es ist immer wieder eine Freude und eine Bereicherung, mit euch zusammenzuarbeiten.

Meine Familie und meine Freunde wissen am allerlängsten, was für ein schlimmer Nerd ich bin, und haben die meisten Fakten aus diesem Buch schon tausendmal gehört. Für ihre Geduld, ihre Motivation und ihre Liebe werde ich für immer dankbar sein.

Ein Buch, das nicht gelesen wird, ist nur ein Stapel nutzloses Papier. Daher gilt der wichtigste Dank euch, die ihr den Text gerade gelesen oder gehört habt. Ich hoffe, ihr hattet hier und da ein kleines Lächeln im Gesicht.